1923—2018
东北大学 建校95周年
The 95th Anniversary of
Northeastern University

东大校友创业之路

主编　李　鹤　王凌宇

主审　孙　雷

东北大学出版社

·沈阳·

Ⓒ 李　鹤　王凌宇　2018

图书在版编目（CIP）数据

东大校友创业之路 / 李鹤，王凌宇主编. —沈阳：
东北大学出版社，2018.8
ISBN 978-7-5517-2014-4

Ⅰ. ①东… Ⅱ. ①李… ②王… Ⅲ. ①东北大学—校
友—生平事迹 Ⅳ. ①K820.7

中国版本图书馆 CIP 数据核字（2018）第 208326 号

出　版　者：东北大学出版社
　　　　　　地址：沈阳市和平区文化路三号巷 11 号
　　　　　　邮编：110819
　　　　　　电话：024-83687331（市场部）　83680267（社务部）
　　　　　　传真：024-83680180（市场部）　83687332（社务部）
　　　　　　网址：http://www.neupress.com
　　　　　　E-mail:neuph@neupress.com
印　刷　者：辽宁一诺广告印务有限公司
发　行　者：东北大学出版社
幅面尺寸：170mm×240mm
印　　张：22
字　　数：276 千字
出版时间：2018 年 9 月第 1 版
印刷时间：2018 年 9 月第 1 次印刷
责任编辑：李　佳
责任校对：刘　泉
封面设计：潘正一
责任出版：唐敏志

ISBN 978-7-5517-2014-4　　　　　　　　　　　定　价：88.00 元

《东大校友创业之路》

编 委 会

主　审　孙　雷

主　编　李　鹤　王凌宇

副主编　王晓英　刘　佳　杨琳娟

编　委　高　广　张博雯　马　亮　张旭华

　　　　邱梦雪　刘　苗　董　豪　刘笑谊

1923—2018
东北大学 建校95周年
The 95th Anniversary of
Northeastern University

序

　　大众创业、万众创新，是新时代中国经济社会发展的"双引擎"之一。高等学校的"校友群体"，作为创新创业力量的重要来源，把握时代方向，紧跟时代潮流，不断拼搏进取，纷纷建功立业。

　　自东北大学建校至今，一代代东大人以前赴后继、永不言败的坚毅与敢为人先、为国担当的豪迈，在"大众创业、万众创新"的时代大潮中，奋勇向前，乘风破浪，屹立潮头，谱写出一曲曲中国高等教育史上的奋斗长歌，熔铸成东大学子开拓创新、实干笃行的优秀品格。在东北大学培养出的36万余学子中，自20世纪80年代始，就不断涌现出一位又一位艰辛探索、自主创业的企业家，构筑出一条光辉的东大校友创业之路。

　　2018年，是中国改革开放40周年，东北大学也迎来了建校95周年的光辉时刻。这一年，又有数位东大校友在创业道路上迈出了坚实步伐：深圳TTF奢侈品集团成为中国第一家、亚洲第二家进驻世界奢侈品聚集地——法国巴黎旺多姆广场——的企业，真正成为具有全球影响力的高级珠宝定制品牌；江河集团所属梁志天设计集团有限公司正式登陆香港联交所主板市场，成为继2015年承达集团在香港上市后，北京江河集团旗下第二家在香港主板上市的企业，也是江河集团第四家境外上市公司；上海绿谷集团研发的全球首款用于阿尔茨海默症治疗的药物三期临床试验成功，在国内外引起轰动效应，大大地提升了中国原创药的国际地位；北京四达时代集团先后在20多个非洲国家取得"数字电视"运营牌照，开展数字电视运营，用户超过1600万户，使亿万非洲人民享受到数字电视带来的美好生活体验。TTF集团董事长吴峰华、绿谷集团董事长吕松涛、江河集团董事长刘载望、四达时代集团董事长庞新星，这些校友是无数东大创业学子的缩影。从他们的创业历程中，我们看到了东大人"自强不息，知行合一"的独有精神气质，深切感受到他们身上坚韧执着、爱国担当的企业家品格。正是这种精神、气质和品格，支撑着这些创业者不论面临什么样的困难与挑战，都能勇敢面对、坚定向前。

创业不论年代、无关年龄，创业者大多是白手起家，但是只要有梦想、勇气和毅力，他们必将成为时代的弄潮儿。刘积仁，1989年从三个人、三台电脑、三万元经费开始，创办了中国第一家软件上市企业——东软集团；于松岭，从200元起家，用30年时间把东方剑桥打造成国内教育层次最全、总资产达40多亿元的国际化教育集团；王伯庆，52岁回国创业，从一间教室、两部电话、三台电脑起步，建设成国内最有影响力的教育咨询服务公司——麦可思公司；王魁汉，退休之后开始创业，耄耋之年还在中国热电偶行业践行着大国工匠精神；吴景晖，2012年回国创办创润新材料公司，仅用两年时间，就研制生产出纯度达99.999%的低氧超高纯钛，一举打破国际垄断。他们是东大学子创业的典范。从他们艰辛的创业历程可见，创业没有一蹴而就，人才、资金、市场，都是在不断积累中逐步壮大；创业没有一帆风顺，挫折、失败和痛苦都是横亘在前行道路上的座座大山。从这些校友企业家的创业故事中，我们可以感受到他们梦想与现实的激烈碰撞、激情与困惑的爱恨交织、逆境与顺境的思维转变、成功与失败的心路历程。他们的创业经历对于母校而言是一笔宝贵的精神财富，必将成为在校求学和正在创业路上苦苦探索的东大学子和师弟师妹的领航指南与经验手册。

本书收录了21位东大校友的创业故事，这些故事从不同视角展现了东大人的创业风采。虽然他们的行业不同、历程各异，但都有一个共同点，就是都把东北大学"自强不息，知行合一"的校训铭刻于心，将"献身、求实、团结、创新"的校风落实于地，以"能不奋勉乎吾曹"的校歌为精神激励，担当起国家富强、民族振兴、社会进步的使命责任。

雄关漫道真如铁，而今迈步从头越。一代代东大学子以敢为人先、舍我其谁的无畏勇气，执着坚定地跋涉在创业路上。他们在各自领域内挥洒青春、奉献才智，锐意进取、开拓创新，在实现中华民族伟大复兴的征程中，谱写出东大人一段段、一篇篇气势恢宏、催人奋进、精彩动人的创业乐曲和时代华章！

本书编委会

2018年7月

目录 CONTENTS

第一篇　合抱之木　生于毫末

003 / 01　梦想和危机感让我越走越远——刘积仁

020 / 02　咬定青山不放松——吕松涛

033 / 03　江河载望千帆过，激流勇进行航母——刘载望

051 / 04　给智能家电装上"中国芯"——徐昌国

063 / 05　有梦想的"智造"家——邢飞

第二篇　筚路蓝缕　以启山林

081 / 06　由爱而始的创业之路——雷龙

095 / 07　建百年名校，办一流教育——于松岭

117 / 08　以打造"百年老店"标准做企业——刘英魁

135 / 09　深耕杏坛的创业英才——臧海鹏

149 / 10　不忘赤诚心，终有好运来——张威

164 / 11　谨记校训，发愿自强——赵学群

95th

东大校友
创业之路

DONGDA XIAOYOU
CHUANGYE ZHILU

002

第三篇　他山之石　可以攻玉

185 /　　12　创业填补高等教育管理咨询产业空白——王伯庆

191 /　　13　理工院校孕育人工智能创新者——高始兴

206 /　　14　创新推动中国城市高质量发展——龙固新

224 /　　15　一只雏鹰的成长之路——刘洪伟

245 /　　16　预判发展大势，引领潮流之先——陈潮先

第四篇　大国工匠　推陈出新

263 /　　17　梦想照进现实，创新推动发展——庄志刚

278 /　　18　让"超高纯钛"贴上"中国制造"标签——吴景晖

292 /　　19　不忘初心，方得始终——吴峰华

306 /　　20　让非洲百姓享受数字电视的美好——庞新星

324 /　　21　三代东大情，一生报国志——王魁汉

341 /　　后　记

第一篇 | CHAPTER 1

合抱之木　生于毫末

　　语出《老子》："合抱之木，生于毫末；九层之台，起于累土；千里之行，始于足下。"

　　"合抱"：两臂围拢，形容树粗大；"毫末"：指幼苗，比喻细小。意为粗大的树木都是由小树苗长成的。比喻大事都是由小事逐渐发展演变而来的，要成就大的事业，必须从小事做起，离开了小事，亦无伟业可言，做事要脚踏实地，一步一个脚印，万事积于忽微，量变引起质变。

01 | 梦想和危机感让我越走越远

——刘积仁

校友简介

刘积仁，1955 年生于辽宁丹东，1976 年入东北工学院学习，1980 年获得计算机应用专业学士学位，1982 年获得硕士学位，1984 年开始攻读博士学位，师从李华天教授，1986—1987 年在美国国家标准局计算机网络实验室做研究工作，1987 年回国成为中国第一个计算机应用专业博士。1988 年，33 岁的刘积仁被破格提拔为教授，成为中国当时最年轻的教授。

为了将大学的科研成果产业化，刘积仁于 1988 年创建东北大学计算机网络工程研究室，1991 年创立东软，在中国软件产业还十分弱小的时候，从三个人开始艰苦创业，到创建中国第一个大学科技园、第一个软件园、第一个国家计算机软件工程研究中心、第一家中国的软件上市公司，创造了中国软件产业的许多次"第一"。

1997 年，在中国的大型医疗设备还完全依赖进口的情况下，刘积仁带领东软将中国自主制造的第一台 CT 推向市场，并走向世界。1998年开始推动大连软件园的建设，2000年开始带领中国软件走向世界，连续7年成为中国软件出口第一名，并从2000年开始投资建设信息技术学院，培养满足市场发展需要的软件产业人才，先后在大连、成都、南海建立了三所大学，在校学生3.8万多人。

今天的东软在全球拥有近2万名员工，是中国软件产业的杰出代表，为中国的信息化建设做出了杰出贡献，在国家的社会保障、医疗卫生、电信、电力、金融、电子政务、智慧城市和汽车信息化等领域提供了先进的解决方案，在中国软件产业的规模化发展，产学研一体化创新、新教育的发展以及中国自主知识产权的软件创新方面走出了一条独特的创新之路。东软研发的数字化医疗设备已经销售到世界110多个国家9000多家医院，成为中国高端医疗设备制造的领导者。

刘积仁作为学者，曾主持国家自然科学基金、高技术研究发展计划（"863"计划）、火炬计划、国家经贸委、科技部、工信部等多项重大课题，在计算机网络、多媒体技术、软件工程方面取得了多项科研成果；获得国家科技进步奖、省部级科技奖多项，被国家授予"五一劳动奖章""有突出贡献的中国博士""跨世纪优秀人才""有突出贡献的中青年科技工作者"等称号。

作为科技创业者与企业家，刘积仁博士曾荣获2007年CNBC中国最佳商业领袖奖、2008年第六届CNBC亚洲商业领袖·创新人物奖、2009年CCTV中国经济年度人物、2010年安永企业家奖中国区大奖、2011年中国软件产业十年功勋人物、2012年《财富》中国最具影响力的50位商界领袖等荣誉。

刘积仁还担任过世界经济论坛新兴跨国公司议程理事会成员，亚太经合组织APEC工商咨询理事会理事，东北大学副校长，中国软件行业协会副理事长，第八、九、十届全国政协委员。

大学苦读，成为他人生的重大转折

1976年8月，还在本钢动力厂工作的刘积仁接到了东北工学院的录取通知书。对于当时的他来说，这一纸通知书意味着他能够离开那个随时都有爆炸危险，从一位煤气救护工变成一名大学生。

然而，在入学之后的摸底考试中，没有知识基础的刘积仁成绩垫底，这让他惶恐不安。"那时候经常做梦，梦到自己考试成绩不好被退回到工厂里。所以，我经常天不亮就起床，从宿舍窗户跳出去背英语单词，甚至连走路、排队打饭都在背单词。白天都待在图书馆里，几乎把专业书看了个遍。那几年，我两耳不闻窗外事，直到毕业，有些同学的名字我都叫不出来。"刘积仁说，这是他人生中最艰苦的时期。

因为刘积仁的勤奋好学，英语和专业知识逐渐扎实，1980年顺利考取了李华天教授的硕士研究生。

李华天教授是哈佛硕士，1949年新中国成立后放弃攻读博士学位的机会回国，在东北大学任教，是中国最早几位从事计算机与网络研究的科学家之一，也是中国第一台数字计算机的研制者，在国内自动控制和计算机领域享有盛誉。在刘积仁看来，恩师李华天教授对他影响最大的不仅仅是渊博的学识，更多的是老师身上独特的人格魅力。李华天教授以谦逊豁达、淡泊名利、甘为人梯的品行以及浓厚而强烈的家国情怀，改变着刘积仁对国家、对学术、对事业乃至对自己和他人的认知。"那是我第一次真正确立自己的梦想，希望成为一个好学者、好教授，用学识和修养培养出优秀的学生，就像我的老师一样。"刘积仁说。

1986年，刘积仁在李华天教授的建议下，奔赴美国国家标准局留学深造。在美国留学期间，刘积仁没有只专注于自己的细分科研领域，以拿到学位为目标，这显然和那一代的很多留学生不同。置身于绿树成荫、宽敞明亮的科研环境，他惊异于中美之间在科研领域的全方位差距，对美国科研机构与社会之间畅通的成果转化渠道有着清晰的感受；同时，计算机应用和软件技术在美国社会和经济发展中已经迸发出的能量也让他确定，这样的变革未来一定也会在中国发生。

刘积仁说："在当时的美国，科研机构和工业的合作非常密切。那时我就想，中国人也要改变研究与开发的方式，将学术与产业更紧密地结合。"

在实验室里，刘积仁夜以继日地潜心科研，顺利完成博士论文，赢得了美国同事的认可。1987年，刘积仁拒绝了实验室提出留美工作的邀请，学成回国，留在东北大学任教，与李华天教授一起从事科研工作。1988年，刘积仁被破格提拔为教授，年仅33岁，成为当时中国最年轻的教授。

直至今日，刘积仁每每提到求学的经历，总是会提起自己的恩师——李华天教授，言语之间充满了无限的敬仰和感激。他正在用自己的努力和行动，成为像李华天教授一样优秀的人。

三个人、三台电脑、三万元经费，开启东软创业之路

温文尔雅、亲切和蔼，虽已满头银发，却精神饱满，走起路来大步流星，一路带风。明明是一位企业家，身着一套干净利落的西装，却无时无刻都散发着教授气质，让人自然而然地想称他为"老师"，这就是刘积仁最独特之处。

20世纪80年代，中国的改革开放还处在实践探索阶段，学者和企业家之间有着一道深深的沟壑。连刘积仁本人也未曾想到，未来的自己会成为一个下海的教授，并且在商海中获得成功。刘积仁

说，"那个时候，教授下海是一件让人不齿的事儿，别人会觉得下海从商是因为你教授做得不好，科研做不下去了。"

在当时，刘积仁也不想"下海"，一心想做好科研的他面对科研资金短缺，科研工作难以为继的困局，迫于无奈才提出要创办公司。而对于"大学能否办产业"，学校内部也经过了一番激烈的讨论。最后，时任学校党委书记的蒋仲乐斩钉截铁地表示："大家不要争论不休，我们可以做一个尝试。如果办砸了，我们永远不办就是了；如果办成了，你就让他办就是了。用实践来证明嘛！"

一句"用实践来证明"，说服了校里的老师们，也给了刘积仁创业的机会。就这样，刘积仁与两位青年教师在东北工学院主楼一间半的研究室里，以三万元经费、三台286电脑，创建了计算机软件与网络工程研究室。试图搭建一个技术转移中心，把科研成果转移到企业，获取充足的科研经费继续做研究。

"三个人、三台电脑、三万元经费"成为东软的创业佳话。但当时的中国并没有创业的环境，没有资本、没有人才、没有市场，大多数人还不知道软件是什么，能做什么，就更不用说软件产业的未来发展方向在哪里。

直到1989年，日本阿尔派株式会社一行来到东北工学院寻求合作，由刘积仁负责接洽谈判。由于实验室条件简陋，没有资金购买会议桌，刘积仁就将四张课桌临时拼在一起，再蒙上一块红色的绒布窗帘撑场面。谈判结束送走日本客人后，窗帘布撤掉了，谁料一位日本代表因为遗落了东西突然返回教室，看到破旧的课桌惊愕得半天说不出话来。即便如此，日本阿尔派株式会社的会长沓泽虔太郎对刘积仁的博士论文表现出了极大的兴趣，因为刚好符合了他们对汽车内部软件系统开发的需求。同时，沓泽先生也看中了刘积仁的团队和科研能力。

会议之后，日方对刘积仁发出专门邀请，希望他到日本详细谈一谈他的论文方法论，以及关于研究室未来的发展思路。其实对于创办企业，在日本阿尔派看来，刘积仁是一个好的学者和技术专家，但决不相信他会成为一个企业家。当刘积仁在日本说完对实验室未来发展的计划之后，一位阿尔派的高管直截了当地说：老师做企业，我没见过能成的。刘积仁后来告诉他们，这是激励他走向企业的一个原因，想证明一下教授也可以成为企业家。

这次日本之行，刘积仁的博士论文方法论得到了阿尔派技术团队的一致认可，他也因此获得了"第一桶金"——30万美元。"资金还没到账，我们就拿着合同去北京，进口了一批最先进的IT设备，学校也把主楼二层的一半教室都给了我们，我们就打造了中国一流的实验室。"

当日本阿尔派第二次来到实验室洽谈时，再一次被震惊，这更加坚定了双方合作的意向。两年之后，基于良好的合作基础，双方组建了沈阳东工阿尔派软件研究所（有限公司），后来又成立了东北工学院开放软件系统开发公司，这就是东软集团的起点。

刘积仁说，他最初创办实验室只是想做好科研，成为好的教授，东软后来的发展完全超出了他的预料和所有人的想象……

为中国的年轻人搭建梦想的舞台

天上白云朵朵，地上花草芬芳，湖面波光粼粼，在咖啡厅里找一个临窗的座位，细细品味卡布奇诺，仿佛一切都安静下来。这种只有在休闲度假时才有的惬意，如今在东软软件园却随时可以感受得到。

创业初期，在东软的员工不足200人时，刘积仁做出了一个惊人的决定：要在沈阳建造一个软件园。"建造软件园，是我在美国留学时萌生的想法。我不想让年轻人像我们以前那样，做研究还要到国外去学习，我希望他们能在自己的国家追求和实现自己的理想。"刘积仁说。

1995 年，坐落于沈阳市南湖科技开发区（今沈阳市浑南区）的东大软件园正式奠基并投入建设，占地面积 50 余万米²。很多人都对刘积仁的这次决定不理解，200 人的公司就建了这么大的园区，太冒进了。然而，东软仅用了 5 年时间，公司规模达到 3000人，10 年后，东软员工人数已接近 8000 人。

经过 20 多年的持续建设，如今的软件园里，一座座低矮的欧式建筑错落有致地镶嵌在绿树红花之间，清澈的同心湖与高耸的慧聚塔交相辉映，一群群朝气蓬勃的年轻人穿梭在园区里静谧的小路上，构成了一幅美丽的大学校园风光图。

然而，刘积仁并没有满足于此。1998 年，刘积仁又看好了高校和 IT 人才相对集中的大连，在当时还是棚户区的由家村开始建设大连东软软件园，引领大连这座城市正式走上软件发展之路。从 1998 年的由家村，到 2008 年旅顺南路落成东软软件园大连河口园区，东软引领大连打造了规模化的软件产业带，使软件产业成为大连重要的城市标签，成为大连近 20 年经济发展的重要支柱，推动大连成为软件产业名城。

随后，东软先后在广州、成都等地建立多个软件园。如今，东软在全国已经建立了 8 个区域总部，10 个软件研发基地，16 个软件开发与技术支持中心，在 60 多个城市建立营销与服务网络。

这样的布局让东软得以快速发展，迅速占领中国市场，软件园也成为了数以万计东软人生活、工作的乐园。

推动公司上市，以员工持股计划激励和保留人才

1996 年，中国软件行业发生了一件大事，那就是东软在上海

证券交易所上市，成为了中国第一家上市的软件企业。

这时，很多人担心东软成长太快，马上要从东北大学"飞出去"了，而时任东北大学校长的赫冀成却给予了东软极大的支持和鼓励。他说，大学将产业办到一定规模之后，会有一定的局限性，学校的氛围与企业的氛围不同，这是很多高校办产业发展不起来的原因。他提出，东软要想做得更大，就必须融入社会，融入市场。

后来，赫冀成校长还积极推动宝山钢铁股份有限公司对东软进行投资，同意东软员工的持股计划，这让刘积仁感受到了一种强大的力量和信心。刘积仁说，正是因为有了东北大学历任校领导的支持和帮助，我才有了创业的机会，东软才有了成长壮大的可能。

在筹备上市期间，刘积仁经常要回答一个问题：东软哪方面最强？

作为系统集成商，东软虽然营业额和利润十分可观，但其核心价值很难体现。随着硬件价值的逐渐下降，软件价值越来越受到重视，刘积仁也开始意识到系统集成的路线已经不能再继续了，必须要寻找公司未来的核心竞争力。

就这样，刘积仁带领东软开始进入行业解决方案市场。刘积仁认为，行业解决方案业务存在一定的特殊性，一旦进入某个领域，与客户建立合作关系，都会保持相当长期的合作，因为系统和服务的变化会对客户造成很大的潜在风险和巨大成本。

这样一来，东软将追求市场份额作为首要任务，提出了"数字圈地"的策略。正值上市初期，东软获得了充足的资金支持，刘积仁开始大展拳脚，在全国开始设立分支机构，不惜投入巨大的资金获得客户、占领市场。

1996—1999 年，东软快速在全国建立了销售和服务网络，进入金融、电力、社保、电信、教育等行业，为东软今天的稳定发展奠定了坚实的基础。数据显示，目前东软的人口数据库管理系统覆盖中国13亿人口；东软为4亿人提供社会保险服务与支持系统；4亿人通过东软的电力营销系统支付电费；1.15亿人通过东软的电信运营商支撑系统支付话费；1.2亿股民正在使用东软的证券交易监察系统……

东软借力资本市场谋求发展的同时，曾先后四次通过员工持股、股权激励、期权等方式激励员工，实现了企业和员工的共同发展。

1992年，刘积仁就开始在东软内部进行股份制改造，启动第一轮员工持股计划。刘积仁称："那个时候大家集资入股，一元钱一股。一开始员工持股比例是25%，后来经过融资摊薄到了10%……当时的想法就是，每位员工都拥有公司的股份，是公司的主人。"

因为信任刘积仁，大多数员工都是左手拿到工资，右手又交出去，只留下一些生活费。20世纪90年代，人们还没有投资意识，也不懂炒股。所以有些员工家属会抱怨、会不满，生怕投入的钱打了水漂。

直到1996年东软上市，在当时"万元户"都罕见的时期，东软已经造就了一批百万富翁。1999—2000年，东软再次启动员工持股计划，使更多的东软员工获得了丰厚的回报。2008年，东软集团整体上市，由东软员工持股的沈阳慧旭公司所持股份已经超过9000万股，占全部股份的17.17%，按照当时的股价其总价值超过27亿元。

刘积仁说，员工是公司的核心资产，他们为公司创造了财富，公司也要给他们合理的回报。事实证明，员工持股是激励员工和公司共同创业和成长的有效手段，能让员工更积极主动地进行创新和创业，反过来推动公司实现更加快速的发展，这样就进入了良性循环。

打破CT垄断，痛并快乐着的自主创新之路

从刘积仁办公室的落地窗望出去，有一个中国版图形状的池塘，办公室的墙壁上挂着一张世界地图，言语之间，刘积仁也会经常透露出一种家国情怀，颇有些胸怀天下的味道。确实，他也做到了。

20世纪，中国大型医院很少能使用CT等重要医学影像装备，少数医院进口的设备也多为国外淘汰的二手设备，价格昂贵并经常瘫痪，看病贵，看不上病，百姓深受其苦。

1994年，东北大学CT攻关项目组的首台国产CT样机通过国家检测，随后就陷入僵局，因为科研资金短缺，样机的成像速度、准确性与国外相比相差甚远，CT产业化的道路一片暗淡。这时，东北大学校领导和CT项目组负责人找到刘积仁，希望他能够接过这个重担。

此时正值东软的上市筹备期，东软内部很多人对接手CT项目投反对票，担心投入资金多，研发周期长，可能会成为公司的沉重负担。1995年11月，刘积仁反复权衡，最终决定接下CT项目。

"在90年代，中国人对CT的渴望可以说超越任何一个国家，当时的国内市场完全被美、日、德的跨国公司垄断，新的CT价格昂贵，很多医院只能购买二手CT，维护成本非常高昂。在考虑到公司能够承受的最大风险的前提下，我们不能让东北大学如此宝贵的科研成果付之东流。"刘积仁说。

1997年，经过两年的投入研发，东软成功推出中国第一台具有自主知识产权的CT机并推向市场。随后，东软一步一个脚印，持续进行技术创新与突破，于2014年推出64层恒睿CT，2015年推出128层精睿CT，2016年再推PET/CT，短短三年时间完成了中国

制造高端CT自主研发道路上的三级跳，使得中国成为继美、日、德、荷之后的世界第五大CT整机生产国和出口国，让民族品牌站到了世界舞台。

今天，东软的CT、磁共振、数字X线机、彩超等尖端医疗产品已经遍布美国、意大利、俄罗斯等110多个国家和地区，拥有客户9000余家。

刘积仁多次强调："中国是人口大国，医疗健康是巨大的民生需求。"在2009年，刘积仁就提出"大健康"概念，希望把东软此前在医疗设备、医院信息化、社保等领域的技术与资源积累打造成一个医疗健康平台，解决国家医疗资源不平衡、看病难看病贵的问题，更好地服务于更多百姓。

在医疗健康领域，东软已经为7亿人、1000多万个参保单位提供社会保障服务，医疗两定数量超过15万，市场份额超过50%。东软承担了30多个省市的卫生厅局信息化建设和运营维护，为2500多家大型医疗机构、30万多家基层医疗机构提供医疗信息化服务。

东软的远程医疗系统汇聚了近5000位远程医疗专家，服务患者累计超过40万，日会诊量达200多次。2014年，国内首家云医院东软——熙康云医院——在宁波建立，这是东软集合其在医疗设备、社保、医院信息化等多领域所积累的资源和技术，利用移动互联网、大数据、云计算、物联网等技术，构建的全新医疗健康服务模式。这一模式在国内30多个城市快速铺开，与全国20万多家基层医疗机构建立合作，服务居民超过2800万。

2013年，习近平总书记在视察东软时，对东软在信息技术领域做出的贡献给予了充分的肯定，指出"用信息化系统提高医疗水平，如虎添翼。"

投资教育，向社会输送实用型IT人才

作为教授的刘积仁，十分清楚人才对中国软件产业发展的意义，也十分了解中国高等教育面对的挑战，投资高等教育，培养时代需要的人才是他的又一个梦想。

2000年开始，刘积仁连续三年，陆续在大连、南海、成都创建了三所信息学院，目前在校生近4万人。

刘积仁说，创办学院之前，首要考虑的是解决东软长远发展的人才需求问题。办了学校之后，又有了最朴素的目标，就是让每个学生能够找到工作，有更高的收入。归结起来就是：教育创造学生价值。

因此，刘积仁十分关心学院的发展，提倡培养实用型IT人才的教育教学模式。根据软件企业对IT人才的实际需要，与学院的院长共同制定教学与实践课程内容，开创校企合作、产学互动的合作模式。

近20年，通过创新的教育方式，东软信息学院和东软培训机构共为社会培养了几十万软件工程师，为国家在软件产业发展的不同阶段，提供了大量的优秀人才。

近年来，东软信息学院引导学生创新创业，以知识和智慧服务于社会和民生。成立于2002年的大学生创业中心，如今已成功孵化近百家高新技术企业，东软学院学生的就业率和就业质量一直保持在所在区域的优秀水平，国内有200多所大学使用东软的教学课程和方法培养学生，为高等教育的课程体系改革做出了贡献。

如今，东软正在以发展大健康产业为契机，开始建设健康医疗技术学院，通过医学、信息技术、产业融合发展的新型发展模式，培养面向未来医疗的技术人才。

提前布局，遵循社会发展，推动企业创新与变革

有人说刘积仁是个很智慧、很有前瞻性的企业家，从创办东软到后来的几次重大转型，他都能够敏锐察觉到市场风向并精准出击。其实，刘积仁也是一路走、一路摸索，只不过他从来没有因为受挫而停止，也没有因为顺利而放松。每隔三五年，刘积仁总会提出新的想法，在东软推动一次巨大的变革，每一次布局都有很多人看不懂，跟不上。

在东软的起步阶段，刘积仁对美国的科技发展路线心存仰慕，一开始也希望能成为微软、甲骨文这样的公司，可以一个个地卖软件拷贝，所以，刘积仁带着团队积极研发并推出了第一款产品——报表生成工具。刚推向市场时销路非常好，然而正在刘积仁为产品的成功而高兴的时候，大量的盗版产品开始出现。

刘积仁这才意识到，当时中国的市场环境跟美国存在着巨大差异，知识产权得不到应有的保护，产品路线根本行不通。于是，刘积仁把眼光投向了系统集成市场。因为那时人们对软件的价值并不认可，谁也不愿意为一张小小软盘里装着看不见、摸不着的东西付钱，所以东软只能把软件集成到硬件设备里，依靠硬件获取利润。

随着中国的信息化建设不断加快，软件逐渐被重视，东软开始向行业解决方案提供商转变，而后，东软在外包领域做得风生水起。在连续多年夺得中国最大离岸软件外包提供商桂冠之时，刘积仁突然提出"依靠人头拉动的软件外包模式不可持续"的观点，一时间引起业内一片哗然。就在那时，刘积仁已经开启在东软大力推动以知识资产驱动业务成长的商业模式，在全球经济危机的大环境下，刘积仁逆风而上，通过设立分子公司、收并购战略，向国际市场进军。

95th

东大校友
创业之路
DONGDA XIAOYOU
CHUANGYE ZHILU

016

刘积仁的每一次行动都看似惊险，最终却收获满满。在中国还没有移动网络时，他带领东软开始做电信计费软件；在医院信息化还没有开始时，做医院管理软件；在中国尚未建立完善的社会保障体系时，开始研发社会保险软件；在中国很少有人开车时，开始涉足车载娱乐信息系统的研发和应用……如今，东软在这些领域已经成为首屈一指的领军者。

其实，刘积仁有很多次机会转行做其他行业，例如风光无限的房地产，非常热门的生物医学，但刘积仁却始终不为所动。"无论我们做什么，都是以软件技术为核心。因为我相信，连自己明白的事都做不好，就更难做好其他的事。在选择方向上，只要是社会发展所需要的，能够让社会向一个健康方向发展的，我们就一定要做，不在乎做的时候是否被别人认可。事实证明，我们的每一次收获都来自于社会发展需要的拉动，每一个开始都是学习的开始，让我们理解了'机遇就是提前做一件未来可能发生的事'。"刘积仁说。也许正是这种果敢和专注，刘积仁总是能够提前布局，抓住机会，屡获成功。

创业再出发，打造企业新生命力

中国改革开放后，曾经涌现一大批优秀的企业家，四十年回望，大多已是"千古江南，英雄无觅，风流总被雨打风吹去"。刘积仁算是第一代企业家中为数不多的"常青树"，很多人请教刘积仁他东软和长青的秘密，他的答案是"怕死，所以总是在备份新的命"。

2014年12月12日，弘毅投资、高盛中国人保等联手东软医疗和东软熙康投资37亿元人民币，创造了国内医疗设备和互联网医疗领域单笔最大融资纪录。在发布会上，刘积仁笑着转述了投资人和他的对话："投资你最大的风险就是年纪太大。"

是的，当时的刘积仁已经年过花甲，然而在他身上，我们经常能够看到与其年龄不符的年轻态和好奇心。他每天早晨坚持跑步10公里，一口气做60个俯卧撑，手机里装载着各种APP，每周都会阅读两三本书，家里摆放着各种各样的乐器，跟刘积仁一同创业的东软人都说：刘老师是个爱折腾的人。

就在东软医疗和东软熙康融资后，刘积仁又一次"折腾"起来，提出要再创业、再出发，要把东软打造成创业的平台公司，将过去二十多年在技术、市场、业务和管理等方面的资源积累作为一个创业平台，快速孵化新的创业公司。

与其他创业者不同，刘积仁没有去追互联网风口，而是着重思考：如何在世界范围内找准东软的位置，在新常态下寻找新的增长点和竞争力；如何激励和盘活2万东软人和3所大学里那些年轻人的创业初心，培育5～10年后的创新中坚力量。

刘积仁认为，当前的中国经济发展十分迅速，随着人们生活质量和生活方式的改变，未来对医疗健康、汽车、智慧城市等方面的需求将越来越迫切。因此，刘积仁决定在医疗健康和汽车两大领域开足马力，大刀阔斧。

他为自己设定了两项主要工作，一方面想办法打破东软的现有体系，把大公司改造成多个创业公司来运行。另一方面就是建立新的激励体系，从股权到期权，让一批年轻人成长为"像当年我们那样的队伍"，在不同的架构里创造不同的商业模式。

由于医疗健康和汽车业务的投入期长、投资金额高，刘积仁采用融资和合作的方式，为这些创业公司争取充足的"弹药"，推动其业务快速发展。仅仅几年的时间，东软在医疗健康领域的东软医疗、东软熙康、东软望海三家子公司累计融资金额高达67亿元，弘毅投资、高盛中国人保、平安人寿、泰康等多家行业巨擘加入东软的投资者阵营。在汽车领域，2015年7月，东软与阿尔派投资成立东软睿驰，致力于新能源汽车、辅助驾驶和车联网等领域的创新和研发。通过2016年、2018年的两次增资，实施员工持股和激励计划，东软睿驰在技术、市场等方面均有快速突破，并快速组建起一支拥有600多位高端专业的核心人才队伍。

经过这一轮再创业，东软已经从一支巨型航母，变成了以东软集团为主力，由医疗健康和汽车两大前锋并驾齐驱的强悍舰队。

刘积仁说，企业在不同时期要有不同活法，一边生存一边寻找下一个阶段的活法，持续打造企业的生命力，这个过程主要体现为与环境之间的争斗。所以我们要对环境始终保持敏感，要对未来可能发生的变化始终保持敏感，同时，对自身资源和弱点始终有清晰的认识，懂得利用外部的力量，才会让企业越来越强大。

机遇总是留给有准备的人

"我这一生十分幸运。'文化大革命'，同学都下乡了，我去本钢做了工人，后来有机会上了大学，又考上研究生，出国读博士。别人都在读书爬坡的时候，我当了教授，又开始创业。这一路走下来，本就普普通通、并不完美的我，对人生能够拥有这种幸运而感到满足。"刘积仁将过去近四十年的经历用三言两语一带而过，把所有的努力和成就都解释为一种"幸运"。

正所谓，机遇总是留给有准

备的人，刘积仁的幸运也绝不是一种偶然。在中国经历巨大变革的70年代，如果没有超乎常人的努力和付出，懵懂年少的刘积仁成为教授和企业家的概率可能比中彩票还低。而身为东软的掌舵人，历经行业的起起伏伏，如果没有精准的战略远见和自我认知，没有持续变革的勇气和智慧，东软恐怕很难有今天的规模和发展。

经常有人抱怨生不逢时，有人在选择面前纠结徘徊。其实，环境不会因为抱怨而改变，人生不会因为等待而成功。同样的时代，同样的机遇，不同的人做了不同的选择，就有了不同的结果。

刘积仁说："因为有梦想，因为害怕回到过去，害怕东软在瞬息万变的环境中失去发展的机会，所以我不能停止，必须一路向前。这一路走下来，我认为我做的最对的一件事就是只要给了我时间，我一定把时间充分利用好，精准地利用好，有效地利用好，这样可以缩短你达到梦想的路径，也可以在这个路径上找到不同的转折点，获得不同的机会。"

刘积仁通过他的精准计算，抓住一个又一个发展机遇，掌舵东软这艘巨轮，劈波斩浪，一路向前。

（原文作者：东软集团杨喜文　整理修订：李鹤）

95th

东大校友
创业之路

DONGDA XIAOYOU
CHUANGYE ZHILU

020

02 │ 咬定青山不放松

——吕松涛

校友简介

吕松涛，安徽淮北人，1987年毕业于东北工学院管理工程系，获学士学位。1990年毕业于东北工学院社会科学系，获硕士学位。1997年创办上海绿谷（集团）有限公司，现任绿谷集团董事长。

绿谷集团是一家集研发、生产、销售现代中药及提供中医药特色健康管理服务的专业医药企业集团。集团在上海市青浦区建有GMP生产基地，在辽宁省本溪市建有糖药物工程中心、院士专家工作站和省级糖药物重点实验室，集团总部位于上海张江高科技园区，拥有约1500名员工。绿谷集团位列上海市高新技术企业、上海市民营科技百强企业、上海市工业集团五十强企业。公司与中科院上海药物研究所为长期战略合作伙伴，并与北京大学、美国罗文大学、华盛顿大学、加拿大多伦多大学等国内外一流高校和科研院所建立了战略合作伙伴关系，共同开展以大脑疾病防治为导向的科研攻关与合作研发。绿谷研究院拥有一支以院士领衔、以"杰出青年""百人计划"和海外归国学者为核心精英骨干，由300多名硕博以上研发人才支撑的高端人才研发团队，重点打造大脑疾病药物研发平台和抗肿瘤药物研发平台。

吕松涛数十年来专注于中医药领域的发展，是中医药产业化的开创者和践行者。曾获得"中国优秀民营企业家""创业卓越中药企业家"等称号，入选"2014年中国慈善百人榜"，并任中国哲学史学会中医哲学专业委员会副会长、中国宗教经济研究会理事长等社会职务。

初涉商海：咬定青山不放松，立根原在破岩中

吕松涛的办公室悬挂着四个大字——"愚公移山"。他认为，每个人心里都会有一座山，只有勇敢正视它，客观评价这座山的大小，拿出"愚公"精神，将大山分成一块一块的小石子，才能撼动它。其背后深意是：成功就要脚踏实地，滴水穿石。

吕松涛出生在安徽淮北平原，自小聪慧，在"千军万马过独木桥"的年代，靠着刻苦学习和坚韧的品格，迈入了东北工学院管理工程系的大门。大学毕业后，出于对哲学的浓厚兴趣，他选择在东北大学继续深造，攻读科技哲学专业硕士学位，师从著名科技哲学家陈昌曙先生。

读研时，吕松涛经常思索未来的发展方向。他就像一颗玻璃球，在人生的碗里摇晃，只为寻求最佳平衡点——寻找到停驻碗底的归宿。1988年，吕松涛在经过长期"量变式思考"和一个晚上辗转反侧的"质变式衡量"后，认定了自己这辈子的人生基调就是"创业"。他壮着胆子借了3000元，在研究生院内率先"下海"。他做技术转让、搞汽车报警器的委托加工，一番"激情"之后，缺少实际经验、更缺少商业资源的吕松涛就成为了那个年代大学生中少

有的"负翁"。研究生毕业那年，在初尝创业的"一张白纸"上，他带着6000元的"巨额"债务步入社会，走上工作岗位。

失败的经历和债务的困扰，足以浇灭一个人所有的热情，但就像许多最终成功的创业者一样，吕松涛拥有百折不挠的"咬定青山不放松"的韧劲儿。他至今仍清晰记得那时产生的一直萦绕心头、激荡不已的想法：再不创业就晚了！他坚信，对于创业者来说，最重要的是早些迈出第一步。他曾经对记者说过，把债务压力化作继续创业的巨大动力，压力就全没有了。最起码得早日挣钱，早日还上朋友们的血汗钱，这是一个创业者最基本的道德底线。

回忆起那个时期，他称之为"寻求人生信念的阶段"。他把这样的"寻求"划分为三个"维度"——你要何物，即迎合时代需求，不断丰富阅历，不被时代的浪潮淹没；你爱何物，即唤醒自己的本质天性，做当下自己最感兴趣的事情；你擅长何物，即做让自己感到最幸福的事情，不被平庸的生活琐事扰乱生命的信念。

第一桶金：宝剑锋从磨砺出，梅花香自苦寒来

失败与挫折，让试图搏击大海的吕松涛首先想到了积累见识，特别是要提升对复杂形势的准确判断和对行动方案的策划落实能力。他来到内地一家管理规范的大型国企，学习和观察其复杂的战略规划和管理流程，开始"充电蓄能"。厂里把他安排在令很多人羡慕的"经济管理研究所"，但为了在企业的大熔炉里真正"百炼成钢"，为创业"积攒本钱"，他主动要求下到最基层班组，从生产管理的第一道流程学起。两年之后，尽管上一轮的债务还没有还清，但志在"独立创业"的吕松涛觉得心里的底气慢慢足了。此时，正逢小平同志发表南方谈话，吕松涛没有再等待，靠着同事们的慷慨解囊，他凑齐路费，在10多个大城市辗转，进行了一番详

细调研，最终选择了机会较多、创业成本相对较低的珠海，盘下了朋友低价出让的4个铺位的餐饮大排档开始经营。吕松涛坦言，实际上那时的他面临的是一种"进退两难"的"绝境"。退，不可能，因为已经向单位递交辞职报告，别人想进进不了的好部门和安稳岗位没有了；进，拥有资产是"负数"，容不得再次折腾。正巧那时爱人怀孕，生活压力也骤增，现实要求他只能成功，不能再失败。此时，硕士期间学到的"自然辩证法"给了他面临绝境时的冷静，"知止而后有定，定而后能静，静而后能安，安而后能虑，虑而后能得。"结果验证了他的判断和选择是正确的，由于流动人口的急剧增加带来了旺盛的人气，他经营的大排档很快扩张成了体面一些的店铺，原来的冷清路段也逐渐成为后来经营者们眼中的抢手货。

吕松涛没有沉醉在一名成功小业主的欣喜中，而是很快将自己并不擅长经营管理的饭店转让给别人。而后，他没有把转让经营权换得的10万元搁置，因为他已经体验到了资本流动的重要。当时，投资房地产是珠海最佳的赢利渠道，吕松涛没有袖手旁观，一次看似漫不经心的地产股份投资，让这10万元在半年之内增值了7倍。趁着越来越旺的投资热，吕松涛在房地产业和证券市场频频出手，很快让个人资产增值了10倍、20倍，在一个较短的时间和一个经过慎重选择的正确地点，他趁着好形势、抓住好时机，基本完成了创业不可或缺的资本积累。

宝贵的第一桶金，让他的雄心真正开始通向现实。

三次创业：千磨万击还坚劲，任尔东西南北风

始终沐浴着创业激情的吕松涛说过："我无法预测未来还会遭遇怎样的市场洗礼，但最重要的一点是，我不惧怕任何挑战，永远

相信'归零法则'——一切从零开始，必将再创辉煌。"

第一次创业——首次归零

从第一桶金开始，吕松涛在不到两年的时间积累了巨额财富，1994年夏天，吕松涛将公司迁到上海，与珠海一位朋友合资成立一家公司。开始创业时，他并没有找到商业的真谛，一切经营都以资金积累为目的，所以公司迅猛发展。最初收购了一家欠债2亿元的公司，由此开始东挪西借，项目涉及房产、制药、食品、计算机等，形成资产规模5亿元的公司，但其中80%以上为负债。此时由于朋友在南方出事，致使上海的资金链突然断裂，20多家金融机构开始索债，他曾在一天内接到13张法院传票，一些债主甚至到家里讨债。到了1996年12月，公司账面上形成8800多万元的债务，可以说是一贫如洗，家徒四壁，吕松涛的第一次创业以彻底失败告终。

吕松涛在后来回忆起自己第一次创业时说："我的第一次创业，只有商业，没有灵魂，忘记了自己的初心。最初我想改变世界，想给大家带来身心幸福，但我忘记了自己的初衷。而对于商业，我也没有找到真正的运营模式。"

第二次创业——再回原点

在家人的陪伴下，吕松涛逐渐平静下来，冷静地思考未来要走的道路。经过慎重的选择，他决定以中医药作为第二次创业的途径，原因有三：一是中药本身能治病救人，符合他的初心；二是中药本身是文化，与他的个性相符；三是从商业角度讲，中药的竞争比较少，中国人在这个领域有优势。于是，1997年，吕松涛注册了上海绿谷集团，开始了第二次创业。公司起步时的情况是，拥有一个药号——中华灵芝宝，背负8800万元的债务，还有5万元现金和不到 10 名员工。

经过一番商海搏杀，绿谷公司通过了市场检验，以中华灵芝宝占领了肿瘤病人的辅助治疗市场。很快，公司重新崛起，迅速发展为国内知名企业，达到近万名员工的规模，成为中国抗癌药领域的龙头企业。但是，虽然公司拥有大量的现金流，看似红红火火，但绿谷的灵魂却开始一步步地失去，为了利润，绿谷已经变成了一家没有灵魂的公司，在不断发展壮大中丢掉了对社会的使命与责任。为了金钱和利益，绿谷与对手展开野蛮竞争，不择手段，甚至夸大宣传，做了一些不该做的广告，说了一些不该说的话，忘掉了初衷，忘掉了出发点。这样做的结果，就是公司频遭媒体曝光，不断被主管部门查处。2007 年 4 月，国家药监局关闭了绿谷西安药厂，2008 年 1 月，中央电视台新闻联播对绿谷进行了长达 5 分钟的曝光，数百家媒体聚焦绿谷，全国各相关主管部门开始对绿谷严查。吕松涛的第二次创业降至冰点，人去楼空，一个相当规模的公司再次回到原点。

第三次创业——得道多助而业兴

2009 年，是吕松涛的第三次创业，这次他总结了前两次创业失败的经验教训，带着对生命的重新理解，重整人马，从关心患者、关心员工出发，秉承"以东方生命科学为核心，融合现代科技成果，打造身心一体的健康新范式"的全新理念，实事求是，依道而行。

一切都如顺水行舟，公司又回归正轨，业务突飞猛进，一日千里。到 2012 年，整个公司仅用短短四年时间，规模不但超过 2006 年，而且拥有着无比广阔的前景，成为了中国医药创新领域的佼佼者。

对西方文化持质疑态度的吕松涛，却一直追求着国外跨国公司的最高理念和境界，即"只要品牌在，任何时候都可以从废墟中重新崛起。"吕松涛曾经在一次采访时深有感触地说：现在回过头来看，"创业——归零"的态势看似绝境，但这其实是任何一家大企业、任何一个创业者在发展中都会遇到的。耐人寻味的是，不同的人面对失败选择的路线不一样，有的就此永远消失，有的却在废墟中"凤凰涅槃"，迈上更高峰。而扭转乾坤的重要因素，就是是否具备放下架子、从零开始的创业豪情，以及不辜负朋友和社会期待的高度责任感，有了这样的创业特质，你就会对"心灰意冷"永远不屑。

面向未来：雄关漫道恒心在，勇往直前谱新篇

回顾绿谷的发展历程，有一条是吕松涛始终坚持和坚守的，那就是——永远保持创业的理念。

在选择进入中医药产业时，绿谷面临着内外部的巨大挑战。外部的挑战是，没有找到新的市场突破口，以及尚未确定这一领域的长期发展战略；内部的挑战是，创业团队中的部分成员对吕松涛的选择持异见，甚至认为进入中医药产业是危险的、没有前景的。

从 2001 年开始，经过数次反复的战略选择，吕松涛终于决定，将对疑难杂症的治疗和对中华古老中医药文化的弘扬和光大作为自己投身中医药行业的抱负和追求，将最新的创业理念上升为"做成一件大事，朝着既定的目标无限逼近"。

按照吕松涛的想法，绿谷的整个发展过程，被规划为四个阶段。

第一阶段：专注单一的中药研发。中药的价值不只停留于辅助治疗和养生保健，在这一阶段，绿谷集团致力于找准产品定位，在药物的研发方面，深入研究疾病本身，结合现代科学新资源的利

用，有效提升中药的疗效。

第二阶段："医药一体"的中医药产业化尝试。从 2003 年，绿谷集团开始探索和开拓一种新的发展模式，就是"以医带药"，筹建具有中医特色、医药一体的连锁门诊，希望通过这种模式让中药回归中医本身的理论环境，于是中医特色医药连锁门诊——绿谷泰坤堂，应运而生。

第三个阶段：中医诊疗的客观化、标准化道路探索。当今是互联网和大数据的时代，从 2005 年开始，绿谷集团努力将诊断数据进行标准化、客观化，与上海中医药大学合作开发"中医四诊仪"。通过多年的研究开发，中医四诊仪已经发展得非常好，通过不断地注入数据、分类整合，找到了一些疾病的共性规律。

第四阶段：探寻东方生命科学的真谛，即"回归生命的身心一体"。中医本身是一个完备的医学体系，一个重要的理念特征就是"身心一体"，但遗憾的是，近现代的中医往往是把"心"丢掉了，只保留了"身"。进一步说，中医药文化本身与中国文化一脉相承，但是现代中医在求发展的过程中却遗失了中国本土文化的土壤，这就让中医的发展变为"无源之水""无本之木"，很容易枯竭。为了让中医学重新回归中国传统文化语境，绿谷集团从 2011 年开始关注中医"道"层面的内涵，通过各种探求与尝试，回归中医本源之"道"。

中医药的出路在于现代化，这已经成为业界和政府主管部门的共识。什么是现代化？吕松涛说，所谓现代化是事物发展逻辑关系的展开，而不是简单的空间叠加。中医药实现现代化的前提是先实现产业化。作为我国原创、并在世界四大传统医药体系中唯一留存完整的医药体系，中医药以其天然无毒和独特疗效正逐步被世界所接受，但在每年高达100亿美元的中成药国际市场中，我国中成药产品的份额占比还不足4%，远低于日、韩等国。吕松涛认为，国际生命产业呈现四大趋向，即由治疗向预防转变、由院内向院外转变、由标准化向个性化转变、由以产品为主向以人为本转变。在这一大潮中，中医药的优势无可替代，潜力无穷。但我国的中医药发展现状令人堪忧，一方面，拳头产品老化、科技含量低，单品生产规模小、剂型和工艺落后；另一方面，诸多企业仍在低水平竞争中乐此不疲，困局难解。他认为，中医药在走向现代化的过程中，只有实现产业化才能得到消费者的认可，才能最大程度彰显中医药的疗效优势，才能有足够的资金再投入，不断提高产品的科技含量。而中医药产业化的关键是中医和中药的结合，扬中医药辨证施治之长、避西医对症治疗之短。

绿谷之魂：科技创新塑造核心竞争力

中国古代大思想家、道德家老子曾说："夫唯不争，故天下莫能与之争。"吕松涛深以为然。他说，简单的技术"移植"换不来企业的核心竞争力，只有自主创新，才能拥有持续发展的后劲。面对中医药行业内的竞争，唯有以疗效突破为原则，继续加大科技投入，一往无前，才有可能进入"空气稀薄地带"，创造黑洞效应。一个企业做大做强的根本，是具有独一无二的核心竞争力，只有抓住这一根本，才能立于不败之地，因此，绿谷极为重视科技创新。

早在1997年，绿谷集团就将中国人民解放军军事医学科学院纳入其"顶尖合作计划"对象。双方合作成立了中药现代化联合实验室，企业每年向军科院毒物药物研究所投入资金近百万元。而科技投入的回报使绿谷受益匪浅，军科院成功解决了枸杞多糖的分离提取技术，使枸杞中药效成分的提取比例达到了125：1的国际领先水平，绿谷集团利用该项技术研制成功的"绿谷枸杞胶囊"于

2003年上市。2005年，绿谷联手军科院在北京大兴区建设"军科绿谷中药与天然药物研究中心"，占地251.4亩，总建筑面积13万米²，全部工程包括研发中心、中试基地和GMP工厂，覆盖整个产业链。同时，绿谷还与中科院上海生命科学院合资成立了"上海中科绿谷生命科学有限公司"，中国科学院院士、中科院上海生命科学院院长裴刚出任名誉董事长。

理念上，绿谷坚持"顶尖合作"战略，采用"无边实验室"战略和"特诊连锁"，在自主研发的同时，与北京大学、中国科学院上海药物研究所、上海中医药大学、中国海洋大学海洋药物教育部重点实验室、军科院毒物药物研究所、美国华盛顿汉城大学、匹兹堡大学等国内外十几家科研机构建立了合作关系，凭借完全自主产权、最先进的设备和管理体系，通过新药创新与产业整合，打造企业核心竞争力。

桑梓情怀：勿忘初心，回报母校

回顾1983年，吕松涛抱着对未来的美好期待踏入东北工学院，在这里度过了人生最美好的青春年华。在母校及师长的教诲和关爱下，他如饥似渴地用知识武装头脑，树立了人生理想，确立了影响一生的人生观和价值观，收获了走向未来的自信，从一个懵懵懂懂的少年成长为充满理想与激

吕松涛向母校捐资2500万元设立"绿谷基金"

情的青年学子。每当遭遇人生低谷，独自一人彷徨徘徊时，他首先想到的依旧是母校、老师和同学。母校，永远是他生命的精神依托和不变的情怀。

从东北大学毕业后，吕松涛始终关注母校的建设和发展，希望有机会能为母校贡献自己的力量。2011年，吕松涛联合技术哲学专业的同学会成员，捐资1000万元，设立了"陈昌曙技术哲学发展基金"。2013年，母校成立90周年之际，吕松涛再次慷慨解囊，捐资2500万元设立"绿谷基金"，其中1000万元用于建设冠以恩师名字的"陈昌曙楼"，1500万元用于支持生命健康与科学学院发展建设和生命学馆的建设。2016年，"陈昌曙楼""绿谷生命科学楼"均已建成并投入使用。

寄语青年：早日找到自己人生最重要的使命

三十多年的拼搏，让吕松涛深深体会到，一个人只有找到坚如磐石的信念，才能真正开启生命旅程。在没有找到之前，无论上天给予多少次机会，无论捕捉机会的能力有多强，最终都会失败。因为你抓到的只是一块又一块的浮冰，纵使一时安稳，终究都会融化。那么，如何才能找到人生的信念？吕松涛是这样寄语年轻人的：

首先要真正认识自己。完整、清晰地认识自己的天赋。天赋是一个人与生俱来的才能，是一个人最重要的生命轴，是让你产生直觉、形成洞察的根本点，是生命的出发点。

其次要找到奋斗的方向。突破自我枷锁，与时代发展主题相融合，明确自己的目标和使命，升起承担社会责任的愿望，这是牵引生命的核心力量，是生命永不枯竭的源动力。

最后要求知若渴，磨炼自身智慧。在自己的志向领域不断开拓知识疆域，点亮心灯，用知识拥抱自由，用智慧承当民族责任。

寻找安身立命之所的诀窍不是以上三点的简单叠加，而是把天赋、愿望和智慧三者不断相互印证、推敲、萃取。当机会摆在面前时，会出现这三者融为一体的力量，从而升华为人生中独一无二的信念，实现从必然王国向自由王国的转变，这就是生命中最重要的事。

生命只有两种，即"找到"和"未找到"；人生只有两段，即"找到前"和"找到后"。如果只考虑生活层面的碎片化问题，是无法带来生命的牵引力的。如果不能从这些问题中超越，结果只能是随波逐流。

附：绿谷大事记

1997年，绿谷集团成立。

1998年，与中国科学院上海药物研究所合作成立"联合实验室"。

2001年，上海绿谷制药有限公司成立。

2004年，泰坤堂前身——中卫博导中医门诊部在无锡成立。

2004年，MT中医经络诊断仪研发。

2004年，抗癌事业部全面启动门诊连锁。

2005年，绿谷研究院成立。

2005年，与北京合作，中医理论创新"万病归宗"活动全面启动。

2005年，收购拓能公司、济民肿瘤医院、上海沪东医院。

2005年，绿谷生命"健康直销"成立。

2005年，"丹参多酚酸盐"获得新药证书。

2006年，与上海中医药大学合作开发"四诊仪"。

2009年，全方位启动丹酚销售。

2010年，"GV-971"融入绿谷。

2010年，启动丹酚医保工作。

2010年，"道生四诊仪"参加世博会及"火星500"。

2010年，"阿特门"成立——开启人工智能研究。

2011年，南怀瑾推动江村市隐发展，成立江村市隐公司。

2011年，"道生四诊仪"获得注册文号。

2013年，绿谷研究院重新运营。

2014年，在本溪构筑世界级糖药物工程科研生产高地。

2015年，"道生中医健康云"创新服务模式面世。

2016年，基于"自然药学观"理念中药复方项目启动。

2016年，OCPAD项目启动。

2016年，泰坤堂与微医网合作成功。

2018年，用于治疗阿尔茨海默症的"GV-971"三期临床试验成功。

（素材搜集：张博雯　内容修订：绿谷集团　文字整理：张博雯）

03 | 江河载望千帆过，激流勇进行航母

——刘载望

校友简介

刘载望，1972年生于湖南岳阳，1990年考入东北工学院采矿工程专业。现任江河创建集团股份有限公司董事长，同时担任北京市顺义区人大常委、北京市工商业联合会执委、北京市顺义区工商业联合会副主席、东北大学董事会常务董事等职务。先后荣获"北京市优秀中国特色社会主义事业建设者""2008中国杰出湘商"等荣誉称号。

江河创建集团简介

刘载望一手创办的江河创建集团股份有限公司（简称"江河集团"）总部位于北京。前身为北京江河幕墙股份有限公司，成立于1999年，是在上海证券交易所A股主板上市的大型跨国企业集团，注册资本11.2亿元人民币。

江河集团以"为了人类的生存环境和健康福祉"为企业使命，

致力于提供绿色建筑系统和高品质医疗健康服务，坚持"双主业，多元化"的发展战略，旗下拥有JANGHO江河幕墙、Sundart承达集团、港源装饰、港源幕墙、SLD梁志天设计集团、Vision、江河泽明等知名品牌，业务遍布全球二十多个国家和地区，在建筑幕墙、室内装饰设计、眼科医疗等行业领域居世界领先水平。江河集团是国家高新技术企业、国家认定技术创新示范企业、首批国家级知识产权优势企业，拥有国家级企业技术中心、国家认定博士后科研工作站，位居中国上市公司500强、中国民营企业500强。

江河创建集团总部全景

贫寒子弟艰难路，鱼跃龙门入东工

1972年3月，湖南省岳阳县柏祥镇窑岭村细屋组的一个七口之家再添新丁，这个呱呱坠地的婴儿就是刘载望，谁也不曾料想到他会在几十年后成就如此事业。刘载望在家中排行老幺，有1个哥哥，4个姐姐。其父刘大阶是个地地道道的农民，淳朴善良、历经磨难，在曲折的人生历程中，他深切体会到了教育的重要性，尤其是对一个农家孩子的意义，于是他暗自咬紧牙关、省吃俭用送6个子女去读书。

刘载望初中就读于步仙区十步乡中学41班，据当时担任其初三班主任、现已七十多岁的刘光明老师回忆：刘载望少年时就有志气、有理想、有抱负。印象最深的是在一次《谁笑在最后，谁笑得最美》的主题班会上，他的演讲慷慨激昂，在全班引起轰动，得到了同学们的阵阵掌声。中考时，他迎来了人生的第一个抉择，是报考中专，还是继续读高中。上个世纪80年代到90年代末，优秀的学生有两条不同的出路，一是初中毕业报考中专，毕业以后可以进入党政机关、事业单位或国企；一个是继续读高中，参加高考。很显然，中专毕业可以进"好单位"、端"铁饭碗"，还可以早几年参加工作，减轻家庭负担，这是当时很多农村优秀学生的首选之路。但是当时报考中专的名额有限，除了要求学生品学兼优外，还必须事先拿到报考指标。刘大阶老人为了确保儿子能报考中专，也经历了一番周折，为刘载望顺利拿到了报考中专的指标。但是天不遂人愿，让人始料未及的是平时成绩优异的他在考试那几天闹肚子，不得不输液打针，就连考试时身体也是状况频频。虽然他坚持带病上阵并全力以赴，但还是严重影响了考试成绩，结果可想而知，他没有被录取。这是他人生的第一次挫折。

1986年，在报考中专失利后，刘载望进入岳阳县三中继续高中学业。高中时期的刘载望喜欢足球、篮球，精力分散，花在学习上的时间不多，成绩也不是特别优秀，第一年参加高考的最终成绩距录取最低分数线还差十几分。高考失利，让承载全家人希望的刘载望遭受沉重打击，无边的沮丧、自责充斥着他的内心，他觉得对不起父母，对不起供他上学的几个姐姐。但是对他寄予厚望的父母不仅没有责怪他，反而给予了他最大的安慰。

与其自责，不如奋发图强，遇到挫折就退缩不是刘载望的性格。在经历了短暂消沉之后，他决定复读一年，再战高考。复读期间，他发奋努力，埋头苦学，一年后，即1990年，他终于不负众望，以优异成绩考取了东北工学院，就读于资源与土木工程学院采矿专业，成为当年岳阳县为数不多的几名大学生之一。

在东工读书期间，刘载望广泛深入了解社会，积极思考人生，努力尝试各种工作。由于家境贫寒，在东北工学院就读的三年时间里，他不仅在学生会任职，还写小说、做生意赚钱供自己上学，同时还要担负为给父亲治病的重任。酸甜苦辣的学海生涯，让他受益匪浅，认识到只有通过自身的奋斗，才能在优胜劣汰的社会中找到生存的缝隙。同时，实践中的磨炼也让他逐渐认识到：既然自己一无所有，那么无论怎样亏本，大不了重头来过；无论怎样失败，大不了就是提个蛇皮袋回家。打拼！唯有打拼！对于一无所有的人来说，在打拼中失去的无非是枷锁，而得到的将是整个世界。刘载望不断观察着社会变化，与老师们一起探讨中国的未来走向，这些丰富的社会实践和充分的思想准备为他的创业之路奠定了必要且良好的基础。

中断学业，白手起家闯商海

1992年邓小平南巡讲话掀起了知识分子下海经商的热潮。此时拥有敏锐洞察力和较他人更具阅历的刘载望对中国未来市场经济的走向进行了精准预测，认为几年以后市场经济将迎来更好的发展机遇。1993年底，刘载望怀揣创业梦想，带着一股初生牛犊不畏虎的勇气，瞒着家人，毅然决然放弃学业，提前踏上了自己的创业之路。但纸包不住火，不久之后，父母得知他退学的消息，又气又急，父亲追着赶着他去上学，一根扁担都差点打断了，母亲几乎一夜白了头。即便如此，刘载望也未改变心意，只是内心对父母充满了惭愧和心疼，暗下决心一定要闯出一番事业，给父母一个交代。

一个从农村走出来的少年要创办一个企业谈何容易？白手起家，创业之路更是障碍重重。在1993年和1994年这两年里，他几乎是在北方几个主要城市的"流浪"中度过。他的第一份工作是在辽宁朝阳市建平里的一家夜总会担任经理一职,在那里工作了9个多月。后来开始卖石材。正是在这段艰难的日子里,他不断积累着知识和经验。

1994年9月6日,怀揣300元钱的刘载望,身背几块石材样品,独自一人从辽宁建平来到北京推销石材,迈出了他创业的第一步。1995年的4、5月,刘载望和两个姐夫、一个姐姐在北京的南三环木樨园租了一个店面,年租金12万元,承接大理石装修。靠着两个姐夫、一个姐姐和几个老乡成立了一个公司。第一年由于没有相关经验,亏损了30多万元。据其母后来回忆,在公司创办的第一年回家过年时,刘载望面若菜色,身体消瘦,但他并未透露自己在外创业的艰难,直到其母心疼地一再追问,他才说出了实情。原来,由于资金问题,他在北京睡了四十多天的地板,连续吃了二十多天的方便面。当父母知晓他在外面创办公司时,都坚决反对他冒这么大的风险,并且请来亲朋好友一起劝说他放弃,但是风华正茂的刘载望相信事在人为,有追求就会有希望,婉拒了他们的建议。刘载望后来回想起当初的创业也说,创业之初非常艰辛,苦不堪言。

不过,经受农村艰难生活培育的刘载望,有一股无惧无畏的勇气和从不患得患失的心态。他并未被困境击倒,反而越挫越勇,勇往直前,在此后几年里,他的坚持和付出开始有了回报。1996年,刘载望承接了创业过程中的第一个施工工程——亚细亚仟村百货的内装工程,负责地面装修,正式由材料供应商转变为工程承包商。同年冬天,他承接了长春格林梦水乡项目,这是江河的第一个外装工程。而对于刘载望及江河,具有划时代意义的,是1997年中标的吉林交通大厦幕墙工程,赚了400多万元,真正挖到了人生的第一桶金,江河由此成功搭上了幕墙这艘巨轮,开始扬帆起航,步入正常发展轨道。1998年,他与妻子富海霞共同成立了北京江河源控股有限公司（简称"江河源控股"），合计持有江河源100%的股权。1999年，江河幕墙建筑装饰工程有限公司（简称"江河幕墙"）成立，自此，江河幕墙异军突起，呈几何级数发展，刘载望的创业梦终成现实。

专业专注，打造世界级幕墙企业

人生不如意事常八九，无风无浪、顺顺利利从来不是人生常态，精彩的人生需要不断突破自我、挑战自我、成就自我。荆棘与鲜花同在、机遇与挑战并存，在荆棘坎坷面前学会坚韧，在鲜花掌声前保持清醒，在机遇面前勇于向前，在挑战面前永不言败。

从1999年创立江河幕墙开始，此后10余年的时间里，刘载望一直心无旁骛，全心全意投身幕墙行业。2001年，北京申办第29届奥运会成功，他敏锐意识到，这将是江河快速发展的最佳契机。于是，他迅速果断地调整了公司经营策略，开始采用"聚焦战略"即聚焦大城市、大客户、大项目，并取得显著成效。自2001年开始，江河幕墙先后承建了北京奥运射击馆、北京奥运排球馆、北京奥林匹克公园国家会议中心、青岛国际帆船中心、天津奥体中心体育场等奥运主场馆项目的幕墙工程。与此同时，还相继承建了北京首都国际机场3号航站楼、中央电视台新址、天津时代奥城、天津滨海国际机场、北京南站等一批体量大、影响力大的知名奥运配套项目。作为奥运项目的建设者，刘载望带领江河公司积极响应北京奥组委提出的"绿色奥运、人文奥运、科技奥运"的理念，在注重幕墙产品视觉美感的同时，更加强调其在节能环保、人居舒适、防噪音、抗震等方面的领先性应用，大胆使用新技术、新工艺，并在具体施工中取得良好效果，得到了奥运场馆管委会的一致认可和赞许。

2003年和2004年，江河幕墙先后进入长三角、珠三角等地区开展业务。凭借聚焦战略及"技术领先、服务领先、品质领先、成本领先"的竞争优势，江河幕墙

江河创建集团业绩展示

墙在北京、上海、广州、深圳等一线城市的业务遍地开花，中标了一大批有影响力的地标性工程，尤其是在几大城市的中央商务区范围内，江河幕墙以绝对领先的地位承建了大量精品工程，成为中国幕墙行业的领导者。

——在北京中央商务区，江河幕墙以绝对优势中标北京第一高楼——528米高的中国尊、中央电视台新台址、人民日报社报刊综合业务楼、中国国贸三期A座B座、北京银泰中心等50余项优质经典工程。其中，2005年中标的中央电视台新台址幕墙工程被评为"世界十大最强悍工程"之一，标志着江河幕墙由国内领先的幕墙企业挺进世界一流幕墙企业。

——在北京金融街约1平方公里的区域内，江河幕墙先后承建了逾30项精品幕墙工程，包括富凯大厦、鑫茂大厦、国际金融城、丽思卡尔顿酒店、威斯汀酒店等，获得众多业主、设计院及合作方的高度认可。

——在上海陆家嘴中央商务区承建了30余项幕墙工程，包括上海中心大厦（内幕墙）、北外滩白玉兰广场、上海国际金融中心、中国平安金融大厦等一大批具有时代影响力的精品工程。

——在广州珠江新城地区先后承建了40余项幕墙工程，包括

广州东塔、广州珠江城、利通广场、太古汇广场等数十项精品工程，以优异的品质及完善的服务，得到众多业主、设计院和合作方的高度赞誉。

2006年底，澳门江河成立，并中标澳门银河娱乐综合度假酒店，开启了国际化发展新纪元。2007年4月，公司改制并整体变更为北京江河幕墙股份有限公司，实施"工业化、科技化、信息化、国际化"的"四化"发展方针，着力构建全球幕墙领先企业。同年进入中东市场，2008年进入东南亚市场，2009年挺进美洲和澳洲市场，先后中标中国澳门梦幻城、新加坡金沙娱乐城、越南万豪酒店、阿联酋阿布扎比天空塔、阿联酋阿布扎比金融中心、以及加拿大多伦多ONE BLOOR、墨尔本720 Bourke Street、纽约曼哈顿626 1st Avenue等世界各地地标性建筑和第一高楼，一系列难度大、规模大、影响力大的世界顶级工程，成为行业典范。江河幕墙"立足高端、定位高端、服务高端"的品位输出，成为当之无愧的全球高端幕墙行业第一品牌。2011年8月18日，江河幕墙在上海证券交易所A股主板上市，成功挺进资本市场，江河幕墙的发展进入了

北京江河幕墙股份有限公司在上海证券交易所A股主板上市

一个全新时期。

随着江河幕墙全球化战略的不断推进，公司海外业务涉及的国家或地区逐渐增多，海外业务比重日益上升。但是，在公司海外业务快速发展的过程中，在一片欣欣向荣的背后，刘载望及其江河幕墙正慢慢面临极大的挑战，各种政治、经济、贸易风险开始逐渐显现。

在中东地区，从2008年、2009年的全球金融危机、2010年的阿拉伯之春、2011年的叙利亚战争到2012年的全球石油价格大跌，连续多年的社会政治经济动荡，导致中东区域多数业主和总承包商面临资金困难，大量工程长期停工，业主、总包经常变更，回款难度大。再加上所签订的"背靠背"合同的原因，导致很多项目尾款无从追回。

汇率问题也带来了利润损失。公司海外业务通常采用项目所在国家或地区的货币结算，其中中东等地区的货币与美元挂钩，受人民币对美元升值的影响较大，根据相关数据显示，2012年4月到2015年底，人民币对美元升值24%，严重影响了公司工程的成本控制和利润水平。

95th

东大校友
创业之路

DONGDA XIAOYOU

CHUANGYE ZHILU

042

此外，还有诸如反倾销、法律风险、劳务签证政策多变、与西方技术和产品标准的差异，以及自身增长过快、对海外市场发展功课不足等多种因素的影响，一度导致江河幕墙巨额亏损。刘载望面临创业以来最大的挫折和危机，这让他不得不停下来认真反省和思考，江河幕墙的国际化战略及未来发展到底该如何走？痛定思痛，他决定积极调整发展战略、谋求转型升级。

首先在战略上，一方面收缩市场，果断放弃美洲、澳洲等高风险市场，而对于以华人为主的新加坡等东南亚地区及港澳地区，鉴于其文化差异较小，风险因素较低等原因，继续保留原有的业务模式；另一方面依托全球化市场平台和管理经验，将业务由单一的幕墙向内装业务延伸，开始相关多元化经营。其次在战术上，改革中东等部分区域的海外业务模式，除了收尾项目外，不再承接新的施工项目，代之以设计和产品出口的新模式。江河幕墙仅作为产品及设计服务供应商，集中精力做好方案设计、施工图及加工图设计，缩短管理和运营链条，提高运营效率，规避当地施工运营产生的不确定性风险。

到2013年，江河幕墙虽然受到海外市场拖累，但由于及时调整战略，果断放弃加拿大、美国市场，有序退出中东市场，保留东南亚市场，快速挺进内装市场，当年依然有效地保有了市场中标率和营收规模，并同比保持了理想的增长幅度。截至2014年年底，公司在实施相关性多元化战略道路上已经发展成为涵盖幕墙、内装、设计等多产业、多品牌经营的集团型上市公司。公司"内外兼修，协同发展"战略初见实效。这一年，由江河幕墙、承达集团、港源装饰协同承建的金雁饭店、北京雁栖湖国际会议中心项目完美收官，APEC会议场馆顺利竣工和惊艳亮相，使得江河元素闪耀APEC峰会会场，精彩助力APEC会议。江河幕墙、承达集团还共同承建了业内口碑极佳的澳门威尼斯人三期项目。幕墙、内装和建筑设计齐头并进，取得跨越式协同发展。

经过几年艰难的转型，2015年年底，江河幕墙业务保持了平稳发展，国内市场业务中标质量大幅提升，海外市场业务调整到位。到2017年，江河幕墙业绩大幅提升，可以说是彻底走出了海外业务的泥潭，完成了自身的转型升级。

江河创建集团年度庆典大会

高瞻远瞩，从平凡走向卓越

若有人想探究刘载望事业成功的秘诀，熟悉他的人会这样说："刘载望的过人之处是站得高、看得远，具有过人的胆识和敏锐的把握市场先机的眼光，所以在市场开拓中总能步步为营，赢得一个又一个发展先机。"

2012年，受各种内外因素的影响，江河幕墙海外发展受阻，如何走出困境，让企业持续健康发展，是刘载望面临的严峻考验。面对危机，他深刻分析了国内外经济发展环境变化趋势，分析了相关行业发展形势及江河的自身实力，果断向内装修业务延伸。进军内装行业基于三方面考虑：一是内装的市场规模远比幕墙市场大，二是两者业务模式相近，三是市场资源协同，有利于发挥内外装产业协同效应。因此，2012年6月至2014年1月，江河除先后并购承达、港源两家内装企业外，又收购全球顶级建筑及室内设计公司——香港梁志天设计师公司，注入江河资源和力量，逐步形成了内外兼修的相关多元化发展格局。

同年，北京江河幕墙股份有限公司也正式更名为江河创建集团股份有限公司（简称"江河集团"），成为一家集团控股性大型国际化企业，旗下拥有江河幕墙、承达集团、港源装饰、梁志天设计等众多知名建筑装饰品牌。

2014年1月，刘载望在江河源控股之下成立江河创新地产股份有限公司，开始向地产进军。江河地产成立当年即开发了北京ID-CITY艾迪城，三开三罄，成为北京房地产界的一匹黑马。通过向内装及地产业务的延伸，江河幕墙不断走出困境，而且经营规模和经营质量进一步得到提升。9月，从港源装饰分拆成立的北京港源幕墙有限公司，成为主打中高端幕墙市场的"白富美"幕墙公司，与江河幕墙"高大上"的定位形成互补，进一步优化和整合幕墙业务资源。

2015年，刘载望敏锐洞察到中国的建筑装饰产业及其所依托的房地产行业已经进入一个平稳发展周期，尽管城市化在不断推进，但爆发式的增长已经成为过去。另一方面，国内消费升级、国家政策的开放，尤其像中国这样的发展中国家，医疗健康行业有着更为广阔的发展空间。此外，他认为江河要立足于可持续发展规划未来，就要不断培育新的业务增长点。

在此情况下，他决定进军医疗健康产业，并迅速通过资本运作开展了一系列医疗健康产业并购活动。2015年，江河收购了全球领先的澳大利亚最大连锁眼科医院——维视眼科研究所（Vision Eye Institute），标志着江河正式进军医疗健康产业，开启了江河"双主业，多元化"发展的新时代。同年底，分拆出的承达集团在香港联交所主板上市，江河成为拥有A股、H股等海内外资本平台的跨国企业。

2016年9月，江河将幕墙业务重组分立，并注入北京江河幕墙系统工程有限公司及其子公司——上海江河幕墙系统工程有限公司、广州江河幕墙系统工程有限公司，江河集团成为双主业、多品牌、多元化的集团控股企业。2017年11月，江河源控股成功完成对中清能绿洲科技有限公司的并购，为江河在能源领域开拓了新的版图。2018年1月，江河源控股成立北京能云科技有限公司，开始踏足大数据业务。2018年7月，江河集团旗下梁志天设计集团在香港主板上市，江河集团成为了拥有一家A股主板上市，两家H股上市的大型有限公司，获得了更大的资本平台。

至此，刘载望掌控的江河源控股及江河集团旗下拥有了建筑装饰、医疗健康、房地产、新能源、大数据五大产业板块，11家全资或控股子公司，形成了一个巨型产业群，业务遍布全球二十多个国家和地区，在建筑幕墙、室内装饰、医疗健康等专业领域居世界领先水平。在细分行业和优势领域，江河打造出全球高端幕墙第一品牌"江河幕墙"、全球顶级室内装饰企业"承达集团"、全球顶级建筑及室内设计公司"梁志天设计"，以及澳大利亚"Vision眼科"等四个"单项冠军"。旗下拥有9家国家级高新技术企业，其中江河集团是国家认定的"技术创新示范企业""首批国家级知识产权优势企业"，拥有国家级企业技术中心、国家认定博士后科研工作站，位居中国上市公司500强、中国民营企业500强。

19年的奋斗，刘载望把"事在人为，可为、敢为、即有为"作为江河集团的格言，始终保持积极的进取心，始终以"超越"为主题：从超越"平凡"起跑，为超越"对手"努力，达到巅峰、超越巅峰，实现自我、超越自我。正是这种不怕困难，敢于拼搏，不断追求进步的精神和心态，才使得刘载望在短短十几年内取得了令人瞩目的成绩。

终极使命：饮水思源，回报社会

刘载望的事业成功了，但更成功的是他做人的成功、人格的升华。他把"饮水思源，回报社会"作为自己的终极使命，始终热心参与各类社会公益事业。

创业路上，刘载望经历了从蛹到蝶的质变，但他并没有丝毫的骄傲和自满，一直把经历的苦难当作自己的财富。江河集团屡被评为纳税优秀企业，为区域经济的发展做出了巨大贡献，但他饮水思源，不忘感恩报德。从2006年开始，江河集团积极参与驻地"一助一"帮扶工程，与牛栏山镇芦正卷村、大孙各庄村结成帮扶对子，向帮扶对象累计提供了超过55万元的帮扶资金。

刘载望要求自己必须做到"五报"：一是推动社会进步，以报国家；二是助家乡、母校与社会，以报故里；三是起家建业，以报父母；四是诚信开拓，以报学友；五是实现自身价值，以报个人。一直以来，他以此为动力和目标，孜孜以求、不懈努力，十多年来，刘载望投身的社会公益事业，涉及教育、医疗、救灾、扶贫、新农村建设等；自江河公司创立以来，累计为国家纳税近10亿元。

不忘故里，回报家乡

安土重迁，故园难离，家乡在每个人的心中都占据着一个特殊的地位。刘载望在发展江河的过程中，以实际行动持续为家乡的社会主义新农村建设、构建社会主义和谐社会做出诸多贡献。在自己的家乡岳阳，刘载望先后以个人名义为家乡捐资数百万元，对岳阳县教育、基础设施改善尽心竭力，而这些捐资活动，却鲜为外界所知。柏祥镇窑岭村仅靠一条又窄又陡的小路与外界相通，他看在眼里、急在心里。1998年，他从北京赶回家乡，出资将3.7公里的乡村小道拓至4米宽的村级道路。窑岭村细屋组有两口山塘，旱不能蓄水，涝不能排渍，村民受尽了苦。1999年，他出资2万元，将山塘全部用水泥护砌，改造了水利设施，让细屋组的老百姓增产增收。

2002年的大年三十，他回到家乡，与堂兄一起，将携带的13000元钱送到困难户和孤寡老人手中，让他们愉快地渡过春节。2006年，他来到岳阳县三中，捐资40万元修建了一个大型图书馆，为莘莘学子营造了良好的学习环境。他还分别捐赠了20万元给岳阳县柏祥镇中学及十步中学，修建学生宿舍，完善学校生活服务中心，改善师生们的生活条件。

公路通则产业兴、人气旺、经济活，新农村建设要以通乡、通村公路建设为切入点，带动农村各项基础设施建设。为此，他先后多次为街坊邻里捐资修桥铺路、种树栽花、美化环境。2006年8月，他又捐资100万元，委托柏祥镇政府，硬化窑岭村村级公路和组级公路4.72公里，使窑岭村彻底改变了过去的"无事莫从窑岭过，新鞋磨落三层布"的落后交通面貌。

在岳阳县三中的捐赠仪式上，刘载望告诫同学们要脚踏实地求学，志存高远，为自己的父母、母校、家乡去拼搏。他以己为例，尽管自己中途放弃学业创业，但并不意味着不重视文化知识，有条件的家庭不仅要读书，还要把书读好。人要不断学习，不断更新知识、更新思想，才能不被社会抛弃。虽然已经小有成就，但他并不认为自己算得上成功人士，他的事业还只是万里长征的起步。在岳阳县三中，他特意到食堂与同学们一起吃饭，一面考察同学们的生活状况，一面找寻自己学生时代的回忆。他单独与高三学子共聚一堂，为准备高考的同学们打气。他特别鼓励学弟学妹们珍惜青春、脚踏实地、奋发图强，他说，学习知识并不是为找一份工作，而是为了获取本领，为实现自身人生价值做准备。对一个高中生来说，坚持一份苦读的心就是对父母最大的感恩，在以后的人生路途上，每一个人都不仅要为自己而活，而且要牢记民族使命，饮水思源，心忧天下！

2007年，江河公司被评为支持社会主义新农村建设先进单位，刘载望表示，以后将继续义不容辞地关注家乡发展，继续投资支持家乡建设。

2016年，刘载望向家乡湖南岳阳的精准扶贫工程捐款2000万元，获誉"最美扶贫人"。

心系教育，回馈母校

虽然只在东北工学院学习了三年，但这对刘载望意义非凡，他在取得成功的同时，也在不断回馈着母校，关心着母校的发展。

刘载望、富海霞夫妇向母校捐款五千万元

1998年，为了推动母校发展，刘载望先后在东北大学设立了"江河奖教金"，成立"江河环境实验室"。此后，刘载望又设立了以其父名字命名的"刘大阶奖学金"。2006年，他陪同已处于癌症晚期的父亲再次来到东北大学，为莘莘学子颁发"刘大阶奖学金"。在成长历程中，父亲是对刘载望影响最大的一个人，他说如果没有父亲的严厉鞭策与教诲，就不会有今天的他，他希望尽己所能，让父亲在弥留之际在精神上有所慰藉。

2012年12月28日，刘载望、富海霞夫妇携母亲、两个女儿及亲友等二十多人专程从北京赶到母校，出席"东北大学与江河幕墙共建东北大学江河建筑学院合作框架协议签约仪式"，并为母校九十年校庆捐赠了5000万元人民币，同时表达了对母校三年培育的感激之情和重振东北大学建筑学系、擦亮金字招牌的坚定决心。他捐资兴学的义举，反哺母校的深情和孝敬父母的优秀品质令全校师生和海内外校友为之动容。

母校兴则校友荣，校友能则母校盛。这是刘载望知恩图报、情系教育的最好见证，而这些行动折射着他质朴高贵的情怀，感动并激励着后来者……

东北大学浑南校区"江河建筑楼"命名揭幕

投身公益，为民解难

刘载望积极投身社会公益事业，十多年来，他以自身的实际行动，体现着"服务社会、回报社会"的崇高目标，他本人也相继获得"北京市第二届中国特色社会主义建设者""顺义区劳动模范"等荣誉。

2008年5月，四川省发生里氏8.0级地震，造成巨大的人员伤亡和财产损失。刘载望在第一时间设立江河爱心捐助委员会，积极组织公司员工捐款捐物，总价值累计80多万元。与此同时，他还持续关注灾后重建工作，为在受灾最严重的四川省汶川县、什邡市两地捐资约200万元，修建了两所"抗震"希望小学，并负责教学设备、学费等相关费用。

他还为驻地"一助一"工程无偿捐款数十万元。在"非典"最危险的时刻，他带领公司积极参加"非典"援建、参与北京小汤山医院建设，以自身行动赢得了社会的尊重。

2013年11月，刘载望向四川雅安地震灾区捐款110万元，用于建设江河希望小学。2016年，向厦门大学捐款100万元，助莘莘学子扬帆启航。

人生从来不会是风平浪静和一帆风顺，刘载望的人生历程恰如其分地佐证了这一点。艰难困苦不可怕，可怕的是丧失了面对的勇气。回顾刘载望的走过的历程，他百折不挠、越挫越勇、勇往直前，感恩社会、回报天下的精神值得东大人学习。他是东大的骄傲，也是每一位东大人的榜样，希望他的人生经历和"事在人为，可为、敢为、即有为"的人生格言继续不断地启发和激励一代又一代东大人。

（素材搜集：王凌宇　内容修订：江河集团　文字整理：王凌宇）

04 | 给智能家电装上"中国芯"

——徐昌国

校友简介

徐昌国，1963年出生于浙江江山贺村一个普通的农家，1987年毕业于浙江理工大学自动化专业，1992年获得东北工学院（现东北大学）系统工程专业硕士学位。毕业后被分配到位于杭州的电子工业部第五十二研究所，成为一名工程师，这份工作在当时是被无数人羡慕的"铁饭碗"。1994年，研究生毕业两年的徐昌国毅然辞去工作，选择了下海创业。1997年创办杭州达峰电子有限公司，2003年成立浙江达峰科技有限公司，现任浙江达峰科技有限公司董事长。

砸掉"铁饭碗"，下海去创业

徐昌国研究生毕业后并没有直接选择创业，而是在杭州的一家研究所当一名工程师。在研究所的日子十分单调，所里20多人，只有4台落后的电脑。每天没有什么事可干，用徐昌国本人的话来概括就是"活少人多"。他还提到，在研究所里，拖地这件小事，大家都抢着做。

这时候的徐昌国又到了成家的年纪，开始考虑一些现实问题。当时杭州的房价是研究所工资负担不起的，研究所的工作虽然是众人羡慕的"铁饭碗"，但工资不高，看不到发展前景。在单调无聊的日子里，徐昌国渐渐有了倦怠之意。

正在此时研究所要在深圳开设一家公司，号召员工报名。徐昌国听到消息后毫不犹豫报名去了深圳，他原本一成不变的生活，就在这个决定之后发生了翻天覆地的改变。在深圳的工作生活与研究所完全不同，徐昌国和同事们每天白天在外跑市场，晚上留在公司加班做科研，日子一下子变得忙碌而充实。

20世纪80年代，深圳受改革开放政策的支持，市场活跃，来深圳求职和创业的人络绎不绝。徐昌国提到，自己白天跑市场时，很羡慕路上开小汽车的人。当时在深圳收入好一点的人开大众，最好的便是开奥迪车，而这些人都是在深圳独自创业的那批创业先锋。在深圳工作的徐昌国工资和当初相比已经高了很多，甚至有房地产公司开出8000元的月薪邀请他去公司工作，这样的工资待遇完全可以在杭州买房、成家立业了，但徐昌国拒绝了。他看着路上开着小汽车的人，看着这座在改革开放政策下蓬勃发展的城市，心里有了更多的想法。科研单位相对清闲的工作，让这个踌躇满志、干劲十足的青年感到空虚失落。怀揣梦想的徐昌国，在深圳工作的这一年发现了机遇，下定决心下海大干一番事业，于是毕业两年后，他毫不犹豫地办理了辞职手续，开启了创业生涯。

创业之路，甘苦自知

在辞职的头几年，徐昌国与志同道合的朋友一起合作开发电子产品，多次挫败的经历和不稳定的工作让他备受压力与亲朋好友的质疑，但坚持创业的信念却从未动摇。

1994年，经过多方努力，在朋友介绍下，徐昌国取得了常州宝马集团遥控器生产部门的承包权，逐渐积累了创业资金。1997年，常州宝马集团因经营不善而破产，徐昌国带着30多人的团队回到杭州，创办了杭州达峰电子有限公司（浙江达峰科技有限公司前身），研发生产空调控制器。

公司创办之初，资金不足，企业周转困难，当年的销售业绩远不如预期的那么理想。300万元的年销售额，对于公司的运作成本来说，无异于杯水车薪。虽然公司面临着资金不足带来的种种困境，但在徐昌国愈挫愈勇的创业激情的感召下，公司上下团结一心，无一人选择离开。"很多员工甚至愿意拿出自己的积蓄来帮助公司渡过难关，员工们的支持和坚守让我很感动，也更加坚定了我的创业信念。"徐昌国说，通过全体员工的不懈努力，次年公司开始逐步转入正轨。就在公司创立的第二年，也就是1998年，公司的年销售额达到了3000万元。与1997年相比，增长了整整10倍！公司开始步入正轨，至2003年，徐昌国的公司初具规模，在行业内开始崭露头角。

2002年，随着发展规模的不断扩大，公司产品生产线快速扩展，从原来仅做空调控制器发展到家电全系列控制器，并与伊莱克斯、樱花、三星电子等知名企业陆续达成了合作关系。同年，公司销售额创下新高，突破1亿元。

创业路上，甘苦自知，徐昌国带领员工渡过了一个又一个难关。2003年遭遇非典，全国都笼罩在恐惧中，此时的许昌国还在坚持出差。2005—2006年是公司的低谷时期，徐昌国的一个大客户面临倒闭的危险，但该客户还欠着徐昌国3000多万元的货款，另一方面，他要采购材料做其他客户的订单，还要偿还银行的贷款，三方压力像三座大山压在徐昌国肩头。"其实我在2004年就预测到他们公司可能会有问题，因为那时候从他那里回笼资金不太顺利。做我们这行，准确预测才能避免损失，所以2005年年初就不打算再和他们合作了。这时候正好有人想插进来跟他们合作，我就借此机会把3000多万元的余款要了回来，虽然最后还是损失了二三百万元，但已经把损失降到了最低。"跨过难关的浙江达峰科技，在那一年创造了1.4亿元产值。

渡过低谷的浙江达峰科技公司稳步发展，如今公司已经成长为拥有700多名员工，下属2个子公司，产品覆盖智能家电控制器、工业信息、智能制造等多个领域，合作企业涵盖了松下、海尔、海信、苏泊尔等国内外知名品牌的国家高新技术企业。"达峰是国内较早从事家用电器控制器开发、生产的企业，公司的研发能力也一直处于国内同行业的领先水平。"徐昌国表示，达峰公司一直高度重视技术的发展，每年在研发上的投入均占公司营业总额的3%以上，公司的研发团队拥有研究生以上学历者就占了三分之一，获得的各种荣誉与奖项也多达几十项。

26年的艰苦打拼，20多年的商海浮沉，让徐昌国从一个满怀抱负的"书生"成长为驰骋商海的成功创业者。

团结拼搏，力达高峰

浙江达峰科技有限公司（以下简称达峰科技）主要致力于智能网络家电与智能家居、智能终端产品的研发、生产与销售。公司研发能力处于国内同行业的前列，目前拥有本科及以上学历研发人员70余人，其中教授3人，硕士20多人。每年可完成新项目160多项，投产120多个。2008年公司获得省级高新技术企业称号，获专利及软件著作权15项；2010年被认定为省级技术研发中心；公司直流变频技术获省级优秀科技产品称号。恒温燃气热水器控制器、中央空调控制器等多项技术已达到国内先进水平，在智慧社区、智能家居产品研发方面取得突破性进展。目前正在积极开展和推进智慧社区建设。2013年与中国工程院孙玉院士达成合作协议，聘任孙玉院士作为首席顾问，成立智慧社区院士工作站并通过验收。2014年成立了浙江达峰智慧家庭研究院，重点从事智能网络家电系统解决方案的理论与应用研究，目前已经开发智慧厨房模组、智慧卫浴模组整体解决方案。公司在行业里率先通过ISO9001，ISO1400，TS16949和3C认证，目前公司执行TS16949认证体系。公司研发的智能家电、智能楼宇和智慧社区控制系统产品在行业内享有很高声誉，深受用户信赖。产品以设计新颖、安全可靠、抗干扰能力强、稳定性好而著称。在智能家电领域，公司拥有樱花、尼得科、海信、远大、林内、力诺、伊克莱斯、LG、阿里斯顿等8个全球500强客户，20多个国内领先企业客户；在智能楼宇控制方面，与东北大学、广州广联数字家庭产业技术研究院、解放军信息工程大学、浙江大学等建立了战略合作伙伴关系。

公司视产品质量为企业生命，采用先进的设备和科学的检测工艺进行严格的品质控制，实现了从原材料投入到产品产出"一条龙"的现代化生产流程。目前，公司产品已覆盖家电控制器、医疗类控制器、汽车电子、智能网络家电、智慧厨房、智慧卫浴、物联网等类别。

在科学技术日新月异的今天，没有创新精神将无法立足市场。公司以"团结拼搏，力达高峰"为理念，在观念、技术、产品、服务、管理、企业文化和企业形象诸方面努力创新，确保企业时刻处在行业的前沿。公司的成功靠全体员工脚踏实地、锲而不舍的拼搏而获得。求实和创新永远是所有员工的行为准则。

坚持品质，不断创新

始终如一坚持质量品质，将产品质量视作企业生命

徐昌国在接受智能头条APP记者采访时表示，在与知名企业合作的过程中他发现，国内企业进步很快，但是在质量可靠性方面与国际知名品牌还有一定差距，想要我们的制造能力真正跟上国际水平就必须提升产品质量。达峰科技正是因为长期为这些看重质量品质的大企业做配套服务，自身要求也在不断提高，达峰科技将产品质量视为企业生命，在企业的发展的过程当中，有过高峰也有过低谷，但是达峰始终坚持"质量第一"的原则，也正是将这样的高标准、严要求运用到日常的生产研发中，才为企业赢回了高品质的口碑。

与此同时，对于人才和技术的投入也是企业提升自身品质质量的重要一步，达峰科技对于技术研发和人才培养十分重视。科研投入方面，企业每年拿出销售额的3%进行研发创新；人才培养方面，不仅重视对研发人员的培养和研发队伍的建设，在相关领域，如物联网、智能家居方向，还会重点培养研发人员的专业性。

近年来，达峰把智能化解决方案运用到质量管理当中，将数据采集、流程控制、平台建设、软硬件检测等步骤统一整合到质量管理平台当中，建立完善的质量体系，服务于广大中下游企业，响应政府提出的"中国制造2025"口号，为"中国智造"贡献自身的一份力量。

紧跟智能时代步伐，借助新技术不断创造企业价值

达峰科技把智能家居、智能网络家电解决方案作为公司的重要发展方向。谈及智能家居，徐昌国对智能家居在生活中的便利性给

予了了高度肯定。当前无论是经济发展还是生活水平发展一日千里，人们使用智能家居，首先就是为了方便。另外，省时、省事、高效等优势都是普通家居产品所不具有的。智能家居将给人们带来全新的生活模式，可以说是一次彻底的革命。智能化概念提出已久，当今时代，不仅是智能家居，各行各业都在走智能化道路，智能是这个时代的象征，智慧生活将成为未来的发展趋势，家用电器智能化的时代已经到来。

达峰科技看好国内智能家居市场的发展前景，而5G与AI技术将是不断推动智能家居行业前行的源动力。5G对于智能家居而言，速度优势是一方面，另一方面优势则是5G身后连接的物联网，以更快的网速实现移动终端的全控制。而AI技术在智能家居行业发挥的作用已经显而易见，达峰也已经早早布局智能家居语音识别解决方案和HMI解决方案，通过云语音在线、离线控制功能以及人机交互技术来控制家电。其中语音识别解决方案利用低成本、高性能的语音交互技术帮助用户简化对智能家居的控制方式、增强人机交互体验。利用语音交互功能实现智能管控，在家庭场景中，用户即使手里没有遥控器，也可以轻松操控传统家电。

达峰科技深知技术创新对于科技型企业的重要程度，作为一家以传统家电控制器起步的企业，不仅没有踏足不前、守着老业务固步自封，反而勇于"革自己的命"，以语音控制解决方案来替代传统的家电控制器，为用户提供智能化的场景需求。同时达峰科技作为一家上游制造型企业，充分运用多年累积下来的经验，深耕智能家居、智能制造领域，为智能行业的发展贡献出自己的一份力量。

潜心研究智能网络家电解决方案，助力传统家电企业智能化升级

达峰科技的研发能力处于国内同行业前列，研发中心经过不断发展，在2014年成立浙江省智能技术企业研究院并在2016年被评为省级重点研究院。目前，达峰科技将研究重点放在了智能网络家电的解决方案上，以智能服务云平台为核心，整合智能空调、智能净水机、智能新风机、智能热水器、智能洗衣机、智能油烟机、智能电饭煲、智能油烟机、智能烤箱、智能电冰箱、智能豆浆机等智能家电设备，通过手机APP控制，构建智慧家庭中心控制系统，将传统的家电以智能化的模式呈现在用户面前。

达峰科技的云计算平台，由达峰自主研发，可以运行于电商云平台（阿里巴巴，亚马逊）或本地服务器，同时可以支持100万级的用户访问，支持达峰托管或用户自己托管。区别于行业内众多企业扎堆发布智能新品的做法，达峰科技从自身实际出发，专注于智能网络家电解决方案的应用和落地，助力传统家电升级，通俗来说就是把所有家电连接到同一个控制器上。比如电视机有电视机的遥控板，空调有空调的遥控板，它们相互之间原本是不联通的，利用智能网络家电解决方案就可以实现相互联通，可以更好地控制和使用，原来没有遥控器的洗衣机、洗碗机、热水器等设备也可以接入。

在如今的百姓家庭中，传统家电设备已经十分齐备，现在正在逐步连入网络当中实现智能升级。但是家电设备联网并不等同于智能化，联网只是智能的第一步。真正的智能化需要传感器、网络、大数据、云平台系统等共同配合来控制家电设备，智能是一个不断自我学习、进步、完善的过程，家电智能化也同样如此。达峰科技从家电控制器开始入手，历经红外控制、射频控制，发展到如今的手机APP控制阶段。目前APP端不仅仅可以实现远程控制，也是用户和厂商的交流平台，售后维修入口、安装信息登记、问题记录和智能化解决、新品动态、行业消息都依托于云平台和手机APP控制，在统一控制的基础上又满足用户个性化需求，真正帮助传统家电企业实现智能化升级。

集合各方资源优势，倾力打造智能制造科创园

作为智能家居行业的上游制造企业，达峰科技在智能硬件芯片、控制器制造方面有着明显的优势。为了更好地赋能行业中下游企业，一起积极推动我国在智能控制、智能制造方面的行业发展及应用，达峰科技打造了"智能·制造"科创园，以此构建绿色众创空间和智能产业平台，达峰科技也将在人才培育、资金支持、创客聚集等方面为科创园企业带来帮助和支持。目前，科创园一期已经开发完成，面积达到20多万米²。其中达峰科创园的智慧工厂借助智能制造云平台，提供强大的数据传输、存储和处理能力，集研发、采购、生产于一身，帮助制造过程收集和处理大量数据，质量得到很好改善，生产效率大幅提升。

达峰科创园的建成和投入使用，标志着达峰科技一次新的自我发展和市场战略征程的启航，是新十年战略规划实现的一个重要里程碑，是达峰科技从传统制造型企业向现代化服务型制造企业转型升级迈出的重要一步。在行业状况整体处于相对低迷、成本剧增的现阶段，达峰科技逆势而上，通过紧跟市场热点、加大新产品和新技术的推广力度，向客户提供新服务的模式，持续保持着稳中上升的发展态势。通过不断提供适合市场需求的智能化产品，拓展产品新市场领域，提供更贴切的客户服务。达峰科技在智能控制、智能制造领域不断深耕细作，应用前沿技术与理念，紧跟科技发展步伐，始终走在行业前沿。

在当年的环境下放弃一份稳定的研究所工作，"下海"经商需要一定的勇气与胆识，然而今日达峰科技的成功回馈了当年的勇气。在20世纪90年代的下海创业浪潮中，达峰凭借自身对技术、产品品质的卓越追求，在时代的浪潮中站稳脚跟。在谈及未来达峰

科技是否有生产智能单品开拓C端市场时，徐昌国表示，目前达峰的重点依然是在产品技术研发上集中力量做好一件事，相信在未来智能化技术的创新中，达峰科技将会为厂商、用户提供更加优质的产品。

创新一直是浙江达峰科技不变的追求，作为一个搞技术、做研发出身的创业人，徐昌国十分重视技术研发，同时，作为一个有着20多年创业经验的企业掌舵者，在徐昌国眼中，企业的创新，有时候更多的是以市场为导向的"小步快走"式的创新。

在未来的日子里，达峰科技将进一步加大对科技研发的投入，不断开发新项目。在人员上，引进更多创新型人才，并注重对员工创新思维的培养。不断扩大与高校的人才合作，从校园里吸取创新人才，为一些高校提供科研资金，培养提高学生的科研能力，同时也为公司的科技发展提供不竭动力。

积累、坚持、自信

创业路上从来没有一帆风顺，鲜花与掌声的背后是许多不为人知的坎坷与磨难。如何带领企业在激烈的市场竞争中站稳脚跟并不

面对未来，徐昌国信心十足

断发展壮大，是每一个创业人日思夜想的问题，徐昌国根据自己20多年的创业经验，对当代创业的年轻人提出了以下建议。

一是目标分解，将大目标分成若干个小目标。将一件大事分成一件件小事，当把这一件件小事都做好了，那么大事情也就完成了。达峰科技能有今天这个规模也不是一蹴而就的，而是实现了一个又一个小目标，取得了一个又一个小成就，这些小成就组成了今日达峰科技的成功。年轻人创业也是一样的道理，先定一个小目标，然后再慢慢实现，终有一天，可以实现最终的大目标。

二是坚持。徐昌国说这一路走来，遇到了大大小小无数困难，但都克服了。所有的创业道路都不可能是一帆风顺的，创业道路上总有诸多困难，但徐昌国强调一句话，要相信道路是崎岖的，前途是光明的。在创办浙江达峰科技有限公司之前，徐昌国曾有过创业失败，再创业又失败的痛苦经历，当初的创业伙伴一个个离开了，唯独徐昌国不肯罢休，他以敢闯敢拼、吃苦耐劳、坚持不懈的精神，于1997年再次创业，创办了浙江达峰科技有限公司。年轻人不要因为一些困难就轻易放弃，要坚持下去，坚持在创业路上愈挫愈勇。

三是要自信。徐昌国劝诫当代年轻人目标不要定太低，有一个长远且优秀的目标，可以更好地帮助你实现理想。有些年轻人低估了自己的能力，总觉得自己无法实现高目标，因此将目标定得很低，浪费了自己的才能。困难总会存在，但要有自信，相信自己都可以克服。

人生道路没有一帆风顺的，创业之路更是如此。徐昌国在采访中提到，在当今的市场上，没有一个企业是一帆风顺而没有遇到困难的。因此，任何一个创业者，都必须具备一种时刻准备迎接困难的思想。宏伟的事业，只有靠实实在在、微不足道的积累才能获得成功。在这个浮躁的社会里，有太多的人渴望成功，而成功的人却是少数。失败者们或许可以扪心自问一下，自己有没有去努力奋斗过？也许他们把成功想得太过于简单了，成功不是信手拈来，也非一蹴而就，而是靠着自信和坚持一步步积累起来的。

人不可以没有梦想，如果徐昌国没有梦想，那他可能一直都待在杭州那个小研究所里安稳度日，日子或许平稳安定，没有波澜，但不会有今日的浙江达峰科技有限公司。当代年轻人总要有一个梦想，为这个梦想去拼搏、去奋斗。去创造一个不一样的自己，一个不一样的未来，一个不一样的世界！

（原文作者：董豪　整理修订：李鹤）

05 | 有梦想的"智造"家

——邢飞

校友简介

邢飞，1981年出生于山东沂南县普通农民家庭，1999年考入东北大学，主修机械电子工程专业。2003年，邢飞考入中国机器人产业的摇篮——中科院沈阳自动化研究所，开始机械电子工程专业硕博连读的学业历程，2007年，博士还未毕业的邢飞就进入业界龙头企业——沈阳新松机器人，随后一手组建起企业的激光技术事业部，5年时间实现年产值1.5亿元。2013年，创办南京中科煜宸激光技术有限公司，担任董事长兼总经理，公司是以增材制造技术应用、智能激光技术应用、智能自动化技术应用以及核心器件研发为主的国家级高新技术企业，目前，公司客户覆盖中航、中船、中集、宝钢、通用汽车、鞍钢等行业企业。

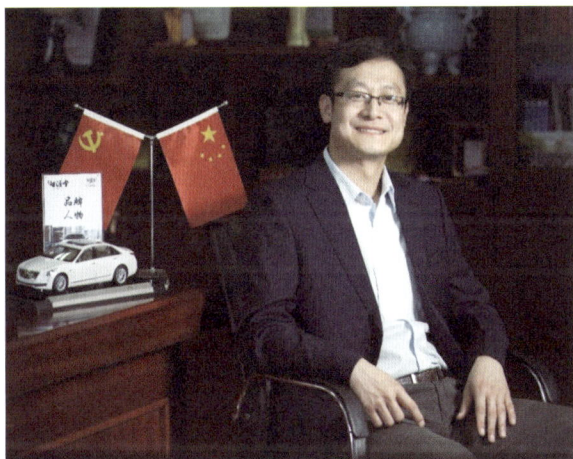

邢飞曾获得"2014年国家科技部科技创新创业人才""江苏省双创计划人才""南京市五一劳动奖章""江苏省六大人才高峰人才""苏商领袖转型创新杰出企业家""南京市321重点人才""南

京市科技创业家""2013年度中国光学优秀产品评选年度风云企业家"等荣誉称号。他先后参加"国家863项目""国家发改委产业化项目""工信部工业转型升级项目""科学院知识创新工程项目""省市级科技攻关项目"10余项，并于2016年作为项目负责人承担国家重点研发计划"高性能航空用大型金属结构激光同步送粉增材制造工艺与装备"。2015年，邢飞荣获江苏省"双创之星"，2016年又入选中组部第二批"万人计划"，申请专利30余项，发表学术论文20余篇。

中科煜宸激光集团简介

　　中科煜宸激光集团是一家以智能激光加工技术为主的高科技集团公司。集团依托中科院的强大科研实力，秉承对产品品质的执着追求，凭借一系列高质量、高可靠性的先进智能化激光制造装备，不断通过技术创新，向国际一流先进制造装备生产服务商迈进。南京中科煜宸激光技术有限公司作为煜宸集团总部，于2013年成立，坐落于南京经济技术开发区，由国家"万人计划"人才邢飞博士创办，是以增材制造、激光焊接、自动化生产线及激光核心器件的研发与生产为主营业务的国家级高新技术企业。其技术处于国内领先地位，在航空航天、汽车、冶金、石化、机车、船舶、矿山等行业得到广泛应用，成功为国内外客户提供整套先进激光制造技术解决方案。公司立足于自主创新，致力于打造激光及智能化生产线完整产业链，在东北、华东、西南分别布局了研发中心、应用示范中心、营销中心及加工制造基地。公司已完成专利申请70余件，拥有多项国内外先进制造装备领先技术，经国家发改委认定为"国家级激光再制造产业化基地"，经国家工信部认定为"国家级激光增材制造产业化基地"，获得江苏省科技型企业、江苏省高新技术企业等荣誉称号。中科煜宸正在着力打造"智能云制造创新中心"，以激光技术、增材制造技术等先进制造技术，助力传统制造行业的改造和升级。

中科煜宸已成为激光技术产业的开拓者和领跑者。公司研发的大型送粉式金属3D打印装备具有完全自主知识产权，成果已经应用到航空航天、核电领域，成为国内首家系列化金属增材制造装备的高科技企业，填补了国内高功率送粉式激光增材制造装备产品的空白。

学生时代学为先，何时创业都不晚

邢飞读大学时，就尽显"学霸"气质，既是尖子班班长，又是奖学金"专业户"，还获得过各种荣誉称号，一直到博士毕业。大三时，邢飞兼修了工商企业管理课程，这正是他走向创业的伏笔。在中科院沈阳自动化研究所硕博连读期间，邢飞开始展露他的研究能力与产业转化能力，由他研发的"激光增材制造应用技术"课题荣获中国科学院首届研究生创业计划大赛"潜力计划奖"，以及科技创业计划大赛"新苗奖"。

邢飞表示，初次尝到甜头的他曾产生创业冲动，但导师提醒他要踏踏实实完成学业后再说。回首当初，邢飞觉得当时自己的决定十分正确。扎实的知识不仅为之后的创业提供了更多的创新思路，也为后来成功管理企业打下了良好的基础。如今问及对大学生创业的看法，邢飞一方面给予鼓励，同时他也坦言，创业需要谨慎，要分清具体行业，"尤其是工业型的重资产和重资本的创业方向，不要盲目动手。"

此后，邢飞在中国工程院院士、沈阳自动化研究所老所长王天然门下攻读博士学位，并有机会参加了"国家高新技术研究发展

863项目""国家发改委、中科院知识创新工程项目",以及省、市级科技攻关项目十余项。

2007年,邢飞博士还没毕业,就已经任职于沈阳新松机器人自动化股份有限公司,并创办了激光技术事业部。他带领着一支近百人的团队,不仅实现了年产值1.5亿元,还在五年间获得了十余项发明专利。30岁那年,邢飞被任命为杭州中科新松光电有限公司副总裁,新的岗位让他有了更大的发展空间,但是他心中那团创业之火一直未曾熄灭。

2011年,邢飞做出一个出人意料的决定——辞职创业。"创业不是我一时冲动,而是深思熟虑的结果。环境舒适、薪资优厚对我来说已经失去挑战。"邢飞说他骨子里是个"有点想法"又"不安分"的人,他在创办企业之初就有了明确定位——做一家高科技的智能制造企业。公司取名"煜宸","日以煜乎昼,月以煜乎夜。"煜,表示明亮的样子;宸指屋宇,后也成为王者的代称。公司英文名RAYCHAM,RAY指光束,代表激光,CHAM是冠军的缩写,"我希望把中科煜宸做成世界激光企业中的'王者'。"谈及为何走上自主创业之路,邢飞说:"就是有颗激荡的心。我父亲是一名教师,一直叮嘱我要做一个对社会有贡献的人。"受家庭教育的影响,在拥有了自己的第一家公司之后,邢飞将"产业报国"写进了公司的企业文化当中,把"为国家工业升级""国防力量提升""社会民生改善做贡献"列为公司的三个使命。

企业初创,从无到有

曾在2012年6月,邢飞调任南京,参加中科院上光所激光产业化基地的筹建,并担任中科院上光所南京先进激光技术研究院副院长。在为研究院将企业"孵化器"做好之后,邢飞创办了自己的企业，2013年3月，南京中科煜宸激光技术有限公司正式成立。

当时，南京基本没有激光技术企业，整个激光技术产业在南京都是一个从无到有的建立过程，邢飞将自己的公司视作南京激光技术产业的"加速器"。

邢飞确实赶上了南京鼓励创业的大好形势。创业不到2个月，邢飞就获得了"南京创业人才321计划"重点支持，政府出资200万元，使中科煜宸获得启动资金。政府随后又提供担保，让企业成功贷款2000万元。新港开发区还将苏宁最早的基地免费供邢飞使用三年，为企业提供了场地。如今的邢飞嘴上也常挂着这样的感激，"当时的天时地利人和，让我这个初来乍到的外地小伙在南京的创业路走起来没那么艰难。"

创业，究竟要创什么？在邢飞的创业理念里，创业并不等同于办企业、做产品，还有着更加深远的意义。他心里始终装着这么一个理念，那就是打造产业链的生态圈。也正是这个理念，指导着他构架起了中科煜宸的创新链。

邢飞说，现在我们喜欢谈论大数据、激光加工、3D打印、智能机器人等炙手可热的技术，但实际上，整个制造技术是没有边界的，不能只强调个体，这些技术都是相互融合的，且服务于整条创新链。

自2008年以来就与邢飞展开技术合作、如今已55岁的徐国建，放弃了在名古屋大学的教职，回国加入邢飞的创业队伍，出任公司技术与工艺负责人，他认为邢飞"年轻、有魄力，对行业未来的把控和企业的战略布局很有高度"。

在创业初期的核心团队组建上，邢飞几乎全靠个人的人脉招聘人才。一批有海外及大型企业高管背景的好友认可邢飞的发展思路，愿意放弃高管职位，甚至愿意降薪，与他共同开创事业，"邢飞能干成事，而且能干大事"是中科煜宸元老们对他的评价。

邢飞终于拥有了自己真正当家作主的高科技企业，但是他初创的企业在市场上却遭遇了困窘，许多公司对这个综合实力和规模都排不上号的小企业缺乏认同感，根本不认可煜宸的产品。于是邢飞换了方式，从卖激光设备转变为承接激光加工小订单，靠着点滴的积累，客户终于逐渐积累起来。

创业从不轻松，为跑市场做"飞人"

对于一个刚刚创办的科技型小企业，想要跨越式发展，就必须在强者如林的激光版图上分到一杯羹，不管这杯羹是大是小。那段时间，邢飞成了"空中飞人"，跑展会、走访客户成了他的日常工作安排。

为了打开市场、积累客户，邢飞不得不既做研发，又做销售。从见客户、谈订单到跑展会，每一件事情都需要亲力亲为。和任何一家创业公司的老板一样，太阳喷薄而出，邢飞即开始了一天的忙碌，有时直到深夜才结束工作。连支持他创业的妻子也常常忍不住抱怨，希望他能多匀出时间来陪伴自己和孩子，然而激光产业强者众多，技术的革新又瞬息万变，想要站稳市场，只有坚持、坚持、再坚持。为了给自己的企业拉到订单，邢飞只能带着亏欠家庭的无可奈何，一次次跟着业务员登门拜访客户。

"科技人才创业需要'清零'。从创业的那一刻开始，我已经不再是科学家，而是个创业者，过去的一切已经与我无关。"邢飞时刻为自己加油鼓劲。为了将技术成功转化为产品，邢飞开始尝试用技术优势来替企业解决问题，"别看我（企业）小，但我能帮您解决别人解决不了的难题。"这是邢飞挂在嘴边的广告词。

邢飞从创办企业之初便定位明确："高端、高新、高科技"是发展的方向。"不能一味追求产品的井喷式增长，而是要为客户做'私人订制'，我希望产品是不可替代的"。"为让公司存活下来，创办之初，我们也做过激光电视集成等一些'短平快'的项目，但随着公司的发展，我们把这些低端业务逐渐砍掉，聚焦激光装备这个方向。"邢飞说。中科煜宸开始更加注重产品的技术含量和不可代替性。

事实证明邢飞确实做到了这一点。最初，邢飞为企业争取到了一份宝钢集团冶金设备部件的激光修复订单，售出了3台激光制造设备，接下来再见客户的时候，就有了"样板工程"，钢铁行业的其他企业也来找他购买设备了。

"创业最难的是找到合适的人和资金。只有慢慢试错，慢慢探索，逐步搭建了一个创业班子，然后才能不断吸引人才。资金来源也是在做好企业的前提下，寻找合适的投资人。"邢飞表示。在完成科学家到创业者的华丽转身之后，邢飞希望做一个中国智能制造的践行者和领路人。在公司，员工们私下喊邢飞董事长"拼命三郎"，凭借这股拼劲儿，中科煜宸拿下宝钢集团、徐工集团、蔚来汽车等一个个大客户，公司自主研发的送粉式金属3D打印设备在业内排名第一，占据同类产品市场份额的60%以上。

邢飞在生产一线指导工作

半年后，企业合同金额超过8000万元，迎来了爆炸式的订单增长，其中仅一台设备的成交金额就达到800多万元。2013年，邢飞参加央视"创赢未来"节目的录制，有评委愿意为他的企业投资2000万元，但却被他婉拒，最终邢飞以预赛第一名的成绩进入半决赛。在半决赛中，他讲述自己创业仅半年多就拿到了8000万元订单，遭到评委对其诚信的质疑"你确认是8000万元吗？"当评委得到邢飞的肯定答复后，却一致选择给他0分，邢飞意外"出局"，倔强的邢飞当场提出："老师，您要向我道歉！我说的8000万元是真的。"

居安思危，稳中求进

邢飞在激光显示、激光加工、激光装备和特种加工专业领域主办了四场年会和论坛，进一步扩大了"中科煜宸"的品牌效应，市场"版图"逐渐扩大，中科煜宸发展的第二年，公司营业额达到2亿元，质疑邢飞的声音没有了。

邢飞团队在很短的时间里就建立了专用激光器、系统设定、送粉系统设计、加工工艺设计等一条龙的技术体系。谈到企业未来发展的新方向，邢飞表示还将带领团队继续开拓新领域，拓展新的研发方向，"比如我们将引入制造方面的Clip技术，更快速地打印出物品，速度可以比过去提高100倍，乃至1000倍。"

邢飞认为，自己所遭遇的难题不仅是创业者的难题，也是产业发展的难题。"许多投资人想赚快钱，往往只关注互联网或移动互联产业，装备制造业周期漫长，并不被他们看好，但在我看来，中国的未来仍需以制造业为基石。高端制造业是一个国家的希望，短期虽不能获利，未来却会带来极大的经济效益。"掌管着一个创业两年营业额就达到2亿元的企业，邢飞仍然坚守他的忧患意识。

"他每天只睡三四个小时，周末也几乎在公司。"公司总经办主任唱丽丽说，邢飞是个对人对己都高标准、严要求的人。

一次，邢飞在办公室里和几位公司创始人共同商量发展路线，结果产生了分歧。"他急得在办公室里拍桌子瞪眼睛的，我们坐在外面都被吓了一跳。"在唱丽丽眼中，邢飞有严厉的一面。但徐国建倒是习以为常，"为了公司发展路线的事，我们几个没少吵架，不讨论不吵架哪能做出正确的决策呢？"

不需要隐藏观点，不需要迎合任何人，一切行动以企业的价值为核心。邢飞认为，这是企业家应该有的精神。

制胜秘诀在于，手握"金钥匙"

中科煜宸的制胜秘诀在于手握"金钥匙"——自主创新技术。公司着力研发的激光焊接、激光熔覆、激光切割产品技术国内领先，高性能大功率激光3D打印设备更是国际领先。3D打印常见，但能打印金属的3D打印机你见过吗？在中科煜宸，你可以看到由3D打印机打印的汽车部件、航空航天产品零件等金属打印产品。邢飞说："这是一种金属熔融式3D打印机，技术世界领先，广泛应用于航空、航天和能源行业，全世界最大尺寸的金属3D打印机也是我们做的。"

其实，除了金属3D打印机，被邢飞称道的另一款产品是激光熔覆设备。为什么要加上"激光"二字？"因为它的工作原理是用激光熔化，改变了传统电熔化的方式，工作更为高效。"

早在公司成立当年，中科煜宸就自主研发生产出世界上打印金属样件尺寸最大的激光增材制造装备。该设备能够打印出长度、宽度超过十几米的金属大件，相较于传统制造工艺成本高、工序复杂的缺点，为航空航天、新能源汽车、钢铁等行业核心零部件的制造带来了批量化便捷生产"福音"。

3D打印，颠覆传统制造概念

矫正牙齿时戴的牙套，在邢飞的公司可以通过激光3D打印制造出来。用激光来融化金属粉末，一层一层堆积出来，几十分钟后，一个牙套就可以打印出来，相比传统的机械加工方法，减少了许多工艺流程。

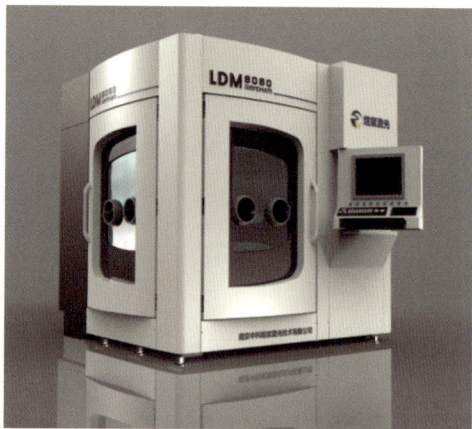

LDM8060送粉式金属3D打印装备

在公司展厅里可以看到，一台3D打印机正在打印一个"大白"模型，后面挂着一卷白色的丝状物，这就是打印的原料。打印机里的探头把这些白色的"丝"一层一层叠加起来，打印出一个大约手掌大小的"大白"，仅需要4小时。

3D打印，即一种快速成型技术，与普通打印机相比，打印材料更加多元化。普通打印机的打印材料是墨水和纸张，而3D打印机可打印金属、陶瓷、塑料、砂等不同的打印材料，是实实在在的原材料。3D打印机与电脑连接后，通过读取文件中的横

RC-M400铺粉金属3D打印装备

截面信息，用液体状、粉状或片状的材料将这些截面逐层地打印出来，再将各层截面以各种方式黏合起来，从而制造出一个实体。这种技术的特点在于其几乎可以制造出任何形状的物品。目前3D打印技术在珠宝、鞋类、工业设计、建筑、工程和施工（AEC）、汽车、航空航天、牙科和医疗产业、教育、地理信息系统、土木工程、枪支及其他领域都有所应用。

邢飞介绍，以金属大型部件制造为例，过去需要开模、热锻，工艺流程多、成本高、且容易失败，3D打印则简化了样品的生产流程，也提高了新产品的研发率。

激光技术，多领域广泛应用

在国防领域，激光技术的使用具有非常重要的地位。激光侦测能迅速而精确地测定目标距离和位置，提高武器的射击精度及首发命中率，因而激光武器具有快速、灵活、精确和抗电磁干扰等优异性能。

在医学领域，用激光可以穿透到组织较深的地方进行诊断，可直接反应组织病况，而且激光手术治疗切口小，光动力疗法对健康组织基本没有损害或者损害较小，毒副反应少。

工业领域，是中科煜宸激光业务的主要集中地。比如切割、焊接、打标、清洗等工序，传统切割采取冲压方式，然后用模具切割，工序较多，而且一旦零部件的形状发生变化，模具也得跟着改变。使用激光切割，在冲压后即可一次成型，并且不受零部件形状的制约。

传统的电火焊是工人直接手持式的，噪音大，工作环境较差，加工出来的产品质量也不够好，对焊缝缺陷的控制能力差。激光作为一种清洁能源，不污染环境，不产生废水、废气、废渣，大大改

95th

东大校友
创业之路

DONGDA XIAOYOU
CHUANGYE ZHILU

074

善了工作环境，而且操作方便，提高了焊接的精密度。通过机器人、机床操作激光，也降低了人工成本，提高了工作效率。

在公司的展厅里，一面150英寸的激光显示屏正在不间断地播放风景片，色彩鲜艳而逼真。这块屏幕其实就是一块普通的塑料板，由背后的激光光源打在板上形成图像。据了解，激光显示的使用寿命是LED电视的5～10倍，而能耗只有LED电视的三分之一到四分之一。虽然激光显示的制造成本相对较高，但不少大型工厂都看中激光损耗少、稳定性强的特点，选择激光显示进行实时监控。

经过不断发展，中科煜宸已从十几人的小团队发展至近220位员工，其中60%为科研人员。邢飞告诉记者，公司的业务目前主要分为三个板块，即激光增材制造、激光智能焊接、激光切割。中科煜宸在沈阳、贵安等地都先后设立了子公司，通过子公司的成立把煜宸核心技术和产业资源同当地的市场需求结合起来，实现技术和市场的匹配。

铁打的营盘流水的兵，几年来，企业有过低谷也走过弯路，有人离开，也有人加入。不忘初心、贵在坚守，凭着对最初梦想的坚守，邢飞带着煜宸人坚持了下来，而对他来说，"做全世界激光产业中最好的企业"这个最初的理想始终没变。

革新探索，把中国品牌放在世界之巅

现有的成就从未让邢飞止步不前，作为激光产业的"革新者"和"探索者"，中科煜宸正在研发大型的航空航天用金属3D打印装备，这一技术难点是世界级的。"我希望能研制出更加智能化、平民化的3D打印设备，让未来的3D打印设备像过去的数控加工机床一样，不只是有经验的专家才能用，技校毕业的数控操作人员出能使用我们的设备打印出汽车和战斗机。"邢飞坦言自己有些"冒险"。他认为"中国的未来一定是以制造业作为基石，高端制造业才是一个国家的希望。"邢飞满怀信心地说："美国提出国家制造创新网络，英国提出高价值制造，德国提出工业4.0，而我们有中国制造2025。"

展望未来，中科煜宸将让产品走出国门，不只服务中国智能制造，也能服务于世界智能制造。

中国不缺少科学家

"我们喜欢谈论机器人，喜欢谈论激光，喜欢谈论3D打印，我们总觉得这些新技术是分开的，但是实际上，未来的制造业是融合的。"邢飞这样强调。

以中科煜宸作为"加速器"，打造激光产业链的生态圈是邢飞的宏愿。早在去年接受媒体采访时，邢飞就说过："实际上，整个制造业是没有边界的，这些技术都是相互融合、相互支撑的，不能只强调个体而忽略全局。以产业链驱动创新链、以创新链来打造资本链，我想做的不是产品，更不是概念，而是一个产业链的生态圈。"

中科煜宸围绕激光生态链制定的发展路线，就是要使企业、合作单位、政府都能受益，这一理念来自于邢飞对激光产业和共享经济的透彻理解，也来自"产业报国"的拳拳之心。邢飞来自沂蒙老区，父亲曾是一名教师，父亲自小就叮咛他要做一个对社会有贡献的人。

对于当初婉拒那位知名天使投资人投资2000万元一事，他解释说，那位先生是美国国籍，激光制造与3D打印技术都事关国防安全，接受外国财团的钱，可能会使企业偏离"初心"。

邢飞说，中国不缺少科学家，但缺少有战略思维和民族责任心的企业家。在完成从科学家到创业者的华丽转身之后，邢飞希望能做一个中国智能制造行业的践行者和领路人。

首届江苏智能制造创新创业高峰论坛在南京市委党校举行，邢飞在此论坛上作了主题演讲。在动情的演讲中，他指出激光加工在智能制造中具有举足轻重的地位，将带动整体制造业的创新升级，使制造过程更加高效。"中国的激光产业正处于蓬勃发展的最好时代，中国已开始步入激光制造时代。"

36岁的邢飞意气风发，始终站在激光产业的最前沿。

邢飞在海峡两岸工业发展与合作论坛上做主题演讲

从受捐到捐助，心系社会不忘反哺

回想自己的求学和创业经历，邢飞还是对母校和地方政府的大力支持念念不忘，"我生在农村，大学时因家庭经济困难获得了学校发放的助学贷款。在创业初期，没有资金建工厂，南京新港开发区提供场地让公司免费使用3年。在公司资金匮乏时，我入选了'南京创业人才321计划'，获得200万元创业启动资金，随后政府给予担保又获得2000万元贷款。我今天的成就离不开东北大学和南京市的支持，我理应为社会出一份力。"

近几年，中科煜宸公司先后向南京大学、东北大学等高校捐赠价值数百万元的桌面3D打印设备，用于教学实验和大学生创新创业教育。邢飞还兼职南京大学、南京工业大学等高校的客座教授，挤出时间为高校学生传道授业。

东北大学2014级资源与土木工程学院采矿工程本科生刘汉通一直热爱着这门听起来就特别高端的技术——3D打印。从大一的"零"起步，到现任辽宁（本溪）增材制造创新中心副主任、沈阳博瑞未来科技有限公司及本溪东创科技有限公司董事长兼总经理，一路走来，刘汉通的成长应该说与邢飞捐赠给母校70台3D打印机是分不开的。

大学一年级，刘汉通为自己先定下了一个小目标：组装一台3D打印机。经过一个多月的奋战，刘汉通凑全了所有零件和工具，组装出他的第一台3D打印机。小目标虽然实现，但成立一个3D打印公司的大目标却成了大难题。就在这时，中科煜宸的子公司安徽煜锐三维科技有限公司向东北大学捐赠了价值210万元的70台大型B500型号Xworks品牌FDM 3D打印机，用于东北大学的教学、创客研发、大学生创业服务等，刘汉通的发展机遇来了。他借助这些打印机创办了东北大学第一个以3D打印为研究方向的工作室，他带领着团队尝试着将3D打印与其他学科结合起来，这一新奇的想法为传统行业注入了新鲜的血液。他与采矿工程结合，以混凝土为原料，3D打印矿山沙盘模型，来研究矿山开采时空演化过程及相应结构受力情况。他与生物医学结合，同中荷学院研究团队合作，将3D打印与CT三维重建算法融合，实现对人体气道树的提取，并1∶1打印实物，进行通风、注水，研究其各区域受力及流速情况，这对于慢性阻塞性肺疾病的数据采集和新药研制具有重大意义。

在梦想的指引下，刘汉通正在成为另外一个"邢飞"。

梦想指引未来

"我希望通过中科煜宸的发展，能带动一批相关企业的发展，从而构成一个集激光显示、激光加工、高端设备制造及3D打印等于一体的激光产业生态圈。"邢飞说。一个好的企业应该带动一批企业甚至一个产业的发展，目前，在中科煜宸所在的南京新港开发区，中科川斯特、南京飞博、蔚来汽车等一批相关企业已经形成集聚效应。

邢飞有一点工匠精神，有一点雄心和傲气，还有一点对未来的忧虑，他说："没什么了不起的，我不过是个靠梦想活着的人罢了。"

（素材搜集：邱梦雪　内容修订：南京中科煜宸激光技术有限公司　文字整理：邱梦雪）

筚路蓝缕 以启山林

语出《左传 宣公十二年》"训之以若敖、蚡冒筚路蓝缕，以启山林。"

"筚路"：荆柴做的大车；"蓝缕"：褴褛的衣衫，破衣服。"筚路蓝缕"是讲当年的楚国先民驾着简陋的柴车，穿着破烂的衣服开垦了山坡林地，创建了楚国，创立了积极进取、革故鼎新、开放融合、至死不屈的楚文化精髓，形容开疆拓土创业艰苦。

06 由爱而始的创业之路

——雷龙

校友简介

雷龙，河南省周口市淮阳县新站镇人，1979-1985年在淮阳中学读初中和高中，1985年考入东北工学院自动化专业，1992年研究生毕业。先后做过车间工人、推销员、大学教师、企业高管，1996年开始从事营养保健事业，拥有一家保健品公司。现任福建漳州光照人茶业有限公司总经理。

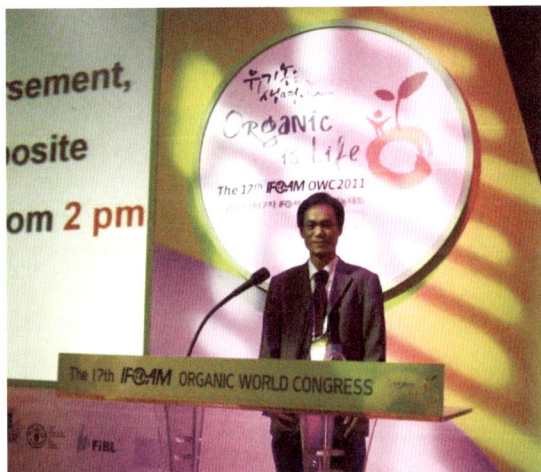

2003年，雷龙和妻子开始研究有机茶的种植。开辟一个新的领域永远不是那么轻松的，一次次的汗水与失败成为了他一步一步通往成功的阶梯，即使被人嘲笑成傻瓜和不明事理的榆木脑袋，他也依然坚持走了下去。现今，福建漳州光照人茶业有限公司已经开发第一期有机铁观音茶园380亩，二期100亩，有机油茶500亩，建设占地面积6000米²的有机茶加工厂1座，茶厂包括4个发酵车间、1个制茶车间和1个包装车间，年产量达30吨以上。竹子20多种100亩，种植国家珍贵树种1500余亩、15万多株。2012年，公司被评为全国科普示范基地先进单位、全国城乡妇女岗位建功先进单位，光照人茶业基地被全国妇联、科技部、农业部认定"全国巾帼现代农业科技示范基地"，被命名为"省级巾帼示范林基地"。有机茶园套种降黄檀的经营示范在全国首创，获"漳州市科技进步奖"，2007年被中央电视台7套《科技苑》栏目专题报道，并在全国各地推广，光照人茶园套种种植方法也获得了专利。

由爱而始，种植有机

涉足有机茶领域之前，雷龙本拥有一家收益颇丰的保健品公司，但是妻子的患病让夫妻二人开始了有机茶的创业之路。

雷龙的妻子林芳属过敏体质，对虾蟹、罐头等化学物质过敏，在医院当医生的几年里，她的身体越来越弱，血色素指标最低时只有5克。2002年，她拜访了一位华侨中医，老中医告诉她要多喝有机茶，回国后她查阅了大量书籍，发现有机茶对健康确有帮助，于是她跑遍了全国各大茶业专卖店及茶叶种植区，均没有发现有机茶的踪影。中国是茶的种植大国，是茶文化的发源地，为什么没人种植有机茶？这让林芳百思不得其解。

既然没人种，那就为自己、也为别人来填补有机茶种植的空白。于是，为了妻子的病，雷龙毅然拿出计划买房的500万元，承包了2350亩山地，开始种植有机茶叶。

当问及他做有机茶叶创业的动力时，雷龙说是源自他太太最后一次心脏病抢救。2005年，厦门市一所医院心脏科的医生说，疾病这么经常发作，建议做手术。雷龙问医生有多少把握，医生说没什么把握。考虑到妻子的安危，雷龙决定将手术这件事作罢，但妻子的病一直悬在他心头难以拂去，为此他一直在寻找治疗良方。

除了妻子，雷龙夫妇的女儿从小过敏、哮喘，这两个病一发作起来，就必须要及时送医院抢救。有机茶的疗效虽然未经确证，但只要有一点希望就必须抓住它。

"很多人问我坚持这么多年做有机，动力是什么?"

"让这两个人健康，不需要经常去医院抢救，就是我最大的动力。"

说来也神奇，2006年之后，自从妻子和女儿开始饮用有机茶，进医院抢救的频率次数逐年下降，这让雷龙看到了有机茶的疗效，也坚定了他推广和种植有机茶的信心。

雷龙还讲道，北京中医药大学的一位老教授、博士生导师，听说他们种的是有机茶，非常激动，专门登门拜访，并坚持请他们吃饭，雷龙有些过意不去，这位老教授问他，你知道现在全球癌症这么多的主要是什么原因吗?

雷龙答，是农药。

老教授说，不是，是重金属。农药、化肥等很多产品中都含有重金属，这是国际医药界的共识。老教授说，不管有机种植再怎么困难，都不能放弃，要坚持下去。

"所以，我们的动力还来自很多人的认可鼓励。"雷龙说道。

筚路蓝缕，苦尽甘来

夫妻二人把创业地址选在了福建省漳州市华安县沙建镇岱山，在一片原始次生林地的深处。岱山地处偏僻，远离污染，云雾缭绕，空气清新，从种茶的角度看是一个好的选址，但从创业角度看，杂草丛生、荒无人烟、缺少电路又将是何等的艰辛。

没人、没路、没电，面对这"三无"野山，面对异常艰苦的环境和遥远漫长的生产经营之路，本来同意投资1000万元的马来西亚商人因缺乏信心而选择了半路退出，大山深处只留下雷龙和妻子林芳孤独的身影。

他们不仅没有放弃，反而从零开始，买来有机茶种植的书籍认真研究，还请来福建农林大学的专家现场指导。然而有机茶种植谈何容易？它在生产中要求周围的森林覆盖率很高，要种好茶先得种树，要种茶得先肥土。

他们在开垦茶园之前就想到了保持水土。林芳曾经在电视中看过贵州的梯田景观，那层层叠叠的大型梯田蜿蜒如一级级登上蓝天的天梯，像天与地之间一幅幅巨大的抽象画。"梯田不仅仅美观，更重要的是它蓄水、保土、增产的作用十分显著。"林芳说。而套种树木则是为了增加生物多样性，更能防止水土流失，保护环境。

光照人茶园成为有机农业教育示范基地

那段日子里，林芳为了鼓励工人积极工作，凡事皆亲力亲为，执笔的双手扛起了锄头，甚至还与现场的工人比拼开垦速度，其中的苦与累自不必言。

他们从山上引来优质山泉水，从内蒙大草原拉来无污染牛羊粪，并以昂贵的人工费从贵州请来数十个富有山地耕作经验的农民，不靠机械，纯手工开垦荒山，减少水土流失。把表层的土壤用上，并种植了1700多亩红豆、沉香、降香黄檀等名贵树木，建立了完美的生态环境。为了保证有机性，他们不打农药，广种黄檀，利用自然香气驱除虫害；使用太阳能灭虫灯和粘虫板等物理方法灭虫。三年时间里，只改造生态，雷龙夫妇没种上一颗茶苗，直到2006年生态环境形成后才开始种植茶树。

在最困难的时候，雷龙一度靠借高利贷维持光照人公司的运转。"50万元高利贷一个月45000元的利息。过年的时候找加拿大同学借10万元，发完工资就剩2000元。"可即便如此，他也不肯放弃"有机创业"，准确地说，他不能放弃。

2007年，苦尽甘来，夫妻迎来了第一批茶叶的采摘。同年2月，漳州光照人茶业有限公司正式注册。

不忘初心，光照人间

雷龙说品牌取名为"光照人"是为了激励自己，"光照人"意为"光明照耀人间""传承光明和温暖的人"。十几年的有机路不堪回首，他们在刺骨的寒风中，体味人微言轻，咀嚼销售遭遇拒绝的凄凉。执拗的雷龙内心常常极度痛苦，他时时孤独地凝望大山，思考自己的人生，他在山中读老庄、论语、圣经，以获得心灵的支撑力量。

在大山里做茶的过程中，雷龙渐渐明白，"有机"的价值不光是茶和树的问题，已经上升到精神层面，这才是最大的价值。雷龙说："对于有机，自己充满着责任感和使命感。"为了这种责任感和使命感，多年来雷龙夫妻没有周末概念，身体都麻木了，不知道疲惫为何物。他们曾被怀疑、遭拒绝、受讥讽、经济困顿、销售无门，但雷龙有一种信念："为了心中的正义和良知，要做黑暗中的一束亮光！"

为此，雷龙还提出了一个概念叫做"有机销售"。他说："有机销售就是遵循自然规律，靠产品的高品质和优质的服务来赢得顾客，而不是靠广告吹嘘、吃喝送礼去赢取顾客，那些办法都是化学的，是农药、是添加剂。"

在第17届世界有机大会上，一位外国参会人员问雷龙："如果中国有机不认证了，你还做不做有机？"雷龙说："我照样做有机。我做有机跟认证不认证没有关系，因为我们的出发点不一样。"

2006年，有人上门推销一种新发明，炫耀将这种东西喷洒在茶叶上，就检测不出农药残留来。雷龙怒斥："你们这种发明最好在地球上消失！"

一位谈合作的老板教训雷龙："对待产品，第一阶段当孩子养，第二阶段当猪养，第三阶段……"雷龙反问："如果不把自己的产品始终当孩子养，怎么能够倾注全部的心血和汗水？"

一家大型茶企看中了雷龙的有机茶，要以优厚的条件包销，雷龙一口回绝了。"他们是出于商业目的看中我的茶而不是有机农业，如果一味地追求利润，会有悖于有机理念。"有时，为借一万块钱，他要跑几百里路，困顿至此，雷龙就是宁折不屈。

对雷龙来说，而今"有机"已不是一门生意，而是一种价值观。对他来说，造福人类比牟取利益更加重要。这境界，令人折服。

"星星之火可以燎原，希望尽我们的绵薄之力，让有机食品全球普及，最终惠及全人类。也希望通过社会对有机食品的需求，最终倒逼食品行业改革，生产出真正有益健康、百姓放心的食品。这是雷龙和妻子的心声。

力倡生态，推广环保

有人说，有机农业投入高、产出低，不符合中国国情。雷龙认为从全生命周期来看，有机农业成本更低，他提议全社会一起来算五笔账。

"有机农业初期投入高，见效慢，但5年后成本更低。比如，常规茶园的茶树老化快，一般10年后就要重种，而有机茶树树龄长达20年，采用立体种植的方式，套种降香黄檀和沉香等驱虫避害，长短期效益相结合，产生了更高的经济价值。"这是第一笔账。

"农残超标已成为严峻问题，直接阻碍中国食品走向世界，农药的使用严重污染环境，有些残留在土壤里难以降解，有些则进入地表水或地下水，加重了水污染，未来，我们要付出多大的治理代价？"这是第二笔账。

"在我们的餐桌上，常常出现农药"鸡尾酒效应"，农药"鸡尾酒效应"是指多种农药的混合物会造成累加效果，甚至协同效应，只是消费者不了解而已。大量恶性疾病的发生与环境和饮食有直接关系，高昂的医药费以及生命的代价，无论是对家庭还是国家都是不能承受之重！"这是第三笔账。

"常规农业向土地夺取养分以维持生产，以不可持续的方式养活整个世界，使土壤沙漠化，蚯蚓等有益生物灭绝，导致大量农业用地失去生产能力，未来，中国粮食安全和粮食自主性如何解决？"这是第四笔账。

"一个农残问题严重的污染大国一定会备受制裁和歧视，很难成为经济强国！"这是第五笔账。

有机种植是对地球和子孙后代的守信，有机农业意味着对人类

95th

东大校友
创业之路

DONGDA XIAOYOU
CHUANGYE ZHILU

088

健康和地球健康的支持。深刻思考土地与生命的关系，保护这片赖以生存的土地，雷龙相信，推广有机农业是不二选择。

坚守品质，誉满国际

光照人公司采用自种、自制的一体化经营模式，严格管理每个环节的品质，确保"从茶园到茶杯"的全过程质量跟踪和控制。茶园和茶厂均于2007年起每年都通过了杭州中农质量认证中心的有机认证，该认证中心隶属中国农科院茶业研究所。

2009年8月起，公司每年都通过国际食品安全管理体系ISO22000（也称HACCP）认证。

2010年1月起，公司的生产基地和产品每年通过欧盟有机认证。

2010年11月起，公司每年都通过美国有机认证。

2010年12月起，公司每年都通过日本JAS有机认证。

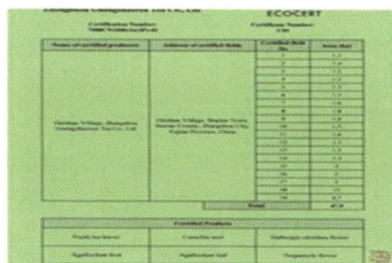

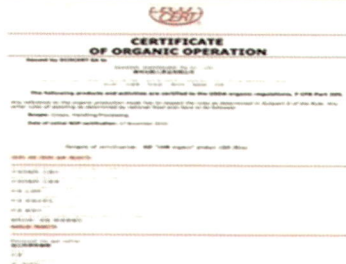

欧盟、美国、日本有机认证书

2010年12月取得自主进出口权。

2011年6月被全球最权威的有机农业组织IFOAM（国际有机农业运动联盟）批准为会员单位。

2011年9月、2014年10月，公司作为中国有机农场的特邀代表分别出席了在韩国、土耳其召开的第17、18届全球有机大会。其中关于光照人有机茶园的论文收录在第17届全球有机大会论文集第259-263页。

2012年9月，"光照人"商标被评为福建省著名商标。

2012—2015年。中央电视台的4个频道对光照人有机茶进行了多次专题报道，专题名称包括《有机是这样炼成的》《携手同行有机路》。

2013年12月。公司成为福建省农业产业化省级重点龙头企业。

2015年1月，被评为"福建省最具生态贡献企业"。

2017年11月，公司作为全球有机农业的杰出代表受邀参加第19届全球有机大会，创始人雷龙在大会上发表演讲。

2018年6月14日，中央电视台《生财有道》里"生态山

IFOAM证书

水间的有机财富"对光照人有机茶进行报道。

此外，为保护茶园的生态环境，公司在茶园周围种植了各种珍贵树种 1700 亩。在有机茶园内，采取全国唯一的套种降香黄檀的独特方式驱避虫害，CCTV-7 记者于 2007 年 4 月亲临茶园进行采访，并在科技苑栏目对此进行了专题报道。茶树种植在具备独特药用价值兼名贵家具用材于一身的降香黄檀树下，具有了独特的韵味和保健功能。

光照人有机茶种植时，不施尿素和化肥，加工时不用色素，因此，颜色可能没有普通茶那么墨绿。因为是施用农家肥，有时个别地段水没有浇透，茶树没有充分吸收肥料，出现个别茶叶偏黄、色泽不均匀，这属于正常现象。光照人有机铁观音因为不加香精香料，又没有拼配其他品种的乌龙茶，因此个别消费者如果喝惯了其他香味的茶，可能会觉得它不够香，其实，真正纯正的有机铁观音正是这样，香如空谷幽兰。一般常规茶冲泡第 1~2 遍时较香，冲第 3~4 遍时香味就明显减淡甚至无香味了，而光照人有机茶第一冲可能不太香，第 2~4 遍时越来越香，冲泡第 8~10 遍时还有味道。光照人有机茶喝完后，咽喉清爽甘甜，止渴生津，等级越高的茶越是满口甘甜幽香。如果一般普通茶喝完后会引起咽喉或者舌头发干，甚至口渴，很可能是农药残留的反应。

酒香不怕巷子深，雷龙的有机茶由于质量过硬，成为外国友人认定的抢手货。"光照人"以高于国内十几倍的价格在美国、日本、中国香港等国家和地区市场热销，许多国外茶商和有机界的专家学者纷纷慕名前来参观，光照人茶业更是取得了自主进出口权。

2011 年 1 月份，美国总统在白宫接待时任中国国家主席胡锦涛时，有一种用茶就是光照人种植的有机茶。当时美国一家茶商派人到中国寻茶，备选茶品十几种，最终美方选择了两种，其中一种就是光照人有机茶。此后，"光照人"有机茶迅速传播，2011 年《中国经济周刊》第50期以《世界有机大会青睐的中国茶》对此进行了报道，2012年12月10日央视二套以《从深山走出国门的有机茶》进行了半个小时的专题报道，2013年《中国经济周刊》第44期再次以《雷龙的有机梦》进行了报道。

奉献爱心，回报生活

在繁忙的工作之余，雷龙夫妇始终不忘对弱势群体的关注，为家乡希望小学和孤寡老人捐款捐物，奉献爱心，受到社会各界的高度赞赏。2013年，雷龙的妻子林芳担任福建省政协委员，并荣获"全国三八红旗手"光荣称号。不久的将来，光照人生态基地将打造成一个全国乃至国际化的有机农业示范基地、有机博物馆和有机教育基地。让身心疲惫的人们在与大自然的亲密接触中，找回心灵的平衡和宁静，找回生命的阳光，使孩子从小养成对生命的敬畏和尊重，对环境保护的理解和重视。

雷龙告诉记者，一些人因为工作时间长、压力大，身体处于亚健康状态，如果能投入有机农业，将逐步学会如何吃、何时吃、该吃什么、不该吃什么……又因为经常进入农村，深入山林，他的价值取向会逐步由原来的单纯追求经济利益，过渡到环保、有益健康和社会责任感等方面。在有机农场久了，原来在城市里因激烈竞争产生的许多想法和做法都会改变，心灵也会逐步得到净化，由此越来越体会到人生的快乐和幸福。

"有许多城里人到了我们的农场，原来的心理问题、紧张的婚姻关系等问题都得到了改善，白天欣赏茶园树木，晚上听听流水、望望星空，都想通了，学会理解他人了，宽容了。有机农场成了他们的一个减压场所。"雷龙说，"我们的目标就是把这里建成一个有机农业示范基地和教育园地，用事实证明有机农业的价值和魅力。"

95th

东大校友
创业之路

DONGDA XIAOYOU
CHUANGYE ZHILU

092

雷龙还分享了一个真实的案例。

他妻子乘坐厦门航空公司航班，听到乘务人员用广播询问机上有没有医务人员，有位小朋友不舒服。他妻子到现场查看，知道是哮喘病发作，小男孩的脸已经憋紫了。他妻子随身携有一包茶叶，"立即嚼，拼命嚼，咽下去"。大约10分钟后他的症状开始缓解，半个小时后，他说"我感觉舒服了"。雷龙说，当时的情形，如果再泡水喝可能就来不及了。假如没有这包茶，可能飞机迫降，再送到就近的医院急救。雷龙说，降香黄檀种植在茶园里面，对茶叶营养成分的助益，已经有很多论文可以追踪。

光照人致力于为人们带来健康、幸福和希望，让人与自然和谐共处，生生不息。

心之所在，事之所达

在即将有成果之时，有机茶叶遇到了另一个问题。林芳说，茶叶快要成熟了，气味香，招来了虫子。面对整片招虫害的茶园，想哭却哭不出来，晚上回到宿舍，翻书找方法，辣椒水、灭虫灯……

光照人茶园全部采用人工除草

都试过了。

村民们说她：你太笨啦，读书把脑子读坏了，农药一喷，不就没事了么。

但是农药残留在茶叶上，那肯定是对茶叶有影响的呀，那怎么行？于是，雷龙夫妇咬咬牙，硬是没有喷洒农药。雷龙说，以前茶园一直拔草，拔了再长，长了再拔，一直拔。后来有一天，突然发现有一小片地没拔草，可能是工人们拔漏了，反而那一片茶没怎么被虫子咬坏。

这片没有除草的地给了他们启发，后来就不怎么拔草，让农民用脚把草踩一踩，不除草，就源自这个"美丽的错误"。再后来他们吸取经验教训，总结出一个办法，那就是改用粘虫板，但是害虫虽然被粘虫板除了，可又出了新问题，就是益虫也被粘除了。后来，他们就悟到了一个道理：没有"益虫""害虫"之分，益虫害虫都是好的，都是大自然平衡的需要。

最后，他们在茶园内通用散养鸡的方式来控制减少虫害，同时利用降香黄檀散发的味道驱避害虫，有效减缓了小绿叶蝉和茶丽纹象甲等茶园主要病虫害的发生与危害。此外，还采用喷洒辣椒水和定期人工除虫等物理防治手段，目前茶园已经基本能够通过内部生态系统和生物多样性控制病虫害，因此从2014年开始，他们相继停止使用粘虫板和太阳能灭虫灯等物理杀虫设备。雷龙说："现在完全靠食物链，这些黄板之类通通都撤了，现在茶叶也几乎没什么虫眼，全靠益虫控制害虫、鸟、蜘蛛……"

光照人有机茶园采用立体种植体系，通过套种树木、林下养鸡、施用有机肥等生态管理模式，代替化学农药和化肥的使用，逐步完善茶园的生态系统和生物多样性，从而达到茶园可持续生态化生产。

光照人有机茶园坚持十余年有机种植，对茶叶产量和当地环境

第二篇 筚路蓝缕 以启山林

产生了积极影响。具体表现在有机种植保持甚至提高了土壤肥力，土壤没有出现板结和水土流失的现象。使用羊粪、有机茶梗和杂草沤肥后，肥料方面的投入量从最初每年10个集装箱的羊粪，减少到目前的7箱。大量套种的树木已经为茶园建立起一个微观生态系统，茶园已基本做到依赖自身生态系统中的食物链控制虫害，不再需要过多的人为干预。同时，随着种植环境的不断改善，茶叶产量也逐渐提高，茶园近几年已开始盈利且收入逐年增加。在消费端，由于茶叶种植过程安全可控、可溯源，茶园和产品积累了较好的口碑和消费者信任。

"有机农业不仅是一种商业行为，更是一种价值观和人生观，来不得半点虚假！"雷龙以实际行动赢得了国际社会的尊重。

人生不像流水，从一至终，在那一条沟里安逸地待一辈子。人生是海，击千浪、汇百川，有退潮有涨潮，起起落落才是真理。雷龙最初的创业也许是逼出来的，但是后来他投入了全身心，他想要做好、做大，他没有放过这个机会，更没有放弃自己的底线。在物欲横流的当今社会，又有多少人能坚守初心？雷龙说，现在大家都被转基因毒奶粉吓怕了，他就想种出有机茶，让大家放心。

人可以平庸地过一辈子，也可以活得精彩漂亮，关键在于能不能抓住转瞬即逝的机会，能不能好好运用这个机会，够不够胆量，是否有毅力。如果雷龙退缩了，坚持不下去了，也许不会有今天的漳州光照人茶业有限公司，更不会有我们从未想过的有机茶。去奋斗、去坚持、去拼搏，为自己赢得一块人生长跑的"金牌"，开创一个充满希望的未来，向更远大的目标奋进！

（素材搜集：马亮　内容修订：漳州光照人茶业有限公司　文字整理：马亮）

07 | 建百年名校，办一流教育

——于松岭

校友简介

于松岭，1976 年毕业于东北工学院金属物理专业，东方剑桥教育集团创始人，北京大学 MBA 导师，中国民办教育协会副会长和民革中央教科文卫委员会委员，东北大学黑龙江省校友会会长。无论他肩负哪种身份，他的行为都渗透着人间最纯然的情愫。他热爱这个国家，所以他担起诸多责任，他热爱这块土地上的孩子们，所以，他要把最好的教育和最温暖的关怀送给他们……

32 年前，一名已经拥有丰厚物质生活的大学教授，放弃"铁饭碗"，退掉单位分给他的宽敞住房，带着一家老小搬进租来的斗室，以 200 元起家办教育，只为圆一个梦想，所有认识他、赏识他的人都十分惊讶和不解。32 年之后，他又带给人震惊，他创办的东方剑桥教育集团在中国大地上拔地而起，成为涵盖学前教育、基础教育、职业教育、高等教育及国际教育的多元化教育实体，集团

拥有国家计划内全国统一招生的全日制本科大学、中小学、职业院校、直营幼儿园157所，辐射全国38个城市。地处北京的集团总部占地面积180公顷，建筑面积90万米²，总资产40多亿元。集团在校生6万多人，教职工7000多人，是目前国内教育层次最全的国际化教育集团。

32年间，为国家培养各类人才40余万人，解决就业近万人；32年间，他为贫困学生免除学费数百万元，还为部分学生提供生活资助，直到毕业。

下面，让我们伴随于松岭的创业经历和东方剑桥的成长，听他讲讲自己的故事……

痛苦的原始积累

不敢下地狱的人，也上不了天堂

1986年，35岁的我已经在哈尔滨理工大学物理教研室任教6年了，不但在职攻读了研究生，而且被评为讲师。

这之前的一年，是我既荣幸又倒霉的一年。荣幸的是我被省教育厅评为学校里唯一的省教育系统先进工作者，倒霉的是我报考哈尔滨工业大学研究生的总分够，仅因英语差了1.5分而名落孙山。本来坚信能考取，连走路都昂首挺胸的我，受到如此的挫败，只能自认为与学术无缘，另寻他路。

工资这么少，孩子这么小，家庭又这么困难，怎么办？赚钱！人生怎么系统策划？选择什么行业赚钱？什么行业能够成为终身事业、能够推动社会发展？一系列问号涌进大脑。我想，赚钱对象可以选择两种人：女人和孩子。围绕女人，服装、化妆品、装饰品、女性用品可以赚钱；围绕孩子，儿童玩具、儿童食品、儿童服装、儿童教育可以赚钱。我想，此时定位至关重要，"知人者智，自知者明"，知道自己适合做什么才能确定人生目标。定位准确就是一颗"恒星"，否则，就可能成为一颗"流星"。我认为女人的钱我赚不了。但我从东北工学院毕业就进入理工大学教书，我熟悉教育，是否应该选择儿童教育？于是，我查找了很多资料，看到很多先进国家的私立大学都是世界一流的，这就坚定了我的信念：从幼儿教育入手办世界一流的大学！我的想法遭到了我和妻子两个家庭的反对，幸好唯一赞成的是和我同在理工大学工作的妻子。

当理工大学校长接到我的辞职报告时对我大发雷霆："你35岁就是研究生、大学讲师了，前途无量，你下海和卖茶叶蛋的个体户有什么区别？要走，人走家搬！"

"我要体现我的人生价值，人生难得做点自己喜欢做的事情，放我走，让我搏一次，我的房子交给学校。"

我和妻子及6岁的孩子搬进了每月150元租金、还要自己烧炉子的平房，工资没有了，孩子太小，需要很多花销。离开大学校园的确有点失落感，但是我想，要干就要破釜沉舟，不敢下地狱的人一定上不了天堂。我花了150元钱到动力区教育局办了一张办学执照，填上了校名——剑桥少儿英语学校。

我找到理工大学附近的一所小学校租教室，我对校长说，"租一间教室，业余时间给我用，我先付50元的租金，如果我招来学生上一个月的课，这50元钱就是你们的，如果招不来学生，这50元钱就还给我。"

校长看我很诚恳或者很可笑，竟然答应了。哪里有钱做广告，我挥动毛笔写了很多大字报广告，骑着自行车，拎着糨糊桶，就在大街小巷的电线杆和告示栏上贴起了招生广告，还在马路边放一张桌子开始招生。理工大学的同事们和我教过的学生们都绕道而行。功夫不负有心人，1986年7月22日开学时，果真招来了22个学生，这是我的"命根子"。我把课程准备得既熟练又充分，我的教

第二篇 筚路蓝缕 以启山林

首届少儿英语班合影

法也灵活新颖，博得了学生的兴趣和家长的好评，可以说一炮打响。当年我还没意识到，这就是东方剑桥教育集团的前身。

今天的东方剑桥教育集团有国家计划内的万人本科大学、中专、高中、初中、小学、幼儿园共157所学校，分布在全国38个城市，在校师生6万多人，教职工7000多人，固定资产40多亿元。可当时只有我一个人，既是校长又是老师，下课了还是清扫工。

效果是硬道理，第二年我的学生已经达到一千多人，省、市政府的六个幼儿园及哈尔滨工业大学、哈尔滨师范大学、哈尔滨医科大学、黑龙江大学附属幼儿园纷纷请我讲英语。

信誉有多好，事业就有多大

一周六天，排满了幼儿园的英语课，晚上还要讲自办学校的课。每天回到家里，胸都微微作痛，连话都不想说。更严重的是，无论夏天冒着暴雨还是冬天顶着-30℃的刺骨寒风，我讲完一个幼儿园的课就要按照课表骑自行车去下一个幼儿园上课，不能让孩子等我，这是做教师的职责。我在原始积累的几年里有很多故事发生，如1989年盛夏的一天，我在市政府第二幼儿园下课后就要去医科大学幼儿园上课，两园相距十多公里，外面下着暴雨，我的坐骑虽然已由自行车升级为二手摩托车，可是关键时刻摩托车很不争气，中途竟然灭火了。修不好又打不到出租车，只好将车推到医科大学幼儿园。当我走进教室时已经超过下课时间40分钟了，可是三十多个孩子和家长没有一个走的，他们坚信只要于老师没请假、没住院他一定会来。我虽然被浇得全身湿透，裤脚还在滴水，但我立刻开始讲课，迎来家长和孩子们的热烈掌声。

也有很多回想起来让人后怕的事。那也是暴雨天赶时间去讲课，雨大得透过摩托车头盔的有机玻璃面罩已经看不清路面了，就在这时一声巨响，我的摩托车撞到了一辆正在转弯的吉普汽车上，我被弹出去很远，头盔不知去向，400度的近视眼镜无影无踪。我手捂着疼痛的左眼，鲜血顺着手臂淌下来，我心里想：虽然捡条命，但左眼可能完了。我慢慢地移开手，没想到左眼看到的世界还是那么明亮，当我被送进医院才知道是铁钉刺进了眉骨，到现在眉毛上还留着一道伤疤。

还有一个冬天，我在学校上完课后，又给几个插班的孩子免费补习，离开学校已经是晚上9点多钟了，路边昏暗的灯光映照着镜子一般的冰路面，零下三十多度的寒风像刀子一样割在脸上，路上有一辆

于松岭和当年的二手摩托车

第二篇

筚路蓝**缕** 以启山**林**

汽车拉着一辆破汽车，我骑摩托车从两辆汽车间穿过，但没看到连接两车的又细又长的钢丝绳，结果摩托车被刮倒了，我被摔出去很远。幸亏，一辆疾驰而来的公交车在离我一米多远的地方刹住车，下来的司机气愤地责骂我，可下来的乘客却吃惊、同情。

拿破仑说，不想当将军的士兵不是好士兵。我给他补充下句，当不好士兵的士兵一定当不了将军。所以我踏踏实实做人、认认真真做事，每天讲完课放学后，我打扫教室和厕所都很认真，教室的主人非常满意，这也是能长期租给我教室的原因之一。天道酬勤，由于我勤奋用心地做我热爱的事情，社会效益和经济效益都实现了，十多个幼儿园请我去讲课，我所办学校的学生也增至一千五百多人，我兜里的钱也鼓了，在社会上提出"万元户"这个词之始，我早已完成任务了。

五次检讨，违规还是开拓

"发展是硬道理"，我开始招聘了。招聘的教师经过我的培训，派到各大幼儿园及我的补习学校上课，都取到了很好的效果。面对旺盛的市场需求和声誉的扩大，我决不满足现状，我想进入哈尔滨市最中心、最繁华的道里区办学校。可当时教育局的规定是一个人只能在一个区办一所学校，我已经在较偏的动力区办学了，这就意味着没有机会去道里区了。但是我不甘心，我认为做事业要把握住两个底线：一是政治底线，即不违法；二是经济底线，即现金流不断。我觉得教育局这个规定未必合理，办教育，违规不违法的事可以做。业余时间，我在道里区最繁华的地段租用了两间小学教室开课了，出乎预料的爆满使我的班级迅速扩大。我又租了十多间教室，这就对其他三所在此租用教室办学的学校产生了极大的威胁，他们举报了我。

我接到了停办通知书和罚款单，无奈来到道里区教育局，主管科长非常气愤地问我："你知道教委的规定吗？""知道。""你开课多长时间了？""两个多月。""有多少学生？""一千多。"

听了我的话她大为吃惊，接着问我："你原来是做什么的？""我原来是大学讲师，政策开放后下海做教育。我已在动力区注册了学校，但我最大的愿望就是在道里区办一所好学校，这样在哈尔滨市才会有影响，我不会让您为难，我明天组织学生退费并宣布停办。"

我的诚恳打动了她，她的语气缓和了：

"看来你很受欢迎，质量很好。退费会引起大乱，也会给教育局带来很多麻烦，在哈尔滨现有七十多所培训学校中，像你这样资历的办学人还极少，实际我们道里区也欢迎你这样人来办学。不用罚款了，写份检讨吧，好好办。"

如法炮制，几年里我陆续写了五份检讨书，在哈尔滨六个区都开办了学校。后来，随着国家对民办教育的重视，政策逐步放开了，一个人可以在多个城市或多个区域办学了，以前所谓"违规"现在看来变成了"开拓"，看来我是"先驱"。

时隔三十二年的今天，翻开 2011 年道里区民办教育协会成立五周年的《光荣册》，上面有一行醒目的题目——三十年杰出贡献人物，仅有一个醒目的名字：于松岭（东方剑桥教育集团董事长）。现在作为中国民办教育协会副会长的我，对道里区教育局和让我写检讨书的宋科长一直心存感激。

事业要发展，凝聚人心最关键

时至 1989 年，我的培训学校和幼儿园的在校生数已近万人，教师队伍也壮大了。我想，事业要做大，凝聚力最重要。要把事业做大，就要把我这个小企业的命运和国家的命运联系起来，要与国家共振，依靠国家的巨大凝聚力来凝聚我的员工。国家有难时，无论赈灾还是抗洪都要积极参与，员工就会认为，虽然是民办的小学校，但也是国家的一部分，在这工作不仅仅是为老板赚钱，也为国家做贡献。但在当时的体制和观念下，有一个现实问题，就是雇佣关系会影响员工的情绪，这个问题必须解决。在当时，公办教育和民办教育实力相差极为悬殊，民办教育受到社会的严重歧视，很多人认为个人办学仅是为了捞点钱。我很快想明白了，办学不能以"营利"为目的，但并不等于没有"盈利"。关键是"盈利"是用于学校的再发展还是个人挥霍。我的原则是，我们不但要社会效益，而且要经济效益，否则，学校就不能持续发展，倒闭就会危害社会。所以当前最重要的是提高教学质量和管理水平，以便快速发展。这就需要建立系统理念，总结和形成企业文化，树立起员工共同的价值观。为此，我提出了我们的办学使命和口号——"发展教育、振兴中华"。我们的办学宗旨是：严谨治校、精心育人。接着，我又制定了校训、校标、校风、学风、教风，提出"校兴我荣、校衰我耻""爱学生就是爱祖国爱人民"等一系列理念。思想指导行动，理念的作用是巨大的，通过宣传、学习和培训，员工果然焕发出前所未有的工作热情，每个员工都把学校的事业当作自己的事业，甚至比自己家的事还节俭、用心，出现很多感人的事迹。

内部团结和谐、目标一致，战斗力增强了，学校也得到了迅速的发展。我派英语老师与幼儿园合作，开设英语课，并扩大到北京、天津、南京等二十多个城市、二百多所幼儿园。

"出国风"把我吹到了美国

20世纪90年代初，"出国热"一浪高过一浪，中国开放了，禁锢多年的中国人大批迈出了国门，去学习先进国家的科学技术和文化。反馈回来的信息和"文化大革命"中宣传的内容差异很大，那里没有世界上四分之一受苦受难的人民。我也很好奇，我也想去比中国先进几十年的国家留学，这样就会明了今后中国的发展动态，到英语国家就可以了解英语到底应该如何教？如何学习英语效率最高？世界一流的大学是什么样子？我的理想是否荒唐？一连串的问号凝聚成一个结论：我要出国留学。我聘请了哈尔滨工业大学、黑龙江大学等院校的很多教授开办了出国培训班，讲授托福、英语口语、英语语法等课程，同时我也跟班学习。最后，我考过了托福，拿到了签证。

出国前我妻子把家里仅有的20万元都给了我，我说："万一我和有些人一样，不回来怎么办？"

"穷家富路，在外面会很苦。你就是真不回来也要给你带上，也要让你过好。"她说。

"我怎么能不回来？这里有我的事业、我的根。"

我在美国读书的两年里，学校全靠我的妻子支撑着。在美国的岁月真的很苦，带去的血汗钱不舍得花，每次花钱还要先乘汇率，看折合人民币后是否划算，每天放学后到纽约市曼哈顿第二大图片社打工，直到深夜才乘地铁回学校。留学期间虽然见了世面，也遭了洋罪，这对我观念的转变及后来事业的发展起到了至关重要的作用。

1992年年底，我回到了祖国，带回来的除了一百多美元，就是留学生的唯一待遇——一个免税的进口汽车指标。若买一台上百万元的高级轿车可能会省四十多万元，但买不起，只好把指标卖了五万元，买了一台哈尔滨生产的松花江牌面包车，我又开始重操旧业。

1993年，五笔字型输入法出现了，我预感到中国的计算机时代来临了，我要站在知识经济时代的前沿，我要开办计算机培训班。可遭到好心老员工的反对，他们认为，计算机成本高，前景无法看好。我说服了他们，并亲自到北京中关村买了10台286计算机回来，办起了计算机初级、中级、高级培训班。太热门了！学员爆满。我的学员没毕业就被机关、银行、企业聘走了，因为那正是淘汰机械打字机的年代。我马上又倾囊买了300台计算机，成为哈尔滨最大的计算机培训学校，四个半月就收回了成本，计算机却使用了几年，这为学校的后续发展奠定了重要的经济基础。

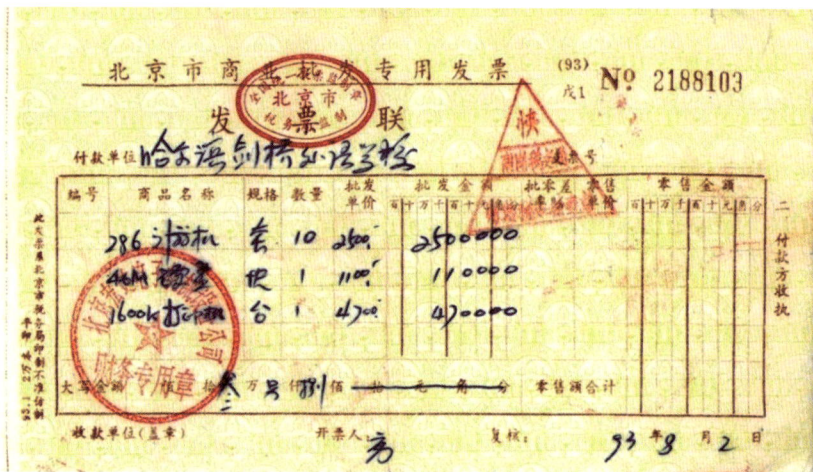

首次购买10台计算机的发票

首届计算机班结业合影

艰难的二次创业

以事业衡量人生价值

机遇总是被有准备的人获得。1997年秋天，民革中央在哈尔滨召开全国民办教育大会，我是民革党员，不但参加了会议，会议举办方还组织参观了我的学校，我的学校还被评为"民革全国先进学校"。

1998年4月，民革中央调我去北京担任北京中山学院院长。消息传来，学校和家族"开锅了"，员工们说："校长，现在我们的大学、中学、培训学校正在发展过程中，你走了会受损失。"家人们说："孩子面临高考，家里、学校都需要你，事业很大了，生活也好了，知足者常乐吧。"

我想，知足就能常乐吗？人在创业之初都想赚钱，赚钱是重要的动力，但当他拥有的财富足以满足他的物质生活时，他的想法就会改变，就会追求一种境界，那就是以事业来衡量自己的人生价值，用生命来承担一份社会责任！我马上召开了全体教职员工大会，我在会上说："我们要把教育做到中国一流，就必须在北京、上海做到一流。我们要实施'三地战略'，即进北京、战上海、做强哈尔滨，这次进京是迈出哈尔滨探索首都教育的最佳机遇，我会在异地全盘指挥，也相信大家会干得更好。"

于是，我来到了北京。一位民革中央的领导接见了我，并说："北京中山学院是民革老一辈革命家在1985年创办的，是一所以高等教育自学为主的院校，近几年办学举步维艰，面临倒闭，原来的校舍是租的，现在只有三件东西交给你。""哪三件？""一张办学执照，一张任命书，一枚公章。""民革中央已经安排好了你的吃住，今年的任务是招200名新生，民革中央相信你。"

第一篇 筚路蓝缕 以启山林

原来学校是这样，我犹豫了，凭三件东西就要在高校林立的首都北京办起一所大学，对于连北京有几个区都不知道的我似乎是天方夜谭。可我又一想，世界上只有想不到的事，没有做不到的事，有了进京城施展才华的机会，为什么又没有了自信？

"我同意，请领导放心。"

按照程序，学院更换院长必须备案，我拿着民革中央的决定来到北京市教育局找到主管处长说："陈处长，我是呈请更换院长备案的。""听说民革中央在东北聘了个院长？""是的，就是我。""这是首善之区，你了解北京吗？"

我懵了，我第一次听到"首善之区"这个词，可能就指首都吧，我连忙回答说，"我不了解首都，从前来过两次都是旅游。""那你怎么当院长？你从前是做什么的？""我是大学老师下海办教育，在哈尔滨我办了一所大学，一所中学和六所培训学校。""你办的大学有多少在校生？""三千学生。"看她的样子，我故意多说了一倍。

她很惊讶"看来你还有点经验，但要注意这是首都不是哈尔滨。""知道了，我一定将北京中山学院办好，不辜负民革中央的信任和教育局领导的支持。"

批复下来已经是4月中旬了，9月1号就要开学，我手里只握着三件东西，至于教学楼、宿舍、食堂、计算机室、语音室、桌椅板凳、黑板等一无所有。民革中央一名好心的同志借给我一辆自行车，我就骑着这辆自行车开始了第二次创业。

在民革中央的帮助下，我租到了某研究所下属、因招不来自考学生停办的学校。并马上从哈尔滨调来了8名"子弟兵"开始了紧张的筹备。研究所的人说："这些东北人真可笑，我们北京人办自考学校都办垮了，他们瞎忙活什么呢？"

我每天按照阳光照射的不同方向，为校内建筑物拍摄照片来编辑宣传画册和招生简章。我突然萌生一个大胆的想法：在全国范围内招生！各省的学生多么想到首都来读书啊，可是当时北京市教育局明确规定：非公办大学不准招外地学生进京。我想，这次出了事就不是写检讨书了，可能去蹲监狱了，可又一想，首都是全国人民的首都，为什么不许外地的学生来北京读书，这不公平！为国家办教育不会有进监狱的罪，就这么干了！于是，我又从哈尔滨调来一批"子弟兵"，把他们分派到各省去招生。

同样的桌椅、黑板、双层床，在河北购买就便宜很多，弊端是白天不许货车进京，只能半夜到货。每天我和员工们一样，半夜起来卸货，北京的夏天很炎热，白天气温经常三十八九度，我们这个"东北战斗队"每人都穿着短裤、光着膀子，把桌椅、双层床及沉重的床板分别扛到教学楼、宿舍各层楼的房间里安装好。当时我们购买了1700张床，连地下室都安满了，小教室改造成了大教室，计算机室、语音室、食堂的设备陆续到位，万事俱备，只欠东风了。

北京中山学院教学楼

北京大，北京的风也大。出去办事经常要骑几十公里自行车，从车上下来的瞬间，腿都不会走路了。我记得有一次，我妹妹夫妇来到北京办完事后，来到民革中央招待所看望我，那天雷雨交加，他们等了几个小时才见到我。当他们看到骑着自行车回来浇得像落汤鸡一样的哥哥，心痛地说："都说你到北京当大官，没想到是这个样，跟我们回哈尔滨吧。"在首都的事业刚刚起步，我怎么能跟他们回哈尔滨？我必须坚持！

东风果然来了，新生开始报到了，从各省涌来排着长队办理入学手续的学生几乎站满了校园，第二天傍晚1700张床就住满了。规定的报到时间还有一天，很多各省的学生已经通知我们明天接站，怎么办？我们虽然看到北京很多民办高校因招不来学生而犯愁，可我们现在更愁。兵来将挡，水来土掩吧！第二天，我们把从火车站接来几百名家长和学生安排到了学校附近的招待所，提供免费吃住。晚上开大会，向他们如实说明了情况，并推荐他们去比较好的民办高校，我们的诚恳得到了学生和家长的理解，拉受了这样的安排，一场风波总算过去，学校正常开学了。当时中国的高考录取率很低，落榜的学生分数也很高，尤其是山东、湖北、江浙一带的学生分数更高一些，加之我聘的老师几乎都是北京名牌大学的教师来兼职上课，我们的管理也很到位，所以学校的学风、教风、教学质量都很好。还学校经常开展文艺汇演、球类比赛等活动，也常召开优秀教师和学生的交流会，有时也会安排我的报告会。在会上我讲："我们高考落榜了这不一定是坏事，我们要接受教训，重振雄风，我们的人生不能永远落榜！"

"实践是检验真理的唯一标准"，一年后，我们参加了国家统一命题的自学考试。自学考试平均通过率只有百分之十几，北京中山学院的学生仅高等数学一科，全校就有6个学生得了100分，各门功课通过率均在80%以上。有了这样的好成绩，第二年学校招生爆满，在校生达3000人。北京市教育局看到报表中的招生数量、自考成绩，以及听到口口相传的赞誉十分惊诧，便派专家来校，按照

民革中央主席参加北京中山学院开学典礼

66项指标评估检查，最后他们得出结论："你们招得好、考得好、管理得好，我们不能说你们是最好的，但你们绝对是北京市一流的"，后来北京中山学院被北京市教育局升格为学历文凭院校。

二次创业，开篇精彩，学生满意，家长感谢。几年里，民革中央对学校给予了大力的支持，民革中央主席、副主席等国家领导人多次视察学院，并为优秀的学生颁奖或观看学生文艺汇演。

迈进首都创业体现了我的人生价值，也使我更加自信了。后来，北京也允许民办高校招收全国的学生了，真幸运，我又当了一次"先驱"。

大学进入国家计划

2000年，为满足社会需求，我的集团——东方剑桥教育集团——创办了剑桥第四中学。

2001年是集团历史上一个重要里程碑。中国的高等教育开始从精英教育走向大众教育，公办大学开始大规模扩招。国家对民办教育也越来越重视了，由原来定义的"公办教育的补充"升格为

大学进入国家计划内的招生场景

"国家教育的重要组成部分"，我意识到，教育的春天来了，发展的机遇到了。我决定在哈尔滨买土地盖大楼，建自己的大学校园。功夫不负有心人，我们居然在市里的大道边找到了一块庄稼地，第一期投入了两亿多元，买了30多万米^{2}土地（500多亩），建起3栋教学楼、2栋宿舍楼和食堂等建筑7万多米^2，一个崭新的现代化校园拔地而起。有了"巢穴"才能引来"凤凰"，我创办的剑桥专修学院和我的原单位——哈尔滨理工大学——签署了联合办学协议，成为理工大学的独立二级学院，从而进入了国家计划内专科的行列，国家给了400个专科招生指标。进入了国家计划内招生的感觉真好，和公办大学一样，通过计算机录取高考达到录取线且报考我校的考生，生源质量也比原来好多了。由于设置的计算机、电子工程、学前教育、艺术设计等8个专业社会需求量很大，所以报考我校的学生很多。学校开始招聘大量的本科生和硕士生，组建了专职的青年教师队伍，真正的高等教育起步了。

两张尴尬的照片

这一年让我记忆最深的是，四月初经朋友介绍，我来到北京北五环外考察一所新建大社区中的校舍，校舍很好，有教学楼、宿舍楼、食堂、体育馆、游泳馆，及带有塑胶跑道的体育场，非常适合办中、小学。可是附近几公里是一片工地，据说先后来过十几批人看过，都摇着头走了，可我当场就决定要了。我问老板："每年租金要多少钱？""押金100万元再加每年租金250万元""250多难听，248万元吧，三天内付款。"

合同签了，款付了，开始装修，购买和安装物理实验室、化学实验室、生物实验室、计算机室、语音室、食堂设备、办公设备及一千多套学生桌椅等，足足花了一千多万元。当时附近没有一个饭店，我和员工们在工地的农民工食堂吃饭，每天睡眠也不足，每个人的眼睛都充满了血丝。

好消息来了，听说民办的"北京中地学校"由于生源不足要倒闭了，正在为150多名学生安置去处。我联系到中地学校，家长们前来参观我新租的校舍，都很满意。我也承诺同意接收这150名学生，并定于9月1日准时开学。有了150多名学生，我心里有了底数，但是在中国申办中、小学执照是很难的事情，如果等申办下来再招生，今年会很惨。怎么办？只好边招生边申办。我在学校附近拉出了招生条幅，学校门前挂上了"北京市中山实验学校"的大牌匾，又策划了各种形式的招生活动，果然产生了很好的效果，咨询和报名的人络绎不绝。

但是当我来到区教委申办执照时，却如冷水泼头。工作人员的答复是"教委规定，申请材料要在前一年的三季度上交，第二年的四月份派人来检查，现在是四月份了，只能先准备报送材料，九月份不可能开学，明年开学吧。"明年开学？近两亿元的校舍就要闲置一年，我一年的租金就打了水漂，天通苑这个大社区的家长也得车马劳顿地把孩子送到其他各区去上学。

开学日期越来越近了，报名的新生350多名，加上"中地学校"原有150多名学生，共500多人，如果不能按时开学，后果不堪设想。我找到了区教委主任："主任，天通苑是个大社区，有很多孩子等着入学，我们学校的硬件设备完善、师资队伍健全，我要申请办学执照。""你们还用申办执照吗？""主任在开玩笑吧，我们怎能不用申办？""我给你看两张照片吧。"说着他拿出了两张照片放到我的眼前：一张是学校牌匾，另一张是招生条幅。我真的无语了，尴尬并失望的我迈着沉重的步伐走出了区教委的大院。我边走边想，办中学没有办学执照决不能开学，这是法律底线。可是招聘的年轻校长和中青年教师都是听了我充满激情的演说后，从公办学校辞职过来的，他们还不知道这个将施展才华的舞台、这个面临开学的学校竟没有办学执照。我对不起聘来的教师，也对不起招来的学生，这回可真是撞了"南墙"了。但事业如同生命一样重要，我决不能回头！我想，任何一个教育工作者，任何一个政府官员都不愿意看到如此巨大的教育资源浪费，都不愿看到家长们带着孩子四处流离。规矩是人定的，为什么这么具体的问题得不到解决？我要向各级政府呼吁！我突然想到，我是民革中央教科文卫委员，我从来没给组织添过麻烦，这次，我要请组织帮忙。

时任教育部部长陈至立来校视察

我鼓起勇气找到了国家领导人，很快得到了理解，特事特办，2001年8月28日，也就是开学的前三天，办学执照终于拿到了！9月1日开学了，新校园、新老师、新学生，一派新气象。几个月后，教育部部长陈至立率队视察天通苑教育工作，给予了中山实验学校充分肯定。

现在有时员工们还和我开玩笑："董事长，你胆子太大了，没有执照就把我们骗来了。"我说："骗对了吧？不骗，你们怎么能在拥有 30 万户居民的亚洲最大社区的学校里工作？怎么能看到教育部长？十年来怎么能有一批批学生被你们送入北大、清华等知名学府？怎么会有来自 8 个国家的 100 多名留学生？学校怎么能成为京北地区名校？"

截至 2001 年年底，集团已经拥有小学、初中、高中、大学。但按照集团"三条龙"的办学设想，还缺少幼儿园。所以在 2002 年，集团在北京创办了"北京市中山实验幼儿园"，同年在哈尔滨创办了"哈尔滨市剑桥外国语小学"，至此，真正实现了"从幼儿园到大学的国内教育一条龙"办学模式。

国际教育一条龙

2004 年开始，国际交流更加频繁，世界进入"地球村"时代，集团也积极开展了国际教育合作，经过多次互访，黑龙江大学剑桥学院先后与英国、韩国、加拿大的五所大学合作办学，签署了"2+2"合作协议和免费互派留学生协议。

与英国东伦敦大学签署合作办学协议

与韩国培材大学签署合作办学协议

114

　　北京中山实验学校的1200多名学生中，包括来自美国、英国、加拿大、日本、韩国等8个国家的中、小学留学生180名，其中2006年考入北大4名，2008年考入清华6名，学校变成了多种语言、多种文化、中外学生融合的国际大家庭。

　　2010年，经国家汉办批准，集团在美国弗吉尼亚州设立了"孔子学堂"，真正实现了"国内到国外的国际教育一条龙"。

经国家汉办批准在美国设立孔子学堂

同年，北京中山实验学校得到了社会广泛赞誉，有了很高知名度，也引起了政府的关注，时任北京市市长的王岐山视察北京中山实验学校，并给予充分的肯定。

不断壮大的剑桥集团

经过32年的发展壮大，集团已经成为国内层次最全、最大的学历教育机构。集团在国内北京、上海、天津、重庆4个直辖市和黑龙江、江苏、山东等14个省的38个城市已拥有本科大学、中等职业学校、中学、小学和幼儿园157所。在国外，已与美国、加拿大、日本、英国、韩国等国家多所大学开展交换留学生，集团所属的大学和中小学被英国剑桥大学授权为国际学校和A-Leval、I GC-SE课程的考试中心和学习中心。目前，集团已经成为"系统培养具有民族灵魂的国际化人才"的新型教育机构，累计为社会培养各类人才40多万人。

集团总占地180公顷，总建筑面积达90万米^2，固定资产40多亿元，现有幼儿园、小学、初中、高中、中专和大学本科等各类在校生6万余人，教职工7000余人，总部设在首都北京。集团所属各校的教育教学质量和规范化管理水平深受社会各界和广大家长的赞誉及政府部门的高度评价。

我的人生感悟

每个活着的人都会想过这么几个问题：人生这么短暂，应该怎样度过？要成为一个什么样的人？应该体现怎样的人生价值？要过怎样的生活？这就是所谓世界观、人生观、价值观——"三观"。我认为，人生的价值是以你从事的事业和对社会做出的贡献来衡量的，人生虽然暂短，但可浓缩、能精彩！

　　有人说我命运好，我对命运的定义是："命运就是你的志向、你对人生的每一次选择以及你一切言行的总和"。

　　你想成功，首先要有志向。一个人的智力是"操作系统"，而志向是"动力系统"，是成功的关键。

　　你想成功，人生的每一次选择都很重要。你还要能吃常人吃不了的苦，能承受常人承受不了的压力，能修炼常人修炼不了的能力。

　　你想成功，你的素质高低决定你的事业高度。你的胸怀容纳多少人，就能领导多少人；你的远见超过多少人，就能引领多少人；你的能力超过多少人，就能帮助多少人。这就是"天道公平"。

　　你想成功，就要有凝聚力。这无形而强大的力量来自你的人格魅力、你选择的事业对员工的吸引力、企业优秀的文化、和谐的工作环境、合理的薪酬待遇及不断取得的成绩。

　　32年来，集团收购和兼并的学校有哈尔滨大公中学、珠江路中学、华侨中学、博文中学、黑龙江省教育学院附属中学、东方民族学校、华夏学校、创新学校、黑龙江大学同庆学院、北京中地学校等10所，在全国收购和兼并幼儿园17所。盛衰岂无凭？我们"盛"在哪里？"盛"在规模和影响？这是表象。实质上，我们"盛"在东方剑桥人具有的精神和文化，"凭"的是东方剑桥的团队素质和个人能力，是东方剑桥人用心血承担起的这份社会责任！

　　剑桥集团第一代创业者留下来的最宝贵财富不是资产，是一种精神。

（原文作者：于松岭　整理修订：刘佳）

08 | 以打造"百年老店"标准做企业

—— 刘英魁

校友简介

刘英魁，1976年10月生于哈尔滨，1995年进入东北大学计算机科学与技术专业本硕连读，并于2002年顺利毕业。中天嘉华集团董事长、创始人。2013年，刘英魁出任东北大学校董会校董。2015年，在第十届中国品牌影响力年会上，刘英魁荣获人民日报社颁发的"推动中国财富管理创新发展年度杰出人物"。

在东北大学读书期间的刘英魁，是一个不折不扣的"学霸"，他先后获得中国科学院一等奖学金、中国宝钢教育基金一等奖学金、IBM大中华区优秀学生一等奖学金、东软集团一等奖学金、2000年教育部"国际十佳大学生"称号，并于1997年当选沈阳市

东北大学校董聘书

刘英魁荣获的全国三好学生证书

和平区最年轻的人大代表。同时，他也在各项比赛中崭露头角，并于1998年获得IBM DB2 全球认证专家资格、1998年荣获第二届中国大学生电脑大赛全国一等奖、2000年荣获第七届"挑战杯"科技大赛全国一等奖。

然而，他不仅仅是个"学霸"。

大学时代的刘英魁

他热衷于参加学生活动，先后担任班长和学生会主席。在担任学生会主席期间，他不想按部就班依惯例运转学生会的工作，而是把学生会当作一个实体去做。于是，他增加了外联部、实践部，还办了一个科技协会。若干年后，当他回首这段学生会经历，发现自己管理下的学生会很像一家公司的雏形：外联部其实就是公司市场部门，实践部就像公司的销售部门，而科协则像公司的研发部门……在学生会任主席的那段经历中，他最大的收获就是找到了一群人。他挖掘出很多成绩虽然不出色但是能力很强的同学，这些人成为他后来创业的技术骨干。同时，他也找到了一批志同道合的兄弟，这些兄弟也成为他后来创业路上的好帮手。

走出象牙塔

丽贝卡·A. 范宁是《福布斯》杂志的撰稿人、编辑，1992年以来，她一直在做关于创新、科技和新兴经济的报道，著有几本很著名的关于创新和风险趋势的书。早在2008年，她曾写过一本书名叫《硅谷之龙》。当时，她亲自到访北京和上海，与当时中国最炙手可热的新一代优秀创业者们进行了面对面的交流，将采访内容写成了这本书。在这本书里，作者预言中国"硅谷之龙"即将在未来崛起，而中国涌现出的新一代技术型企业的企业家们正在带领中国经历第二次产业革命。这本书里出现的企业除了阿里巴巴、百度、当当等，还有刘英魁和他所创立的东方般若。

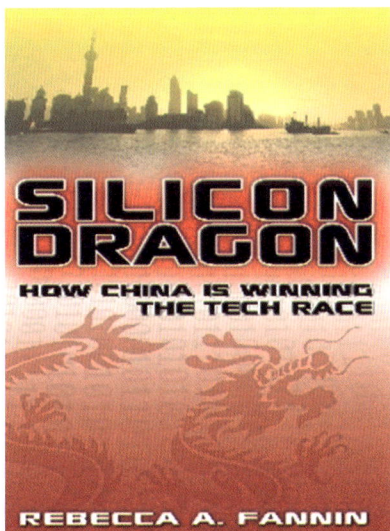

《硅谷之龙》及书中对刘英魁和他所创立的东方般若的描写

2000年，尚在读研期间的刘英魁创立了北京东方般若科技发展有限公司，这也是未来他创立的中天嘉华集团旗下的第一家企业。公司定位于为金融行业提供营销与服务相关的技术解决方案，以及服务运营外包业务。这家公司成功构建中国第一套金融行业移动商务解决方案，创新地提出了"移动商务"的商业模式，开发了国内首家大型金融企业级短信应用平台，并在后来与中国移动、中国联通建立了运营分成模式。2005年，公司的"企业级短信应用平台业务"一度占领了中国保险市场82%的份额和基金市场95%的份额。

正是通过对保险和基金公司的营销和服务，有了对金融行业深入的理解，并打造了一批熟谙IT和金融的多元化人才，2006年，刘英魁创建了北京中天嘉华财富管理咨询有限公司，这家公司成为中国首批独立的财富管理公司之一。嘉华财富秉承"专业创造价值"的核心价值观和"公专信慎"的经营理念，为高净值客户提供独立、专业、专属、私密的综合财富管理咨询服务；并通过全市场、全系列产品的研究，基于独立、专业、严谨的产品筛选，完善的风控体系和细致周到的服务，为数万余名高净值客户提供资产配置综合解决方案。

嘉华财富获得2016年度中国独立财富管理年度公司奖

由于在财富管理业务中使用电话呼叫中心的经验不断积累，让刘英魁和他的团队掌握了呼叫中心技术。2010年，他创建了北京中天嘉华信息技术有限公司（简称"嘉华信息"）。嘉华信息致力于通过大型联络中心（通信平台及呼叫中心）、软件系统、数据挖掘技术等优势，为中国保险、银行等大型金融企业提供全面深入的金融产品营销服务解决方案。嘉华信息通过对客户的深入分析，建立提高客户服务满意度和客户忠诚度的积分运营体系；首创以电话销售、集成AI、人工智能、大数据为主，地面理财机构为辅，适用于中国证券行业的全新电子商务经纪人体系；首推将产品营销隐藏在客户服务过程中的睡眠用户激活计划。

2012年，他创立北京中天嘉华基金销售有限公司（简称"嘉华基金"），嘉华基金发挥中天嘉华集团IT服务优势，成为中国公募基金、私募基金优秀的营销服务外包商。

嘉华信息荣获2017年度最佳服务外包公司

2014年，中天嘉华集团旗下北京中天嘉华资产管理有限公司（简称"嘉华资产"）获得私募基金管理人牌照。

同年，中天嘉华集团旗下北京中天嘉华保险代理有限公司（简称"嘉华保险"）作为国内最大的保险代理机构之一，充分发挥互联网IT优势，依托于财富管理能力，实现以互联网营销+财富管理高端保险的双轮驱动。

2015年，刘英魁和他的财富管理板块获得由全球领先的私募投资公司TPG、光大集团在海外最大的金融控股平台——光大控股、著名风险投资人周志雄执掌的Keytone Ventures及凯鹏华盈的C轮投资。这些投资方都大有来头，其中，TPG德太投资是领先的私募股权投资机构，世界最大的私募股权投资机构之一，目前管理超过740亿美元的资产，过去5年在中国投资超过10亿美元，其中包括联想集团、中金公司、深圳发展银行、凤凰卫视等；Keytone凯旋创投是全球知名VC，被评为2014年中国创业投资机构50强，

以培养世界级企业和管理团队为宗旨，投资汇付天下、NanoH2O、硅谷数模等20余家行业领先的公司；KPCB凯鹏华盈是全球顶尖VC，美国最大的风险投资基金之一，曾成功打造Google、AOL、亚马逊、基因科技、康柏等国际知名公司，美国前副总统戈尔是其全球合伙人之一。

2018年，中天嘉华集团旗下的嘉华信息通过与茂业通信网络股份有限公司以资产重组的方式实现A股上市。嘉华信息将依托茂业通信，对客户、数据、规模及业务资源进行整合，提升自身的赢利能力和市场地位，从此踏上新的发展征程。刘英魁也从此成为上市公司茂业通信的股东，参与上市公司业务运营，继续带领上市公司，在电信增值领域深耕细作。

嘉华信息并购重组获得证监会审批通过

创业近20载，刘英魁完成了从IT精英到财富管理公司掌门人的完美跨界。他根植于IT基因，坚持创新、不断颠覆，秉承"专业创造价值"的核心理念和"公专信慎"的经营理念，始终做到

"知行合一"。他凭借多年的管理经验、金融客户资源、金融与IT互联网的跨界能力，以独特的思维方式创建并引领着国内领先的财富管理、移动商务等商业模式。

创业路上的故事

萌芽和新生

1996年，读大二的刘英魁第一次接触到了浏览器（world wide web），那时候的他感受到互联网的冲击——原来人类跟网络是这么连接的。在今天的人看来，互联网、浏览器是再正常不过的一个存在了。但是20多年前的刘英魁第一次看到计算机跟互联网连接的时候，心里的震撼和兴奋是现在的人们很难想象的。在那个时代接触互联网，是一种进入全新世界的感觉，也正是在这个时候，互联网的种子开始种在了他的心里。

那时候正赶上中国第一批互联网大潮，再加上自己的专业就是计算机，于是，刘英魁的创业自此就与互联网再也没有分开过。

在正式创业之前，刘英魁曾经"折腾"过一次。在大学二年级的时候，东北大学校内有一个网吧，但是当时网吧的经营效益并不好，刘英魁自告奋勇，将网吧改建成了北国网络培训中心，主要做面向企业的集团化培训。这一次的"折腾"让他开始研究如何做企业管理，也让他收获了人生的第一桶金。

比尔·盖茨撰写的《未来之路》这本书对学生时代的刘英魁触动很大。他把这本书的封面复制了很多大海报，贴到大学宿舍的墙上，就是想时时刻刻能感知这种创业文化。这本书让他觉得选择创业是选择一种生活方式，是选择一个人以后到底走什么样的路。创业的这条路不是别人给规划好的路，而是自己可以有机会书写的一条路，那个时候的他，急切地想要找到这条路。

从那个时候，他开始不断地问自己：你想创造一个什么东西，这个东西能有什么价值？你又想改变什么？

创业往往源自一种激情。如果说之前的互联网种子、创业前的"折腾"曾经在他身上萌芽，那么，真正点燃刘英魁创业激情的，则是1998年的中国大学生电脑大赛。这次比赛，刘英魁获得了一等奖，而正是这次比赛，让他开始思考如何将科技成果转化成商业价值和社会价值。刘英魁脑子里已经积累了太多的创业激情，再加上7年的本硕学习，又有了一身IT相关的技术，还结交了一群志同道合的兄弟，选择自主创业，已是顺其自然、"憋都憋不住"的事情。

所以，他在毕业后放弃了伯克利读博的offer、放弃了中国青年政治学院的offer，选择了当时少有人选择的路，选择了一条风险很大的路——创业。

起步和危机

大部分人的创业之路充满荆棘，即使是曾经学校的风云人物、拥有一身奖项的刘英魁也不例外。

在1999年，刘英魁创立了一家名叫"微网"的公司，他希望这家公司能够比肩美国的微软，成为中国互联网的微软。当时，互联网网站的建设如日中天，刘英魁就和团队开发了一套用于建网站的工具和数据库统计分析系统。他和他的同学们挨家挨户地推销自己的系统，由于正赶上网络大潮，这家做技术工程的公司赚得满盆钵。但不久后面临互联网泡沫破灭，公司第一次出现了危机。

为了获得更大的发展平台，他决定到北京创业。2000年，满怀激情的刘英魁创立了北京东方般若科技发展有限公司，这是一家科技公司，主要从事IT相关服务。在创业初期，对于业务发展都处在摸索阶段，2002年左右，他初创的公司正在经历一段非常困难的时期，当时产品推广受阻，财务出现危机，由于技术团队的年轻人几乎都是大学在校生，面临毕业，大部分人选择去了东软、IBM、华为这样的大公司，人才频频流失。

这时，刘英魁找到了曾经同样在东北大学软件中心攻读博士的付韶勇师兄，付博士对刘英魁敢闯敢拼的精神非常敬佩，于是，在刘英魁创业之初最困难的时候，付博士加入了进来。付博士的加入给了刘英魁非常大的鼓舞，在大刀阔斧的调整下，关闭了沈阳研发中心，忍痛停止了原来的所有业务，并将北京总部从幸福大厦搬到亚运村100多米²的汇园公寓中，开始了第二次创业。

拼搏和开拓

一群年轻人，在亚运村的一个公寓里，每天吃住都在一起，曾为新奇的点子兴奋不已、也曾为业务开展不畅苦恼和焦虑……

付博士是团队的技术负责人，他的主要工作是产品的研发，但是为了拓展客户，他也免不了陪客户喝酒。曾有一次，"三杯倒"的付博士刚陪着客户喝完酒，就醉醺醺地回到办公住宿一体的汇园公寓里写代码。第二天，酒醒后的付博士已经不记得喝酒时发生的事情，更不记得酒后写代码的事情了，可是回头检查了一下那些代码，竟然没有出现一个BUG！于是，这个醉后写代码故事就成为了技术团队中的传说，一直流传到了现在。

技术团队是整个公司架构的基础，产品做得好一些，业务发展就会快一些。正是意识到这一点，在付博士的带领下，技术团队天天熬夜加班，不断研发了飞信手机杂志、无限直邮、移动展业通、保信通综合通信平台等产品。

可是光有好的产品也不行，"酒香也怕巷子深"，如果没有被客户了解和使用，无法完成推广，再好的产品也可能被扼杀在摇篮里。于是刘英魁孤身一人，凭着不服输的那股子冲劲儿，坐着绿皮火车，全国各地跑市场。终于在2002年成功将一个解决方案卖给了国内一家省级电信公司，从此，中天嘉华开始逐渐占领全国市场。

就在当时为保险公司设计解决方案及系统开发的时候，团队面对陌生又专业的保险领域，经常为技术与业务的系统对接发愁。刘英魁购买了高校的整套保险课程教材，带着团队成员，没日没夜地学习保险领域相关知识，终于成功开发出一整套适用于保险公司的系统，并在此后拥有了大量保险公司客户。

正是早期的创始团队，一路披荆斩棘，才让中天嘉华凤凰涅槃、浴火重生，进入了超乎想象的快速发展阶段，不仅拥有了一大批中国人寿、太平洋保险等大型保险公司客户，在基金行业的客户占有率也非常高，为后来中天嘉华进入财富管理领域打下了基础。

不过，即使在公司平稳高速发展的过程中，刘英魁的状态也可以用"如履薄冰"来形容。这些年来，他一刻都没有松懈过，他超负荷工作，加班成了他工作的常态；他经常出差，却从未坐过头等舱；他的背包用了十几年才换；他每天健身、跑步，因为他知道有更艰巨的使命在等待。

颠覆和创新

创新是企业的生命力，俗话说：不怕招招会，就怕一招鲜。任何企业都会面临市场变化，只有能够快速适应变化的企业才能活下来，为了活下来，就得不断颠覆和创新。

刘英魁的书桌上一直摆放着一本书，这本书他之前向集团所有的高管和员工推荐过，书名叫《从0到1》。做一个企业，最轻松的是从1到100的复制，而最难的则在于从0到1的创新。他不断要求自己和团队，时时刻刻要敢于推翻自己，时时刻刻要敢于颠覆和创新。

回首在刘英魁带领下的中天嘉华所走的每一步，都从未离开过"创新"二字。不管是创业之初，开创性地提出中国第一套金融行业移动商务解决方案，开创"移动商务"的商业模式；还是创业中期，第一批进入中国独立第三方财富管理行业，刘英魁所走的每一步，都在寻求一条与别人不同的路，即使这条路充满荆棘、从未有人走过，也要踏出一条路来。

2003年，刘英魁放弃了原来的软件产品研发销售业务方向，大胆向软件服务模式转型，免费向金融企业提供自主研发的短信平台和短信客服系统，接入企业核心业务系统，开启了商务短信时代，在规模逐步成长的商务短信服务市场赢得先机。也正是因为这一次的大胆创新，让整个企业的经营思路从软件交互变成软件服务，奠定了东方般若后面十几年的发展。

可是他并没有靠着之前的创新模式"躺着赚钱"，而是在不断的市场发展中，不断尝试孵化新的业务，抢占新的先机。

在2006年左右，中国的财富管理市场刚刚起步，具有巨大增长潜力和市场价值。在实体经济和金融市场的双引擎驱动下，中国高净值人群规模逐年扩大，高净值人群的行业分布随着产业升级、大众创新等宏观经济重点变化，从传统制造行业逐渐拓展到新兴行业。同时，随着高净值人士的资产配置理念增强，对资产管理机构的信任逐渐加深，金融投资的重要性日益提升，高净值人士偏好利用金融投资，间接助推事业发展。

于是，面对广阔的市场机遇，凭借着多年来在金融科技服务行业的经验积累，刘英魁率先进入了第三方财富管理领域，开拓了中天嘉华财富业务。经过十几年的积累，嘉华财富已建立6大系列27个品类构成的完善产品体系。

> "公专信慎"是中天嘉华财富的经营理念，也是职业操守的金科玉律。
>
> 公：以独立第三方的角度，中立、客观地为客户提供财富管理咨询和服务。
>
> 专：以专业团队，追求对全市场的深入研究，输出投资策略，为客户提供专业的财富管理咨询和服务。
>
> 信：诚实守信，维护客户利益及隐私，建立长期可信任的伙伴关系。
>
> 慎：严谨审慎的态度，帮助客户控制风险，实现财富增值。

2009年，依靠财富管理业务中使用电话呼叫中心的经验，公司掌握了呼叫中心CTI技术，具备了呼叫中心的系统集成和运营管理能力，并基于CTI技术研发了电话销售管理软件，适用在保险电销、银行分期销售、开卡激活等业务领域。借此能力获得了光大银行银保项目的物理坐席建设与运营外包合同，保险公司的电销职场外包项目也相继开展，最后全面进入银行信用卡中心（包含卡激活、征信、分期、催收）的全业务外包。

2014年，针对财富管理行业野蛮生长乱象，刘英魁开发了优财富平台，创新地通过互联网O2O模式，整合众多的小规模第三方机构，将理财师与产品方直接打通，帮助行业走入良性发展的新秩序。

2015年，运营了十几年的短信业务在仍然保持不断增长的形势下，刘英魁发现流量将是未来商业领域中的蓝海。他判断，流量就如同石油一样，将对未来商业的发展起着重要的支撑作用。于是，他又孵化了流量业务，使它又成为电信增值业务领域的新增长引擎，于是先后进行了流量充值平台、流量产品平台、活动云平台、流量公社APP等新产品的开发。

纵观IT业界二十年的风云变幻，从微软到雅虎，从雅虎到Amazon，从Amazon到Google，从Google到Facebook，各领风骚数余年，科技社会永远不缺新的霸主，这一切的变化都来源于不断的科技创新和业务创新。

在世界的这一历史时期中，中天嘉华集团也逐步从一家寥寥数人的软件作坊发展到目前包含财富管理、金融科技等几大业务体系的服务集团，正是持续的业务创新驱动着企业不断向前发展，这一切都离不开科技力量和创新力量的推动力。

勇气和魄力

在选择是创业还是出国读博，或者是从政这条路上，刘英魁所需要的勇气是巨大的。创业是一条需要承担很大风险的路，自己的人生可能会因此完全改变，并且这种改变很可能"毁掉"原本风光、顺畅、稳定的人生。正是他身上那股敢拼敢闯的劲儿，支撑着他勇敢地迈出了创业之路。在创业之路上，公司也几次出现危机，但靠着他超乎常人的勇气与魄力，坚持到了现在。

几乎大量失败的创业公司都败在现金流上。在2006年左右，随着移动SI政策的出台，造成短信业务市场重新洗牌，令东方般若的短信业务受到重创，每月大量的收入受到政策、市场的影响，突然之间大幅度缩水。当时的刘英魁面临着巨大的现金流压力，这个时候为了公司能"活"下去，他不得不选择了外部投资机构，接受了非常苛刻的条件，贷款用于公司运转。

创业者都是孤独的，在无数个孤独的夜里，面对着每天高额的利息，他心里的着急，只有自己知道。幸运的是，后来公司的现金流有所好转，他成功地完成了融资，公司继续活了下来。

困境对于缺乏创新的公司是致命的，而对于有创新活力的公司来说却是一剂补药，短信业务发展得放缓，逼着刘英魁带领公司转型，后来，公司的业务已经形成了多元化、系统化、抗风险的结构。

接着，在2013年和2014年这两年，他旗下的嘉华财富业务板块也面临着非常大的压力。这两年市场形势变化非常快，同行业的不规范行为非常明显。老牌的财富管理企业受到了很多市场的挑战，受到所谓"流氓打法"的进攻，包括飞单、挖人等，这曾经让刘英魁在一段时间内方寸稍乱。后来他发现，要解决这些问题，做法其实非常简单，就是把自己做好。

如何做好？他从企业的价值观中找到了答案：专业创造价值。而专业就体现在如何解决问题上，针对这个问题，第一个要做的就是舍得花钱，花钱找专业的人去打造专业；第二个就是找到和培养专业的人。首先是用开放的平台、开放的心胸去到全市场找到最优秀的人才，其次是去培养、培训自己的干部。后来，公司顶住了市场的压力，不断地强化团队专业能力，为客户配置优质的产品，积累了大量的优质产品和优秀人才，为后来业务的扩张打下了基础。

坚守和恒心

在创业的过程中，刘英魁一直在思考一个问题：一个企业到底要长成什么样？在市场上，很多企业追求的都是当期指标，市场上什么东西好卖就去卖什么，企业的掌舵者们可能坐在屋子里就把目标定了。还有很多企业在盲目地充规模，为了充规模导致他们放弃了很多企业核心价值的东西。

他经常问自己：一家财富管理公司难道只是去赚销售费用这点儿钱吗？在2016年，他去华尔街考察了一个公司，这家公司总共才12个人，却能够做出一年上亿元的利润。究其原因，他们追求的是绝对收益，并强调在产品端配置的严谨性。正是这种严谨的态度，让他们在给客户做资产配置时能够真正去找最好的资产，真正让客户赚到钱。只有客户赚到了钱，企业才能同步创造利润。

中天嘉华的财富管理业务在开展过程中，逐渐配置了大量的浮动收益类产品，这些可分配收益的资产将在未来几年内持续地为客户创造收益，并相应为公司带来利润。"这个产品好卖，我们赶紧拿来卖"，中国有太多的财富管理公司都是这样做的，很少有公司在坚守独立第三方的理念。很多公司都在做一个类似"搬砖"的行为，简单地将一个地方的砖搬到另一个地方，利用搬砖这一机械性的行为赚钱。刘英魁不这么做，他一直不停地问自己，如果自己的公司也去"搬砖"，今年搬了200亿元，那明年的200亿元在哪儿？搬砖的市场总会越来越小，不可能保证每年都有同样的利润增长。于是当大家都在搬砖时，中天嘉华坚持做独立第三方，坚持给投资人精选产品，让客户真正从产品中获得高额收益，给客户实现了一个长期的盈利。

刘英魁在企业管理的过程中，非常重视价值观和文化，他认为，企业的价值观和文化是做企业的根本。他曾给员工推荐一本书——《高盛帝国》，这本书讲述的是高盛从一个小的犹太的券商零售，发展成全球最大的金融帝国的故事。今天的高盛已经远远超出了一个金融机构的概念，美国的很多政要、各界精英都是高盛合伙人出身。一个企业的成功，一定有他根本有别于别人的东西，这些东西肯定不是短期利益和投机性的思维，而能让一家企业穿越百年的就是他的精神和价值观。

中天嘉华一直在行业内深扎根，从未改变初衷。在财富管理业务中，没有改变独立第三方的坚守；在金融科技业务中，没有改变助力企业成长的初心。坚守底线、坚守初心，这或许也是国内外优秀的投资机构选择中天嘉华的原因。并不是刘英魁和他创立的企业有多么强大，而是浮躁的行业和市场中太缺乏坚持的人了，能坚持这么多年，是非常不容易的事情。在这个坚持的过程中，一些管理层人员的思想曾产生震荡，考虑短期利益，他手下的一些员工曾急着挣快钱，选择离开。但是他知道，虽然不能保证所有的管理层、员工都跟自己有着共同的理念，但是他还是努力要把自己和企业做得越来越好，坚持理想和技术路线，甚至是坚持他内心深处的那一点点情怀。

巴菲特定义一个好企业的标准：长。如果一个企业能够做得长远，一定是一个好的企业。越长，越能证明企业的价值和生存能力。他正是秉持着将一家企业做成百年老店的理念，坚守着自己的价值观，才让自己创立的企业生存了将近20年，并且未来将持续发展下去。

感悟——如何做好一个企业

创业路上充满了各种各样的不确定性和市场风险。如何对市场保持一颗敬畏之心？如何做好一个企业？这是一个企业掌舵者时时刻刻需要思考的问题。

刘英魁曾经给高管们写过一句话：Doing well by doing good。这就是他找到的答案。怎么做一个好企业？通过做一个好企业而做

中天嘉华信息干部大会

好一个企业，在自己去做一个好企业的过程中去做好一个企业，这就是"Doing well by doing good"的含义。这个答案看上去挺难理解，听上去也挺拗口，但其实道理非常简单，它回到了"企业的本源到底是什么"这个问题。

什么是一个真正的好企业？对客户不负责任绝对不是一个好企业，对社会不负责任绝对不是一个好企业，对员工不负责任绝对不是一个好企业，对股东不负责任绝对不是一个好的企业，对明天不负责任更不是一个好的企业。只会哄大家开心的不是一个好企业，只会哄股东开心的也不是一个好企业。真正的好企业永远是客户第一、员工第二、股东第三。当客户都满意了，员工一定会开心，员工都开心了，股东一定会有收益。所以，一个好的企业一定是尊重客户的企业、尊重员工的企业、重视股东的企业。

刘英魁认为，企业的发展其实就是发展人。在用人上，刘英魁推崇曾国藩的思想：广招、勤教、慎用、严绳。判断一家公司的好坏，其实就是看一家公司有多少好干部，这些干部要么自己发展，要么从外面引进，如果人才上没有发展，即使账面数字好看，也不是长久的。第一个概念是广招，就是把好的人请过来；第二个概念是勤教，就是统一思想，告诉员工我们的价值观、行为规范是什么；第三概念是慎用，用人要相对谨慎，但一旦决定就要大胆用人；第四概念是严绳，一定要对干部严格要求，要让员工自己养成好的习惯，严绳不是绳之以法，而是让员工对自己严格要求。很多公司都讲人性关怀，但是其实真正的管理不能完全这么做。严绳是一种习惯，是员工对自己提出的自我强大的要求。

他看过一个让他感触特别深的报道。世界上最大的玩具生产商——乐高公司——有一个特别大的战略合作伙伴，这个合作伙伴就是壳牌，每年乐高都从壳牌那里获得巨大的收益。但是，乐高做过一个非常艰难的决策，跟壳牌中断了所有的战略合作。为什么？

因为壳牌当时决定开采阿拉斯加的石油，而美国人认为开采阿拉斯加的石油会破坏美国的生态环境，很多美国人对此非常反感。乐高的说法是："我是一个做儿童玩具起家的企业，我要让我们的所有孩子生长在一个非常健康的环境中，生长在一个非常美好的世界里。所以我只能跟壳牌终止战略合作。"在我们中国人眼里，这是一件不可想象的事，对于一个企业来说，它纳税了，并且承担了相应的社会义务就已经足够了，根本不用去考虑跟自己本身没有关系的社会问题。但是，乐高秉持着要做一个优秀企业的理念，赢得了社会的尊重。乐高和它的产品始终保持着高度一致的追求：宣扬一种新、一种美、一种自然的文化。乐高的报道让他感触非常深，一个好的企业不一定要做大、做强，但是一定要宣扬一种美好的、向上的理念。

刘英魁希望自己所创立的企业能够给员工、股东带来价值，给社会带来价值，这种价值不仅仅是商业层面上的价值，还有社会层面、精神层面的价值。他为此努力了近20年，并将为了这个目标继续奋斗下去，把自己所创立的企业打造成为一家受人尊敬的百年老店！

（原文作者：中天嘉华集团　整理修订：刘佳）

09 ┃ 深耕杏坛的创业英才

——臧海鹏

　　他曾是象牙塔里的高材生，却出乎意料地"跨界"，选择开创了自己的"教育王国"。十八年里，由他创立的飞跃教育集团，从一家默默无闻的英语单科补习班，成长为东北地区规模最大、在全国颇具影响力的K12全学段、全学科的教育机构之一。

　　师者仁心。他热爱教育、喜欢学生、痴迷教学，他始终不忘"用真心做良心教育"的初心，坚持特色办学、品质立校，为无数学子铺就了圆梦名校的成功之路。他就是飞跃教育集团创始人、总校长，东北大学1995级计算机专业届毕业生臧海鹏。

校友简介

　　臧海鹏因品学兼优被保送至东北大学，是1995级计算机专业本硕连读班学生，获工学硕士，并取得北京外国语大学应用英语辅修学位，曾获全奖赴美攻读博士学位。20岁起即开始主讲高考英语，大学英语四、六级及考研英语课程。其授课因"强度大、节奏快、观点新、气氛活、效果佳"而被教育培训界公认为"全才式传奇人物"。

臧海鹏，现任中国民办教育协会培训教育专业委员会副理事长、辽宁省民办教育协会副会长、沈阳市民办教育协会副会长、辽宁省教育评价协会常务理事，先后获得"2006年沈阳十大杰出青年""2008年辽宁十大杰出青年""五四奖章""辽宁省民办教育先进工作者""全国民办杰出校长"等荣誉。

臧海鹏与辽宁男篮主教练郭士强（左）当选2008年"辽宁十大杰出青年"

本人感言

每一位创业者，不是要尽力，而是要全力以赴；不是要坚持，而是要坚持到底。因为当你摇摇欲坠时，你的对手可能已经倒下。

创业故事

创业，怎一个"创"字了得

臧海鹏的传奇经历始于学生时代。大一、大二期间，作为当时由全校最优秀的学生组成的1995级尖子生班的班长，他是全班第一个一次性大学英语四、六级考试成绩均为优秀的学生，同时开始了自己的"执教生涯"，他辅导同学四、六级英语，在校外培训机构主讲高考英语。

2000年暮春时节，伴随着中国民办教育和校外培训教育快速发展的潮流，刚刚高分通过GRE和TOEFL考试、仍在读研的臧海鹏按捺不住创业冲动，怀揣着对教育行业的挚爱，毅然选择创办了飞跃教育。从此，"飞跃"这一响亮的名字开始被沈阳这座古老而有魅力的城市里的人们关注，其办学足迹先后遍布东北近20个城市。

创业艰难百战多。办学之初，面对不为人知、资金紧张、同行打压、营商环境不佳等重重困难，臧海鹏顶住压力，既亲自授课，又兼顾完成学业及科研项目，每天一顿饭，四五个小时睡眠，几乎是他当时生活的常态。不到一年时间，他原本就单薄的身板变得更加消瘦，体重从115斤锐减至99斤，那时的业内同行提起臧海鹏，大多称其为"工作狂""拼命三郎""狠人儿"。

飞跃成立之初，只有一本"山寨"版自编教材、一间狭小办公

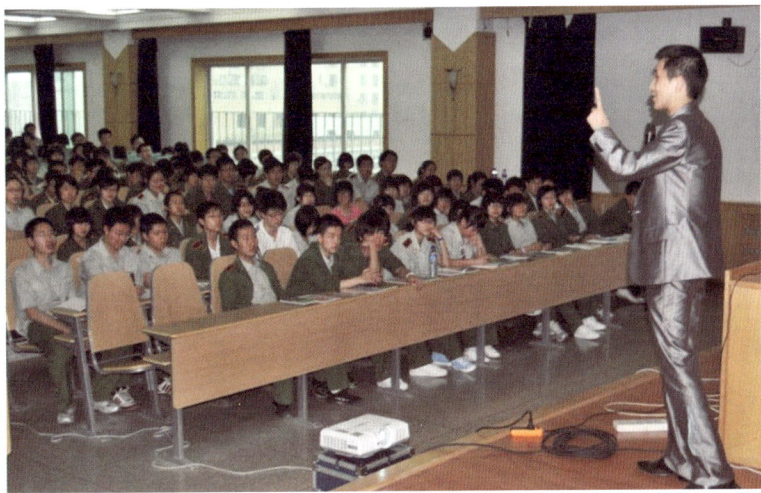

臧海鹏在"英语大课堂"上为学生授课

室、一个教学点、两名教师。当时，一些品牌教育培训机构已经门庭若市，而臧海鹏只能从零做起，身边的不少创业小伙伴儿也先后选择了放弃。2000年的平安夜，在空荡荡的教室里仍坚持给现场仅有三名学生做两个半小时讲座的场景，至今令他挥之不去、难以忘却。经过短短两年的时间，臧海鹏的课堂就已动辄坐满百人甚至千人以上，他的"英语大课堂"很快成为辽沈培训界的风景，直至今天，臧海鹏的品牌课程仍时常"一座难求"。

他山之石，可以攻玉。创业之初，结合在"新东方"的学习经历，臧海鹏要求自己的飞跃教育在教学、教研、企划、服务等各个环节均要"对标"新东方，尤其是在教学、教研方面要勇于超越新东方。他还多次前往北京、上海、广州等地的民办教育机构实地考察取经，集众家所长，并结合自己对教育教学的理解，不断打磨和推出自己的教学产品。

为了更深入地了解考试、研究教学，他不惧权威、不辞折腾、厚着脸皮、硬着头皮登门拜访并结识教育部考试中心、大学英语考委会的许多专家和省、市教研员，使飞跃教育的课程研发从一开始就站在了比较高的起点上。经过多年的创业摸索，臧海鹏已将学校由单一从事英语培训的机构，升级为致力于中高考考前辅导、中小学各年级全科辅导、中学学历教育、衔接式（幼升小、小升初、初升高）教育、拔尖特长学生培养及学业规划指导等业务的综合性教育集团。同时，他提出了飞跃教育清晰的办学理念和愿景，即满足学生的选择性需求，担当公办教育的有力补充，缓解青少年学生升学考试压力，提升学生学习策略和效率，有效提高考试成绩，在应试教育的层层藩篱下为学生圆梦名校、全面成长成才助力。

著名教育家陶行知先生曾经说："校长是一个学校的灵魂，一个好校长带领一批好教师，才能办出一所好学校。因此，从某种意义上讲，一个好校长就是一所好学校。"历经十八年的不懈奋斗，臧海鹏所带领的飞跃教育，现已拥有7000米²的现代化总部大楼、50余个教学区、500余名教职员工、500余本自主研发的系列教材，成为莘莘学子名副其实的第二课堂、精神指引和动力源泉，使得他们从失败走向成功、从平庸走向卓越、从优秀走向辉煌，引领他们学会做人、做事和求知。"对于办飞跃，我是享受的，我是快乐的，我没有一天把它当作一份辛苦的工作。"臧海鹏常常说。

亲力亲为，狠抓质量

飞跃教育的成功源于过硬的办学质量、不断创新的办学模式和强烈的品牌意识。在飞跃，"质量就是生命""劳动只是'应该'，唯有创造性劳动才是'光荣'""口碑就是渠道"，等等，这些由臧海鹏提出的个性鲜明的办学理念和口号，已成为其团队文化的重要体现。

搞教育必须遵循科学的方法和基本的逻辑，任何形式的"走捷径"都要付出代价。作为学校的创办者，臧海鹏坚持亲身感受并经常性参与教育教学全过程，时时刻刻体察和把握教育规律及市场的变化，狠抓教学教研质量及配套标准的落地实施。

著名教育家苏霍姆林斯基曾说："教育——首先是'人'学。不了解学生，不了解他的智力发展，他的思维、兴趣、爱好、才能、禀赋、倾向，就谈不上教育。"教育是人学，要教育人、塑造人、发展人，首先要了解学生。了解学生就必须走近学生，对此，臧海鹏始终"铭于脑，付于行"。他本人一直坚持亲临一线讲台，为大、中学生主讲授英语和学业规划课程，每年的授课时间总量达600小时以上，亲自听课和培训教师的时间总量在300小时以上，这种做法和工作量业内罕见。创业之初，为了兑现对学生的承诺，臧海鹏甚至曾在课堂上一边挂着点滴一边为学生上课，学生无不为之动容。有的学生甚至多年以后还曾深情地回忆：那一刻，讲台上的臧老师，在我们的心中就是一座丰碑。十八年来，听过他亲自授课的学子已超过20万人次，在他的倡导下，飞跃教育现有的多位副校长（副总裁）也常年坚持在一线讲课。臧海鹏所倡导的这种做法，确保了学校管理层对教育教学质量监控"监"到了点上、"控"在了实处，这样也就确保了飞跃教育始终过硬的教学和服务品质。这一做法还造就了一批教育业界"管理、经营与教学教研三位一体"的专家型、全能型青年管理人才。

臧海鹏的精彩授课深深吸引了学生们

一流的学校来自一流的教学，一流的教学离不开一流的教研。为了讲好每一堂课和每一场报告，为了亲自给老师们做好示范，多年来，他坚持研读《中国考试》《外语界》《教育信息技术》《中小学外语教学》等十余类国家核心学术期刊，累计撰写了近三百万字的教研笔记和备课笔记。他在百忙中还先后到斯坦福大学、华盛顿大学做短期访学，并参加了东北师范大学教育学博士课程进修班。

多年来，臧海鹏还先后担任《中国高考年鉴》《大学英语》《洞穿考研》《辽宁招生考试》《招生考试通讯》等多部权威著作和期刊的丛书总主编、特约编委或学科审读。作为课题组的负责人，他还主持了全国基础教育外语研究资助金项目的重点课题"外语教师发展机制研究"和中国教育学会高专委的"基于云平台的东软睿云中学全科测评与诊断系统"项目，相关课题成果已在河南、山东、辽宁、吉林等地的许多学校进行了推广，获得了较好的实践效果。他撰写的"外语教师素质培养与教学艺术"等论文，曾获"2003—2004学年度全国基础教育优秀外语科研论文"一等奖。2005年8月，在第三届IATEFL（国际英语外语教师协会）中国分会的学术年会上，他发表的学术论文"二语教学中的协作式教学模式"（*collaborative teaching models for EFL teachers*）被评为大会一等奖论文。今天，当你随时走进臧海鹏的办公室和工作室，会看到书架案头上摆放着的画满各种符号、近乎翻烂的经典文献和修改了一遍又一遍的讲稿和教材，你就会从一个侧面体会到臧海鹏及其领导的飞跃教育成功的根源所在。

在运营模式方面，臧海鹏始终保持必要的发展定力，没有盲从业内盛行的"加盟连锁"模式，而是实行"总部统一领导下的直营分校负责制"，即总部负责投资与财务管理、总部任命分校校长并对其实施绩效考评、总部统一培训管理教师资源并监控教学质量和分校招生服务及日常管理属地化。经过多年的实践证明，这种运营模式有效地把控了教育教学质量，有力推动了学校又好又快发展。

教育教学的质量高低，关键取决于师资队伍建设和管理水平是否完善和先进。为了避免松散管理，学校对兼职教师原则上不予聘用，并先后出台了一系列专门针对讲课教师的管理制度，提出了针对讲课教师的教学（教材、讲义、授课）准确性、续班率、成绩提高幅度、服务学生问卷打分等一系列的KPI考核指标，不断强化整个教学团队的成就感、使命感和危机感。为了把强烈的质量意识转化成有效的行动，臧海鹏特别强调讲课教师必须具有强烈的"再学习"意识和职业发展的危机感。学校通过外聘一流专家到校讲学、选派优秀师资岗位进修、与省市教研室教研活动同轨同步、工作坊半月谈等形式,将"再学习"落在实处。

名师就是形象、就是旗帜、就是核心竞争力。臧海鹏始终将打造一批"品牌名师"团队作为一项常抓不懈的系统工程。迄今为止,飞跃教育的许多专职教师已经成为莘莘学子推崇的业内名师,教师中先后有3人当选省级以上学术机构的副理事长、副会长,9人次获得省、市级教育先进工作者和优秀教师。这些备受学子们尊崇的名师,不仅具备完整的知识结构、严谨扎实的教学作风、生动幽默的口才和流畅的表达能力、热情乐观的态度性格,更拥有对学生的无比真诚和人性光辉。"品牌教师"也培养出一大批"品牌学员",使飞跃教育的品牌更加深入人心,十八年里,飞跃教育一直牢记并恪守"以事实证明教学实力、以成绩体现教育水平"的基本准则,创造了自己的高度,飞跃的学生也创造了自己的高度。在飞跃学习过的60余万人次学子中,曾先后有2名学员获得"考研政治单科全国最高分"、3名学员获得"考研英语单科辽宁最高分"、9名省级高考总分状元、17名市级高考总分状元、3名市级中考总分状元、370余人考入北大、清华、港大等世界名牌大学,3.2万余人考入"985工程"等国家重点大学,1000余人考入省实验、东北育才等一流高中。尤其值得一提的是,许多原本成绩平平、甚至毫无希望的孩子,通过携手飞跃,书写了自己毫不逊色的青春,有力地支撑了"走进飞跃,人人成功"的办学目标和理想。

聚焦特色,持续创新

教无定法,学无定式。面对激烈的行业竞争,是否具有持续的创新能力和鲜明的办学特色,是民办教育机构兴衰成败的关键。"我们工作的每一个环节,唯一不变的就是变化。每个人都要学会追问:我今年的新变化在哪里?给学生提供的新价值在哪里?"臧海鹏总是这样要求他的属下。

他历来主张校外教育机构不能成为公办学校教育的附庸或重复，飞跃教育的重要创新能力之一体现在，不应单纯讲授学生在学校所学的课本知识，也不是简单告诉学生如何机械地"刷题"，而是要依照考纲和课标，紧密结合学生的学情和考情，有针对性地解决校内教育没有解决好的教学"痛点"和育人"盲点"。在国内顶级专家的指导下，他的团队先后研发出了针对各培训项目的课程体系，校本教材也高度注重科学性、系统性、实用性、独创性和前瞻性。其中，《高考考前强化课程丛书》《中国高考年鉴》等高考类的经典教材，历经近20万人次学生的课堂检验和百余名业内"大咖"的精雕细琢，已成为高考辅导业界的标志性用书。

针对多数学生中普遍存在的英语学习"投入大、收效低"的问题，面对"汉语环境下的英语学习"这一客观事实，臧海鹏结合他多年的学习和教学实践，将"图式认知理论"与"读写结合""精泛结合"等教学法结合起来，系统地提出了一整套"整体语篇教学法"（the whole language approach）。不少学生在听过课之后，学习方法对路了，兴趣提高了，成绩得到迅速提高。

臧海鹏的创新不单单体现在课堂教学中，更体现在教育理念上。苏格拉底曾说："教育是火焰的点燃，而非器物的填充"，教育最生动的场景，正是生发于思想、情感、质疑、探究的交流与碰撞之中。飞跃教育把提升学生的能力与核心素养作为教育教学的根本目标，针对一些非学历教育机构纯粹以题海战术重复学校教育教学方式的情况，臧海鹏特别强调，飞跃应该送给学生的首先是灵感、兴趣与信念，然后才是知识与方法。这种愉悦的学习体验保障了学生持续、旺盛的学习动力，进而实现自我激励式的自觉学习，在体验自信与成功的过程中变得更加智慧、爱上学习，并且轻松通过各类考试。

在教育信息技术方面，臧海鹏在2012年即开始系统地将云计算、大数据等技术与现代教育测量技术深度融合，通过深入研究学生对不同学科的认知规律和遗忘规律，研发出"基于问题导向的高中生学科评测诊断与服务推送系统"。该系统在试题属性标定、数据深度挖掘、服务闭环流程等顶层设计方面的独创性和实用性，得到了业内人士和广大家长、学生的好评。

在指导咨询方面，面对新高考改革的新政策、新挑战，臧海鹏又超前组织飞跃研发团队，通过与北师大心理学院、东软集团等开展务实合作，研发出"高中生生涯规划与选科指导系统"，通过对学生各学科的学业潜能、学科兴趣、未来职业性向等因素的综合分析，对学生的选科、报考提出重要参考建议。

臧海鹏在本溪高中做自主招生培训讲座

在创业路上，臧海鹏始终思虑的，是如何将飞跃教育打造成可持续发展的品牌。他认为，教育品牌既代表了教育机构对消费者的质量承诺，更代表消费者对其水平的信任，在教育竞争日趋激烈的时代，教育机构可持续发展的后劲归根结底取决于其品牌建设能力。飞跃教育与同类机构相比，在硬性广告宣传上的投入并不是很大，但它的许多学习班报名的火爆程度令人难以置信，有时为了报名飞跃教育学习班，学生家长经常要在清晨五点就开始排号，时常出现几百个座位不到半天就被一抢而空的现象。出现这种人潮涌动"盛况"，其原因在于飞跃教育赢得了学生及家长的充分认同，在特定的目标群体中培育了扎实的美誉度和忠诚度，进而成长为服务于特定群体的教育品牌。

鉴于飞跃教育取得突出成绩，民进中央副主席、中国民办教育协会会长王佐书，国家教委原副主任柳斌，教育部原副部长张天保，中国教育学会会长、北京师范大学资深教授顾明

飞跃教育获评"全国先进民办学校"

远等众多国家级、省、级、市级领导和专家为飞跃教育题词或莅临学校指导考察。近年来，学校先后被中国民办教育协会、中国教育学会、国家基础教育实验中心、辽宁省教育厅、辽宁省民办教育协会、沈阳市教育局、沈阳市民办教育协会、沈阳日报、华商晨报等多个权威机构和媒体评选为"全国先进民办学校""首届全国课外教育领军品牌""全国外语实验学校""辽宁省民办教育优秀学校""沈阳市民办教育规范化办学先进单位""沈阳市民办教育优秀学校""百万读者心中的诚信学校""沈阳市民最信任的教育品牌"，北京、天津、南京、西安、济南、青岛、杭州等地的许多品牌教育机构，还专门组织教职员工来沈调研学习"飞跃现象"。

不忘初心，回报社会

在飞跃教育快速发展的同时，臧海鹏始终不忘自己肩负的社会责任，努力用爱心回报社会。他经常讲："我曾经也是个穷学生，许多同龄人也比我优秀得多。在创业过程中，自己虽然付出了很多，但收获更多，要永远感谢那些曾经支持我、理解我、包容我的学生和家长，要感谢这个开放了每个人生命的精彩时代。"

自飞跃创办之日起，臧海鹏就要求飞跃的所有校区、所有课程都要为特困学生提供学费减免的机会，并以同等热忱为他们提供服务。在飞跃，大家都知道臧校长心肠软、好说话，只要是有困难的学生家长求到他，他都会像给亲戚办事儿一样热情接待，督办落实。在飞跃创办至今的十八年里，他不同程度地为近1万名贫困学生减免学费，金额超过3000万元。臧海鹏以个人名义默默资助了二十余名家庭困难学生，有的学生获得他资助的时间长达五六年之久，金额连他自己也记不清楚了。每当别人问他这样做的目的时，他总是微微一笑："这是个好孩子，真的很困难，举手之劳，我们应该帮帮他。微不足道的付出，可能会给孩子的人生带来光明和希望。"

臧海鹏多次带领教师团队走进朝阳、阜新、岫岩、开原、新宾等贫困地区的学校义务讲课，应邀在中央电教馆、新浪网、腾讯网、辽宁电视台等媒体为大学生、中学生做义务讲学或考前辅导，产生了良好的社会反响。迄今为止，飞跃教育向东北地区的莘莘学子累计赠书20余万册，价值超过500万元，先后赞助大中学校校园活动经费超过300万元。

另外，飞跃教育先后为三百余名品学兼优的大学毕业生安排了实习或工作岗位，这其中有许多人还是飞跃当年的学生，是臧海鹏当年的"铁粉儿"。他们是在学生时代通过在飞跃的学习喜欢上了教师这个职业，又在大学毕业进入飞跃职场之后，实现了自己的青春梦想。

值得一提的是，2004年，当民办学历教育处于低谷之际，臧海鹏竟先后斥资近1000万元，扶持了一所濒临倒闭的民办中学，目前该中学在校生已近2000人，许多进城务工人员子女从中受益，此举令业内同行难以置信并钦佩不已。

建言献策，勇于担当

作为东北地区唯一一位中国民办教育协会培训教育专业委员会副理事长、辽宁省民办教育协会最年轻的副会长，臧海鹏经常活跃于各类官方座谈会和调研会上。为了推动民办教育的良性健康发展，他敢于直面问题，通过大量调研和持续谨慎思考，不断在各类会议中提出关于民办教育发展的独到见解和改革方案。他先后参与过《中华人民共和国民办教育促进法实施条例》《全国中小学校外培训机构自律公约》《辽宁省非营利性民办学校认定管理办法》《沈阳市教育局关于促进民办教育发展的若干意见》等法规政策文件的起草调研和座谈，许多观点建议被《中国教育报》《中国青年报》、中国教育电视台、辽宁卫视、沈阳新闻等媒体采访报道。作为辽宁省教育评价协会中唯一一名来自民办非学历教育机构的常务理事，臧海鹏还担任了辽宁省民办教育学校质量认证体系课题组成员，参与省民办非学历教育培训机构质量认证体系的制定。

"当年选择创办飞跃，就是起于'热爱教育、热爱学生'的简单逻辑。"在臧海鹏看来，十八年创业路远不只是一次观光，更是一次充分的发育。"因为爱所以爱"，因为热爱，所以执着，面对各种诱惑和艰辛，他将自己人生中最美好、最宝贵的一段岁月只用来做一件事：办教育！十八年，他有过煎熬痛楚、跌宕起伏的日子，但更多的是柳暗花明的喜悦，是创业者和奋斗者的欢声笑语，是飞跃人分享收获与成功的甜蜜。

永不懈怠，继续"飞跃"

当前，随着市场对更高品质教育资源的追求，随着资本和互联网对民办教育的冲击性影响，中国的民办教育面临新一轮洗牌，全面进入"剩者为王、品牌为王"的时代。逆水行舟、不进则退，在臧海鹏看来，十八年后的今天，远不是举杯庆贺、高枕无忧之际，恰是开拓创新、砥砺前行之时。作为一名资深教育人，臧海鹏深知，飞跃如若不想成为一个"在偶然中成功、在必然中消失"的"昙花一现"的品牌，就要树立起更为远大的教育理想和情怀，在内部管理与品牌塑造上不断超越同行、在服务上不断超越公办学校、在品质上不断超越自我。他说，飞跃真正的对手只有一个，那就是飞跃自己！而新一轮业务模式的升级，新一轮质量标准化的建设，将是新时期飞跃教育内涵式发展、跨越式提升的关键。

未来学家托夫勒曾语，"未来象征着许多积极的事……我们要用行动创造未来"。我们有理由相信并期待，在未来的发展道路上，凭借"用真心做良心教育"的痴情与执着，臧海鹏和他的飞跃教育一定能够创造出更多的教育奇迹，不断飞跃出新的高度！

（原文作者：飞跃教育集团　整理修订：高广）

10 | 不忘赤诚心，终有好运来

——张威

校友简介

张威，1979 年 2 月
出生，河南省方城县
人。2000 年 6 月毕业于
东北大学秦皇岛分校工
业自动化专业，同年进
入大连聚成环保设备有
限公司，成为一名技术
工程师，2002 年 9 月至
2005 年 1 月，考入浙江工业大学控制工程与控制理论专业攻读研究
生，2004 年 11 月，创立杭州英联科技有限公司。

没见到张威之前，我从仅有的一点信息开始在脑海中对他做了
一个初步的刻画：2004 年成立杭州英联科技有限公司。仅用了十
多年时间，将公司的销售额从无到有，做了到三千多万元。有这样
辉煌的履历，和他见面时，他应该是西装革履、侃侃而谈，就像大
家所熟知的马云采访视频一样，对创业这个事儿指点江山、激扬文
字。抱着这样的心态，终于在一个下午，在张威公司，见到了张威
本人，真的让我一愣，果然"闻名不如见面"，和我之前想的全然
不同。一条七分裤配拖鞋，再加上一件浅色格子衬衣，没有光鲜的

衣着、没有锋芒的气势，见面的时候，他站在我的面前，笑着和我打招呼，说："叫我张威就好"。我细细打量着，都不敢相信，一个三十多岁就把自己公司做到年销售额几千万元的老总，会是这样的朴实。我心里难免特别好奇，是什么样的经历和心态，让张威能够在创业十几年，直到今天，还依旧保持着这样一份热情和赤诚。

我们在一个会议室坐下，还没等我提问，张威就开始叙述起了自己的故事。我印象非常深刻，他说的第一句话是："其实我走到今天没有什么特别的故事，母校邀请我回去做报告，真的是惶恐，我远远不够的。"在整个访谈的过程中，张威一直都强调这句话，让我几乎忘记了，他应该是我们眼中的成功者，在今天"大众创业，万众创新"的时代背景下，他是一个先行者，更是一个贴近我们生活的成功创业者，他的故事和他给我的第一印象一样朴实，但却能坚定地穿过十几年的光阴，和时代的旋律紧紧结合在一起，他的故事，值得一叙。

有缘千里会东秦

大学对于每个人来讲，肯定都是难以忘怀的一段记忆。我问张威，当时填志愿怎么就选了1000公里外的东北大学秦皇岛分校，有没有什么特别的故事？他想了半天，腼腆地笑了笑，说，真没有，真要说特别，就是阴差阳错、缘分到了吧，当时也没条件能够全国各地见识一下，知道秦皇岛这个地方，还是高中的时候，看到毛主席写的那首"大雨落幽燕，白浪滔天，秦皇岛外打鱼船"，觉得特别有意境，所以就这样到了东秦。随即，又笑着补了一句："选择东秦，真的是我前半辈子最美好的一个决定。"

话匣子一下打开了，他开始给我描述那个年代他记忆里的东秦。1996年刚到东秦的时候，说实话，条件真的非常艰苦，整个学校面积不足200亩，宿舍、食堂甚至操场，都显得非常破旧和寒酸，远远不像现在的东秦这样恢宏大气。但也正是在那样刻苦的环境下，全校师生都铆足了劲，拼命向前冲，学校虽小，但大家其乐融融、书声琅琅，学习氛围非常好。说到这儿，他停顿了一下，指了指自己，说，"你看，我个子比较小，乍一看不那么让人信服，但是，大学三年级时可是当上了班长的，也是在那一年，1999年，加入了中国共产党。"他当时在班里人缘特别好，和班上同学都玩得来，谁有啥事儿找他帮忙，保管二话不说就去了。我想，也许正是这样简单但真诚的行动，让大家选择了张威来当班长吧。

1998年张威校外实习时与同学们的合影

张威自豪地给我介绍，现在公司的两个副总，都是他本科的同学兼室友，我详细地询问了这两位副总的情况后，对张威真诚的性格有了更深层次的了解。其中一位副总，陈云，2004年听到张威刚刚创业时，就毅然辞去了工作，背着大包小包就到浙江开始一起干了。张威当时是既开心又感动，同时又十分惶恐，开心的是老同学一起奋斗，精神百倍；担心的是万一创业不成，就耽误了老同学。张威说道，他心里真的没底，一穷二白、没关系没门路这样创业，谁也不敢打包票。果然，公司成立将近一年，入不敷出，甚至连发工资都存在困难。在这样的情况下，陈云由于出色的工作能力，被国际巨头施耐德电气认可，对方想花高价挖过去。我连忙问道，为这个事情你们有过冲突吗？张威笑着说，这能有什么冲突，喝了一顿酒，我就帮陈云收拾好东西，他就去施耐德电气上班了。我更加好奇，那陈云现在怎么成了公司的副总呢？张威想了想说，陈云去了施耐德，但心里一直都是牵挂着老同学的，也时刻关注着公司的发展动态。在2010年公司发展遇到了瓶颈时，又主动带着施耐德的资源和技术，来喝了一顿酒，又加入了公司，公司发展到现在，陈云帮了很大的忙。我在一旁听着这个故事，真是精诚所至，金石为开，完全是张威个人的人格魅力，让这段故事能够这样发展，做到了好聚好散、好散又好聚。我这样感叹着，张威摆摆手说，没这么夸张，就是东秦的四年校园时光，大家难以忘怀，那段青葱岁月的缘分，才让大家又走到了一起。公司的另一名副总，朱祥清，被张威笑着称，花八百块钱买回来的，是另一个更奇妙的故事。当时是2000年的7月份，大家基本都毕业离校了，张威都已经在外面实习几个月了。回校办手续的时候，听到了关于室友朱祥清的消息：朱祥清坐火车回福建老家，路上疏忽，所有行李证件都被偷了，身上没有一分钱，扒火车回的秦皇岛，现在在学校，也不知道该怎么办。那时候也不像现在，人人一部手机好联系。张威说，他找了大半个学校也没找到人，但又急着回去上班，没法耽搁，就委托下一届的一个老乡，将八百块钱转交给朱祥清。讲到这儿，我仔细地算了一下，2000年的时候，八百块差不多是一个正式职工的一个月工资，张威也只是在公司实习了几个月，哪里能轻易拿出这笔钱？张威回答我说，其实当时他兜里也就不到一千块钱，但想着公司包吃包住，室友又遇到这种情况，没有多想什么，就想着东秦四年的感情，一个宿舍的哥们儿，就毅然拿了八百块钱出来。投之以桃报之以李，朱祥清在和张威创业的这么多年里，一直不离左右，即使公司效益不好，工资不能正常发放时，也任劳任怨，从未离开过一步。我笑着和张威打趣说，当时这八百块钱花得值啊，不仅买回来这么一个左膀右臂，也成就了这么美好的一个故事。

两个故事，同一个主角，其实，我想不是在东秦的四年缘分成就了这两段佳话，而是张威自己，他热情和赤诚的内心，书写了这一段和东秦有关的缘分。如果不是听着张威口述这些十几年前的记忆，点点滴滴，有名有姓，我都不敢相信这种只会在电视剧里出现的美好情节，实实在在地发生在了我们的生活中。而且，演绎得比电视剧里更加真实和精彩。母校对于张威来讲，是培养他的地方，是张威记忆里难忘的回忆。但同时，张威对于母校来讲，也用他那些交织着自己和校友的命运轨迹，在东秦的身躯上画下了平凡但热忱的一笔。没有东秦，肯定就没有现在的张威和这些合伙人；也正是因为东秦，当年这些年轻人才从千里之外的祖国各地走到了秦皇岛，演绎了故事的开端，真是实在地诠释了那句话：大学，是梦开始的地方。张威听了我说的，大笑着补充说，不仅仅是梦开始的地方，也是爱情开始的地方，他要感谢母校，他现在的妻子，也是东秦毕业的，和他是校友。好吧，有缘千里会东秦，这样一来，什么缘分都有了，故事变得更加美好。

1999年东秦校园内的张威（左边为文中提到的朱祥清）

中流击水遏飞舟

我很好奇张威这段创业成功的经历，以及是在什么样的条件下决定创业的。因为他2000年毕业后，工作过一段时间，于2002年考上浙江工业大学信息工程学院硕士研究生，按照当时的情况，2005年顺利毕业后，一般人都会选择去企业工作或者继续攻读博士学位，张威怎么会想到了创业呢？当时创业在国内还是很非主流的事儿，远不像现在。面对我的疑问，张威又谈到了"巧合"，在浙江工业大学读硕士期间，他一直在一家公司实习工作，一方面积累一下工作经验，另一方面也减轻生活负担。临近毕业的时候，实习的公司由于战略问题，已经无法再继续经营下去，只能进行公司改制，裁掉了大批优秀员工。张威看在心里、急在心里，几年的同事就要这么散了，但是他无能为力，恰好这时候，公司里一批员工经过商量，派代表找张威谈，希望他能够领着大家继续做下去。就这样，张威经过一番思考之后，于2004年成立了杭州英联科技有限公司，开始了创业生涯。在这里，我稍微打断了张威一下，问了几个关键性的问题：第一，为什么员工推举他带着大家继续干；第二，为什么他有勇气带着大家继续干。张威思索了片刻，这样回答，为什么员工都推举他，他至今也没有想太明白。可能是因为当时与大家相处的时间里，大家觉得他对人热情、踏实肯干，而且对产品有一些独到的见解。至于带着大家继续干的勇气，他说，也算不上是勇气，因为平时泡学校实验室比较多，所以对学校实验室的设备有很深刻的了解，而公司正是做高等院校自动化类实验设备的，他觉得自己读这个专业这么多年，应该能凭借专业知识，带大家闯出一番天地。讲到这儿，张威边摇头边补充道，当时真是初生牛犊不怕虎啊，我把这件事想得太简单了，要是以现在的阅历再去看当时的情况，都不知道能不能做同样的决定。

就这样，张威开始干了，拿着家里支持的十万元，自己和妻子凑十万元，扎进了筹办公司的事情中。当时时间刚好碰上了，正是毕业的季节，离校琐事本来就多，再加上新公司千头万绪，张威说，他都没有参加研究生毕业典礼，这是他心中一件最遗憾的事情。我问道，记不记得毕业典礼当天在干什么，为什么没去参加这么重要的仪式？张威想了半天，摇头苦笑说，实在是记不得了，那段时间简直脚不沾地，不是在开会，就是出差在各地跑销售，都忘记毕业典礼这件事儿了，甚至连时间都忘记掉了，满脑子只想着让公司快点步入正轨，快点接到第一笔大单子。然而，现实往往是残酷的，全公司上下齐心协力，一整年过去，到2005年下半年，公司依然入不敷出，只接下了零零散散总共几万元的订单，创业的二十万元资金，已经所剩无几了。张威说，他清楚记得，那段时间一醒来，就是房租水电、人力工资的压力，但又不能表现出来，因为他是老板，如果连老板都垂头丧气，那公司就真的完了。2005年对他来讲是最艰难的一年，跌宕起伏，百转千回。当年八月份的时候，公司接到一个广州的咨询电话，说看上公司的一款设备，准备下十万元的订单。张威说，当时他都激动坏了，连夜买票，一个人带着三箱子仪器，总共两三百斤，就往广东奔去。从浙江到广东，当时是没有高铁的，一千多公里，他在绿皮火车上待了一天一夜。我很难想象，八月份的酷暑天，小小身躯的张威，是怎么能够辗转千里，扛得动这二三百斤。张威笑着说，那时候年轻啊，而且想着这么大一个单子，签下了就能盘活公司，再来二三百斤感觉也扛得动。在火车上一天一夜，张威也没有闲着，不断地在脑海里模拟仪器的情况，分秒必争地背稿子，真是下了一定要中标的决心。可惜，上天就是爱开玩笑，火车转三轮车，一路带着仪器到学校竞标，最终以失败结尾。回去的一天一夜，张威没有合过眼，心里无比沮丧，开始有了一些自我怀疑，怀疑公司的产品质量，怀疑公司的设计思路，甚至怀疑自己创业的决定。我问了一句，你现在知道当时失败的真正原因是什么吗？张威无奈地笑了笑说，是因为名气不够，当时他们产品的各项指标都是很优秀的，而且价格也很低，但是，学校最终还是求稳，选择了一家当时较为知名企业的产品。我连忙问道，在那样的情况下，想过放弃吗？张威立马回答，肯定想过啊，当时就觉得，把这二十万元连同自己最后的一点积蓄，全亏完了，就不干了，就再找公司上班。我又问，那最后公司是怎么坚持下来的？还是巧合，一个月过后，张威说，他很清楚地记得，是2005年10月中旬，在上海跑销售的员工打电话回来说，和上海电力学院（现上海电力大学）签订了一笔18万元的订单，让公司赶紧开工发货。这笔钱，一下子救活了公司，不仅仅缓解了公司资金的压力，更多的是给了全公司莫大的信心和鼓励，向大家证明了，公司的产品，高校是认可的；大家的努力，是有回报的。张威说，当时全公司上下都非常兴奋，那场景，比过年过节还热闹，所有员工（包括张威自己）主动提出要三班倒不休息，尽快把产品生产出来。

从那天起，就仿佛花开了一样，整个公司的局面被打开，公司几年间稳中有进，不断发展。直到2012年，当年暑假，嘉兴学院实验室大采购，在公司下了很大一个订单，公司很重视，派了专门一个团队过去接洽，也签了初步的合同，然后，公司就开足马力，投入生产。谁知第一批产品运过去后，不少师生都反映使用不满意，要求退款退货。张威说，那是很大的一个单子，公司损失不起，又加派人手过去了解情况，找解决的途径，但是效果还是不理想，学校那边依然要求退货。最后无奈之下，张威只能按照流程，派出和公司合作的五位专家及嘉兴学院的五位专家对产品做最终意见的评审。评审结果是合格的，但是使用的老师还是反映仪器有诸多不便，拒绝使用。我又问了一句，最终是如何解决的？张威叹了口气说，虽然按照合同及专家的评审意见，是可以拒绝退货的，但是，他还是拍板决定退款。我问为什么，明明可以避免这笔损失，而且无论从哪一方面讲公司都不理亏。张威笑了笑说，既然客户不满意，那肯定是公司产品有缺点、售后服务没做好、中间沟通不过关，既然服务于教育这个行业，就不是一锤子买卖，要做到师生满意为止。其实，这对企业来说也未尝不是件好事，正是由于这次问题的严重暴发，张威和公司上下做了很长时间的一段总结，于2015年，重新与嘉兴学院取得合作，并得到了在校师生的一致好评。从哪里跌倒，就在哪里爬起来，这句话不仅仅是针对个人的成长，对公司来讲，也是一样的，而且更应该如此。张威说，客户不满意，那肯定是公司的问题，这个世界上，没有不好的客户，只有不好的公司。我突然明白，为什么张威从一穷二白创业开始，能走到今天这一步，他把在生活中对朋友、对同学的坦诚，完美转移到了工作中，在如今的商业环境下，更显得难能可贵。张威的整个创业过程，与他个人的成长息息相关，他向我口述的这些并不算波澜壮阔的画面，但却显得格外真实，格外让人有感触。从十几年前走到今天，并没有电视上那些惊天动地、尔虞我诈的情节，用他自己的话讲，遇到难处，以诚相待，运气自然来。

聊到这儿，我问了另外一个问题，创业这么多年，什么事情让张威觉得意义很大？张威回答说，非要说意义大的，第一件就是2006年的时候，当时公司的产品在湖北市场是

公司团队进行方案讨论

完全空白的，而湖北作为中部的大省，对公司在中部的发展乃至全国的发展都有很大的意义。张威和公司研究决定，以中部最为知名的高校——武汉大学，作为突破口。公司致力于高校教育行业，如果产品能够进入武汉大学这样的标杆院校，对公司在湖北省市场的产品知名度及影响力肯定会有一个巨大的提升。当时也是第一次参加武汉大学的竞标，真的是抱着学习的心态去的。去之前，张威没给出差的团队做硬性的要求，一定要完成什么目标，反而安慰带队的一个副总说，这次去武汉，以交流学习为主，看看同行的产品都做得怎么样，了解一下武大这样的标杆院校的标准是什么样的。我笑着问，当时就真的没有报任何中标的希望？张威腼腆地笑了笑说，当然还是想了一下，安慰归安慰，但是大家也是做了很充足的准备的，拿了当时公司最好的一批设备过去，临出发前的晚上，几个工程师还在讨论、调试设备。命运总是这样神奇，公司的产品就真的中标了，有机会与武汉大学这样的标杆名校进行合作。张威大笑说，收到中标电话的时候，都有点不敢相信，觉得是不是诈骗电话。因为那时候公司真的一点名气都没有，而且是第一次参加湖北省的竞标，属于无经验、无人脉、无背景的"三无产品"。但不管怎么说，公司还是以仪器的质量和创新点，打动了武大，然后以点带面，公司用这款产品迅速占据了湖北的华中科技大学、武汉理工大学、武汉科技大学、三峡大学等诸多高校市场。

客户——武汉大学

第二件让张威觉得意义非凡的，就是2013年去母校东北大学参与竞标。当时公司在行业内已经有了一定的知名度，但毕竟是回母校竞标，张威说，他记得当时他的心情比以往任何一次竞标都紧张，感觉就像小学生做好作业，拿过去给老师检查一样。我问了一个问题说，参与竞标的时候，有没有表明身份，说是东秦毕业的？张威摇摇头说，当时真没有表明这一层关系，虽然知道说了肯定会顺利很多，毕竟是母校，回校等于回家，但想着都在外面奋斗快十年了，要是还只能靠着这层"裙带关系"中标，那就太丢脸了。万幸，凭借公司产品质量，按照流程走完后，公布中标企业名单的时候，杭州英联科技有限公司赫然在列。该认的总归逃不了，在搬运设备去实验室的途中，张威认出了以前给他上过课的一位老师，能过去给老师问好，算是"相认了"。当天晚上，张威邀请老师们聚一聚，饭桌上，大家忆往思今，仿佛又回到了从前那段日子。

15年过去，回看张威的创业经历，以一个旁观者的身份，不知道大家对他做一个什么样的评价，说他是一个时代的成功者，但好像如今的社会，只觉得类似BAT这样的企业才担得起这样的名号，而说他不是一个成功者，30多岁将公司销售额做到3000万

客户——母校东北大学

元，也确实是凤毛麟角。而我更愿意称他为一个朴实但真诚的创业者，也正是因为这么多年，张威坚持这份创业的初心，才一步步走到了今天。现在很流行一句话，叫作"不忘初心，方得始终"，我想张威走过的这十五年创业路，是对这句话最好的诠释。

雄关漫道真如铁，而今迈步从头越

对一个创业者进行采访，我差点犯了最致命的错误，和张威聊了一个多小时后，我居然没有问半句关于他的企业情况，也许是他创业的故事已经足够吸引人了吧。当我问到他的企业时，张威连连摆手说，企业真的没什么好说的，规模不大，有很多工作做得不好。我一再追问，张威最终才简单地谈了谈公司的情况.杭州英联科技有限公司，正式挂牌成立，到工商局备案登记是在2004年11月1日。经过多年的努力发展，现已成为集研发、生产、销售、技术服务于一体的高新技术企业。公司以"创新合作，专业专注"为核心发展理念，始终致力于服务高校教育行业，专业从事自动化类、仪器类、电气类、电子信息类、机械类、计算机类等实验实训

客户——中国石油大学

设备的生产研发及相关技术服务。公司先后通过ISO9001：2015质量管理体系认证、ISO14001：2015环境管理体系认证、GB/T 28001：2011职业健康安全标准认证，在全国拥有二十多家代理商及相应售后服务中心。目前，公司产品覆盖率在省级上达到100%，在地级市上达到90%以上，主要的核心产品，比如传感器、检测等自动化实验实训设备在全国高校的市场占有率稳居全国前三，2017年销售额达到3000千万元，在国内教学仪器行业和工业领域有相当的知名度，受到客户的广泛赞誉。

张威随即说，公司走到现在，十五年的时间，虽然有大发展，但还是太慢了，然后开始检讨自己的不足。他说公司目前的产品类型不是很丰富，这和他自己的性格有关，总想着稳中求进。因为投资研发一款新的产品花费太大，而且市场的预期谁也说不准，所以错过了很多机会。这几年意识到了这个问题，但感觉有点为时已晚了。另外，张威谈到了一个很普遍的问题，作为一个地地道道的理科生，他在人事安排和管理上吃了很多亏。理科男固然有优势，在公司的一些重要岗位有人员离职时，不至于元气大伤，因为张威对这些岗位的产品是很熟悉的，可以随时顶上。但管理上的不如意，

2016年参加全国高教仪器展示会（青岛）

一直到现在都还困扰着他。张威说，公司管理真的是一门高深的学问，他不能保证让每一个人都尽兴发挥、物尽其用，但是他能保证对每一名员工做到"真诚不作伪"即使员工离开，也让员工满意离开，能够好聚好散。

说到公司的这些也许有点压抑，张威谈到了另外一个高兴的话题，他说，今年是很重要的一年，公司刚刚获得"高新技术企业"荣誉称号，加上国家提出的"工业4.0"概念及前段时间习近平总书记提出的"中国制造2025"，是很好的一个企业转型升级的机会。他讲到这儿，兴奋地跟我介绍，公司马上要搬迁了，杭州市政府已经给公司在杭州萧山机器人小镇那边划拨了一块4000米²的厂房，公司准备2019年就整体搬迁过去。那边条件比现有厂房好，公司准备投资引进一批工业机器人设备，做一次彻底的技术升级，在削减用工成本的同时，着手研发新的产品。然后对公司的人事构架做一次大的调整，特别是销售团队，做一次整体的优化和换血。张威越聊越兴奋，一如我刚见他时那么热情，仿佛这所有的事情都已经完成了一样，未来的蓝图，已经清晰可见。

秦皇岛分校30周年校庆之际，张威回母校看望恩师

我完全被他感染了，我觉得这算是张威的第二次创业了，我清晰地感觉到，他依然还是如十几年前他说的那般，对创业这个事情充满热情和斗志。最关键的是，商海沉浮十几年，他始终坚持着一颗赤诚的本心，对朋友、对员工、对客户，无一不是如此。我印象很深的是，每说到一个重大事情的转折点，张威都笑着说，是巧合，是巧合。别人都说，爱笑的人，运气通常不会差。用这句话来解释这些"巧合"，我想最合适不过。是张威一如既往的真诚，加上那么点坚持，才最终造就了这些巧合。其实巧合，并不巧合。2018年，对张威来说是新的一年，对杭州英联科技有限公司也是新的开始。雄关漫道真如铁，而今迈步从头越，我相信，有张威带领的英联科技，定能挥毫泼墨，书写新的篇章！

寄　语

采访结束时，我不能免俗，请张威为同校学弟学妹及正在创业的年轻人说一段寄语。他想了片刻，说了这样一段话："我真的没有成功的经验告诉大家，我现在也远远算不上成功，就是一个多走了几步的创业者而已，非要说寄语，我就讲一句，对人对事，遇到困难，记住以诚相待。"

（原文作者：熊帅　整理修订：杨琳娟）

11 | 谨记校训，发愿自强

——赵学群

校友简介

赵学群，1963年8月生，浙江省杭州市桐庐县人。东北大学自控系工业自动化仪表专业1983届毕业生。现任新秀集团有限公司、浙江凯隆精密机械有限公司、浙江敬业染整有限公司、浙江中软信息工程有限公司董事长，国家（皮具制作工）职业标准制（修）订工作委员会副主任，全国轻工职业教育教学指导委员会皮革行业教育教学专家，嘉兴市第六届十大风云人物，嘉兴市"南湖百杰"，轻工行业协会箱包分会副理事长，浙江省皮革协会箱包分会副会长，嘉兴市时尚产业协会常务副会长，平湖市总商会副会长，平湖市箱包行业协会会长，东北大学浙江校友会副会长。

十九成羽，践行发愿

1983年7月，年仅19岁的赵学群在东北工学院自控系工业自动化仪表专业的4年学习结束了，被分配到了位于浙江省温州市的温州自动化仪表厂。这是一家机械工业部下属的全国16家国营仪表制造定点企业之一，专门生产动圈温度显示、控制仪表。4年的大学学习生活，给了赵学群最大的收获就是有了电子仪表领域的基础知识，可以找到解决问题的办法。同时，在东大的社会阅览室里，让他摆脱了青春的迷茫，发愿潜心自我完善，成为对社会有用的人。

20世纪80年代，改革开放的春风吹遍祖国大地，尤其是在浙江温州，正立改革开放的潮头，让赵学群能更早地感受到市场经济的氛围。到工厂后赵学群全力以赴，认真工作，下基层和工人零距离交流，不耻下问，实事求是，有效地解决现场问题，受到全体干部员工的信任。借助年轻化、知识化的优势，入厂三年后，还是助理工程师的赵学群就担任了温州自动化仪表厂的技术厂长，下辖技术科、质管科、计量科、标准化室和温州自动化仪表研究所，管理着由2名高工、几十名工程师和技术员组成的技术团队，负责起从新产品开发到生产工艺落地，从标准制定，到计量管理，从原物料质量控制，到成品出厂质量管理。自此，赵学群就由技术开发逐步走向技术管理，多年的锤炼，造就了他后来进一步发展所需要的能力和素质，较早地形成了遇事从全局出发的思维方式，理解了困难是人生磨炼的好机会，学会了正面地面对各种难题，懂得了多从自身找原因是自我提升的必由之路，自己在东大的发愿得到了第一次全面的实践体验。

廿五求进，再证初愿

几年国企高层工作的经历，赵学群对国企的体制局限性有了客观的认识，现实环境永远是不完美的，就是因为有不完美的现实，才体现了有着高等教育经历、了解基层情况的年轻人的价值。5年的工作经历虽然有所收获，但赵学群更感觉到温州所处地理位置和交通的局限，企业的生产条件、技术水平和人才素质成为制约企业和个人发展的瓶颈，自己需要一个更大的空间去展示自我。于是在1988年，赵学群决定辞去温州自动化仪表厂技术厂长职务，去省城杭州另谋职业。

杭州，作为浙江省的省会，因其风景秀丽，素有"人间天堂"的美誉。在20世纪80年代末期，外地人想把户口迁到杭州几乎是不可能的。赵学群只能把户口留在温州，应聘进入中软杭州公司（杭州计算机软件研究所），从普通员工开始从头做起。经过两年的认真工作，他所开发的产品成为公司的主要收益来源，得到了公司领导和同事的认可，被任命为负责新产品开发的副总经理，由公司推荐作为杭州市特殊人才引进，才把户口从温州迁到了杭州。1994年被中软总公司调任中软浙江公司（浙江省计算机公司）总经理，一直工作至1998年。几年国营企业高管经历，让赵学群对企业战略、组织、机制、流程和考核等企业运营全貌有了深刻的认识，把自己在东大的发愿得到了又一次更加深入的实践体验。但与此同时，对当时国有企业机制存在的问题，赵学群认识得更加清楚了，要想按照自己的规划去打造一个国有企业是很不现实的。

在改变不了的现实面前，可以改变自己的做法，也可以改变自己的选择，赵学群做出一个大胆的选择。1998年，赵学群毅然辞去中软浙江公司（浙江省计算机公司）高管职务，坚定地选择了自主创业。这个突然的举动让许多好友和家人都很难理解，在收入和地位都不错的情况下，为什么要放弃现在的成就？赵学群淡然地说："已有的收获也往往是你将来的负担，定期静下心来明晰自己的方向，才不会把既得利益变成自己发展的障碍。"赵学群决心要用自己全身心的努力，进一步实践在东大的发愿。

卅五创业，倾注心愿

1998年，对赵学群来说注定是一个不平静的年份，离开了杭州知名的IT国企，离开了杭州温暖的家庭，他开始了自己创业历程。那一年，赵学群通过同学关系找到了老家的一个开发区，但被告知这里的投资起步价是500万元，可赵学群最多只有家里凑起的30万元，于是不得不去嘉兴市下属的平湖市一个偏远的小镇——新埭镇。让赵学群没有想到的是，新埭镇政府求贤若渴，十分重视他的投资项目，安排了一个因倒闭抵押给农行的国有麦芽厂，房租是2元/米²，尽管简陋，但负担少，压力小。企业刚刚起步时，缺少管理干部和技术人员。就在为招不到人而一筹莫展的时候，一家当地的国营特钢厂因经营不善倒闭了，为赵学群提供了主要的干部来源，就这样他带着6个干部，开始打扫布置工厂，命名为"平湖市旅行者箱包厂"，口号是"让我们体会成功"。为了吉利，用红漆把破旧的厂门刷得通红，在红牌子上，用银色的漆写上了工厂大

初创时期的厂门

名。这样，就张榜启示，招聘了60个工人，赵学群和他的团队就在这个改造后的工厂正式开启创业之旅。

创业之初，恰逢国家外贸出口蓬勃发展，箱包产业是平湖市四大支柱产业之一，借着劳动力成本低的优势，箱包企业如雨后春笋般不断涌现，在缺乏质量和品牌意识的情况下，每个企业只要有人就有订单，有订单就能赚钱，所以大部分企业都在拼价格、拼单量，不关注质量，不关注内部管理，不关注信息驻留。为了获得订单，许多企业不惜开展低价竞争，甚至相互抢挖技术工人，恶性竞争此起彼伏。那时，赵学群是这个小镇唯一一个大学生做劳动密集型企业的，他想一定要发挥自己的长处，决不能用蛮力去拼自己的短处。

简单易做的订单对员工一定是有吸引力的，为了摆脱同行业低质量的竞争，赵学群成立了试制小组，对一些箱包制造工艺要求特殊、严格的订单开展个案攻坚克难，将无数个案的共性问题进行研究，总结规律，寻找办法，啃下了一块块别人不愿啃的"硬骨头"，攻下了一个个别人不愿上的"山头"。公司利用知识分子的头脑，把难做的产品变成简单易做。难在技术规范，易在员工执行。与此同时，通过培训引导员工，向员工阐明企业的发展愿景，对员工进行人性化管理，充分考虑员工小批量、高质量订单的付出，给予更为合理的工价水平。

小小60人的工厂竟有好几台计算机，人家开玩笑对赵学群说，你这计算机比缝纫机还多，那是箱包厂吗？什么样的格局成就什么样的事业。赵学群一直在关注质量要求高、订单量并不大的优质客户，并通过加强内部标准化和规范化，避免重复性错误的发生，提高产品一次性合格率。在这个过程中，计算机发挥了巨大的作用，许多小学或初中毕业的员工，都在这里学会了基本的计算机使用技能，这为公司今后的发展，奠定了重要的基础。

没有不守纪律的员工，只有不懂管理的领导。一切工作的推进，都必须基于管理，赵学群这么多年的工作实践，使他对当年选择了自控系十分欣慰，因为通过几年的大学学习，尽管自己没有从事所学专业，但控制原理在他的心中刻骨铭心。系统稳定的前提就是闭环，闭环系统从目标设定到系统执行，从反馈比较到各种优化调节方式，使得整个系统高效稳定地紧紧跟随着设定目标运行。目标设定就是战略，执行系统优劣主要体现为执行力，结果分析调整就是管理行为的决策关键，完善机制制度，就是调节方式的优化与否。要管理先要有目标，有了目标就知道要什么样的组织，根据组织目标就有了相应的制度和机制。按照要成为"行业龙头"的目标，公司制定了"管有定效、事有定规、人有定责、物有定位"的"四定"管理方针，对管理干部提出了"抓准重点，分清缓急；日事日毕，保证落实；有疑必究，忠于职守；自律操行，利企利己"的总要求。在员工层面上，推出员工上班"十要十不要"的行为规范。

"明确目标，做好组织，完善系统，践行文化，言而有信，奖罚分明。有了优秀的团队，后面经历的车工大战、原物料成本波动、工资成本上升、都无法直接对公司造成伤害，在OEM为主的企业中，核心竞争力就是组织系统和团队建设。"赵学群在谈到企业管理模式时非常满意。通过对一批批客户订单保质保量及时交货的信誉，公司赢得了一批稳定的优质客户，发展速度十分惊人，三年中，公司的规模增长了5倍。规模带来了效益，2000年，公司征下了第一块10亩土地，设计了近1万米^{2}的厂房，在这年金秋十月，新厂房开工建设。

创新求变，激情生愿

经过三年多的艰苦创业，2002 年春天，公司搬进了新厂房，这也标志着一个新的发展阶段的开始。这时赵学群认识到，一个大宗商品企业的发展，离不开企业形象的确立，对内、对外必须要有完整的企业形象表述，让商品和文化有更加明确的识别载体。于是全体中高层干部群策群力，经过认真讨论形成共识把"永远创新，力争优秀"作为企业的座右铭，是"让我们体会成功"的保障，两句话的最后一个字——"新秀"由此诞生，成立了"嘉兴新秀箱包制造有限公司"。赵学群利用在自控系学生会宣传部出板报锻炼的能力，主导设计了公司的视觉识别系统。灰色代表着

新秀集团标志

现代化时代的背景，黑色字体代表着严谨的工作态度，红色标志像一面旗帜，代表着火热的工作激情。通过这个 VI 系统提醒公司全体员工，在现代化背景下，任何行业无论材料技术、制造技术和管理技术的发展都是日新月异的，跟不上时代步伐就难以生存。没有落后的产业，只有落后的经营者，要用严谨的工作态度去做事，要用火热的工作激情去创新，才能持续发展，勇立潮头。

经过一年的认真分析与反复商榷，赵学群和他的团队确立了企业发展战略和经营理念，明确了新秀企业第二个五年规划，这是企业生存发展的方向所在。在公司初创时较为粗犷的目标基础上，确

定了"以品牌为核心，向创新要效益；以市场为先导，将产业作后盾；以集团为主体，分单位抓核算；以事业为理想，创实绩报社会"的企业战略方针，确立了"创新、敬业、诚信、共赢"的企业价值观。

2003年，赵学群开始意识到，今后的主要竞争对手已经不是大陆企业，必须去与我国台湾和韩国的同行竞争。但摆在赵学群面前的问题是，公司在箱包领域中的技术和管理经验积累不够，以及本地箱包企业产品开发能力和质量水平无法满足高端客户的要求，加上在高端配件产业链供给上，国外知名企业对中国有意封锁，无论在价格还是在服务上都十分苛刻。为了使企业更上一层楼，赵学群采取了自我完善加高薪外聘"双管齐下"的办法，从台湾地区聘用高管，从台韩企业高薪聘请了经验丰富的箱包制版技术人员，变革开始了。

人才是企业保持竞争力的第一核心要素。"种得梧桐树，引得凤凰来。"新秀公司的发展战略、企业文化、组织体系方面的优势，吸引了大量的箱包技术和制作人才加盟，公司开始步入发展的快车道。"让我们体会成功"一直以来是企业的核心价值诉求，也是企业的初心所在，在它的感召下，公司的人才越来越多，实力越来越强。在良好的企业文化环境下，员工们通过自己勤勉的工作带来的获得感而体会成功；上下游产业链上的合作伙伴和供应商通过业务上的精诚合作产生效益而体会成功；客户通过产品和提供的服务达成的市场满意度而体会成功；进而让消费者、社会公众和政府因良好的产品质量、自觉的社会责任感、持续增长的利税而体会成功。大家都体会成功了，公司就一定能成功！

高档的箱包需要优质的配件，完善的配件产业链是箱包企业的第二核心要素。为了突破台韩同行的围堵，彻底解决优质配件资源不足的问题，赵学群通过多种途径在上海、苏州、安徽等地搜寻和

171

95th

东大校友
创业之路

DONGDA XIAOYOU
CHUANGYE ZHILU

172

培育涉及箱包配件供应商，同时组建了印染、拉杆、轮子、拉链、锁具等产业链工厂，实行销售市场化运营，开发由集团统筹的机制，使得产业链企业既不依赖集团主体，又配合公司的市场开发工作，造就了新秀在公司行业内最完整的产业链系统。

2003年，公司终于突破了各种困难，成为世界第一箱包品牌"Samsonite"在华东地区的第一家供应商，打破了在广东地区和福建地区一直由台韩企业垄断的局面。2005年，新秀公司已经成为一家集团化企业，第一个在国内建立箱包物理实验室，确保箱包质量控制指标完全量化。随着公司不断发展，再次征地50亩，新建厂房2万米^2，成为"Samsonite"全球十大供应商之一。与此同时，公司在江苏连云港东海县浦南开发区（现为连云港海州区）征地180亩，规划10万米^{2}厂房，建立新的产业基地。赵学群对未来的制造能力进行战略布局，将原来的中低端产品转移到成本较低的苏北地区，平湖基地全面服务高端客户。

在中小企业的管理过程中，执行力和团队的沟通协调时常困扰企业管理者，如果购买市场上的ERP软件，在箱包行业这个领域里有经验的软件人员又很少，二次开发费用很高。2004年，赵学群曾经工作的中软杭州公司正好需要进行国有制改造，他们主动找到赵学群去收购他们的国有股。考虑到企业发展的需要，赵学群决定通过参股中软杭州公司，自主开发公司的MRP。经过几个月的开发，2005年，新秀在行业里率先使用了MRP，为后面的进一步大规模发展奠定了信息化建设基础。结合箱包企业制造体系的实际情况，公司决定进一步开发企业的第一代ERP系统——敏捷供应链管理系统，这在当时箱包企业里尚属首家。ERP系统的推行，不仅彻底改变了部门管理人员的管理思维，也大大优化了企业在物流、资金流、信息流等多方面资源的集约化管理。

2007年，新秀公司在平湖市新埭镇进一步扩大征地20亩，全国单体最大的立体式箱包物流中心建成。在第二个五年计划末期，新秀已进入了自主品牌运营领域，同年获得了"中国名牌"殊荣，向着多品牌运营方向发展，并逐步走向国际舞台。

"中国名牌"领奖表彰

在这个浙北偏僻的小镇，升起了一颗箱包行业的耀眼明星，新秀箱包有限公司成为平湖箱包行业的龙头企业，新埭镇的第一利税大户，得到箱包行业的高度认同，被推举为平湖市箱包行业协会会长单位。

有人问赵学群为什么是体会成功，而不是享受成功？赵学群说："自己没有时间去享受成功，一旦享受了，那就离失败不远了。自己不能也不敢失败，创业之初只是个人发愿，历经多年，那么多和自己同甘共苦的干部，那么多信任自己的员工，看到他们起早贪黑、年复一年的身影，我的内心充满着由感激而升起的责任感，进而升华成努力进取的激情。""体会成功"使赵学群乐在其中，乐在其中方能心在其中，心在其中方可激情燎原。

2008年赵学群在美国西雅图学习，偶得空余，回顾创业10年的历程，心生感慨，写下了这首诗：

激情点燃了火种，
期待着燎原；
可一股激情怎能起燎原之势？
那我们就要汇聚激情，

95th

东大校友
创业之路

DONGDA XIAOYOU
CHUANGYE ZHILU

174

源源不断地汇聚；

那时，

我们看见那熊熊的大火，

随着风的方向，

燎原、燎原；

…………

自从漆红了旅行者箱包厂的大门那天起，新秀这支团队就一直释放着创业的激情，这篇诗文所描述的那种感受和愿望，驱动着公司跨过了一个又一个似乎难以逾越的沟坎。十年来，一次又一次的逾越提升，给了赵学群激情升华下的感受："只有建立优秀的企业文化和机制，才能源源不断地释放每一名位新秀员工的激情，在激情下潜能的充分发挥，才能使企业有今天的成绩。"

"共赢"是企业文化的核心，也是企业机制的基础，这个观念使公司全体员工共同领会了"让我们体会成功"的含义。有了共赢的机制，就有了团队激情释放的环境，激情畅快释放的过程，就是体会成功的过程。

转型升级，匠心所愿

随着中国经济的高速发展，我国"世界工厂"的制造优势正面临东南亚等国家的挑战，人口红利正在消失，经济由原来的高速增长的非常态，进入了增速减缓的新常态，大量劳动密集型企业逐步出现倒闭和外迁，制造方式要从规模粗犷型朝着质量精益型转变，经济结构调整要从增量扩能为主向调整存量、做优增量方向转变，发展动力要从主要依靠资源和低成本劳动力等要素投入朝着创新驱动转变。

自2008年第三个五年计划起步至2013年，新秀箱包已建立3个制造基地，9个生产车间，各类生产线40多条，员工3500多人，企业年产值近10亿元。它们分别承担着各类客户和企业自主品牌的各种箱包品类产品开发和制造，其效益和质量直接关乎企业的生存。所以，在经济形式发生重大变化的当下，创新运营，流程再造，可谓"时不我待，刻不容缓"。作为实体经济的主体，新秀和其他的制造型企业一样，必须通过提升内功，去弥补人口红利消失所带来的影响，为公司持续发展而不懈努力。但每一次的困难经历，都为企业组织的完善、系统的提升提出改革创新的要求。多年的经历告诉赵学群，创新是企业生存的需要，一成不变必将走向绝路，保持良性可持续发展必须不断创新。"所有生存至今的物种，都是在恶劣环境下，改变自身，创新适应而生存下来的，企业更是如此。"赵学群从生物进化论中悟出了企业发展之道。

为了适应新常态下的市场形势，赵学群坚持"双轮驱动"的发展模式，一个轮子是加大新产品开发能力，提高自主品牌和授权品牌的市场竞争力；另一个轮子是提高制造能力，以精益生产管理思维为引导，以"两化融合"技术支撑为工具，对现有箱包制造流程进行全面的提升改造。

做好第一个轮子，就是目标明确，组织先行。2011年"嘉兴新秀箱包制造有限公司"变更为无地域注册的"新秀集团有限公司"，在原有专为OEM服务的技术工艺部以外，专门成立了产品研发部，开始了品牌化、国际化运营道路。

新秀集团注册了商务旅行品牌"悠客（NEWCOM）"，时尚休闲品牌"环游（AROUND）"，并收购了国内最大的国营品牌"天天（TIANTIAN）"。同时，获得美国高端划艇运动品牌"霍比（HO-BIE）"在全球范围内的箱包经营权，并与美国著名设计公司合作，开发"霍比HOBEI"产品，主打户外运动市场。此外，在天猫、淘宝、必要、京东成立线上旗舰店，以线上配合线下，以网络配合团购。以往用于承接OEM订单的广交会，逐步变成了公司发展国际代理商的阵地。

2013年，新秀集团获得了美国著名时装品牌"Calvin Klein"箱包类产品中国区域的特许代理。同时，还注册了渠道品牌"悠客行Best Travel"，成立"悠客行（上海）商贸有限公司"负责运营，先后在嘉兴、深圳、上海、成都、北京、香港机场建立线下体验店，为今后国内多品牌运营打下了基础。

做好第二个轮子是公司一直以来的强项，但不跟上科技的发展，一定会落后。为了彻底扭转企业的现场生产管理模式，破解传统产业的困局，实现企业的转型升级，赵学群启动了企业制造体系上涉及全工种的生产流程改造。生产流程再造以业务流程为中心，重新设计现场管理过程，从整体上确认企业的作业流程，追求全局最优，而不是个别最优。

流程改造首先是观念的改造。公司必须尽快适应不同条件下的生产要求，就像蒸汽机时代的系统不能适应高铁时代的要求一样，必须在新观念下建立新系统，养成新习惯，开展生产流程改造，其目的就是实现"四个提高"：提高产品质量、提高制造效率、提高外延空间、提高员工收入。为了达到目的，关键要做到计划前移、品管前移、物料前移，重点是要坚持"坚定信念、推出机制、完善流程、提升管理"的总方针。

制造流程改造是一项规模庞大的系统工程，涉及多个部门、多个工种的协同配合。它不仅要打破员工现有的工作模式，而且对整个企业的现场管理带来不少挑战，比如作业习惯、品质检验、装配整合。经过三个月的车间整改，新秀集团的生产格局做了重大调整，将流水式生产改为专业化的模块化作业，并重点对车缝环节进行细分，将人员进行重新编组，不同产品通过前片、侧片和围条三个专业制造小组进行无缝对接，并实现多环节品检，集中装配，真正达到人的专业化、物的合理化、效率的最大化。

赵学群首先以精益生产管理作引导，培训员工，改变原有的制造观念，统一思想认识。"精益生产管理是自上而下推行的，首先要从领导者做起，是'一把手工程'。"2014年年底，新秀集团精益生产示范组启动仪式正式举行，集团制造总监和各部门主管以及三条示范组组员出席启动仪式。在启动仪式上，示范组人人签订责任状，公司企管部成立了专门的5S检查领导小组，组织员工开展精益化培训，制定相关检查标准，并对现阶段工作中存在的问题进行着重梳理、规范公司各部门流程，尤其强调，非生产服务部门必须百分百按照规范保证车间的物料按时、按质、按量到位，所有操作必须有规范，严格做到无标准不报价、无标准不接单、无标准不生产、无标准不流转，确保全制造过程按照标准操作。

自2014年开始，集团从美国、意大利等地引进了大量的自动化设备，在原有的ERP基础上，引入并开发了ET-BAG、MES系统，自主开发和实施了智能输送分拣系统，规划实施了"基于物联网的智慧工厂"项目。该项目于2014年启动，总投资1894万元，主要利用物联网、移动互联网、大数据、云计算技术，着力建设智能化生产管控平台、智能化的生产物流体系和产品大数据平台，构建"互联网+"的生产管理模式。在这3年多的时间里，公司引进了全长668米的自动悬挂输送系统，后升级为智能分拣悬挂系统，实现了从半成品到成品到成品包装到成品仓库最后到成品出运的自动化输送、识别和分拣过程。自动悬挂输送系统的启动，改变了原来用推车搬运半成品或成品的环节，省去了人工成本，统计数据更有保障。2016年12月，顺利通过了项目验收组的评审。该项目同时被列为"浙江省两化融合示范项目"。

新秀集团扎实推进"两化融合"工作以来，取得了显著成效：生产效率提高了20%，按时交付率提高了30%，平均生产周期缩短了20%，自动化程度提高了30%。并且也培育了一支既有行业经验，又懂软硬件开发的信息化和自动化专业团队，成立了物联管理科，开发了多款实用性设备和软件，目标是为整个箱包行业提供切实可行的智能制造系统解决方案。

新秀集团开拓创新取得的成绩，得到了各界的认可和高度评价，省、市各地媒体纷纷报道，参观交流团纷至沓来。至此，使劳动密集型的传统制造业，向标准化工业制造迈出了关键的一步，由此箱包产业的数字化制造成为了可能，箱包产业互联网的实施成为可能，柔性化生产即个性化定制成为可能。

走到这一步，已经看到了工业4.0的影子了。此时，国家也公布了"中国制造2025"纲要，公司在2015年确定了超数字化工厂持续提升计划，在2019年初步成为智能制造型企业，在行业里体现"高质量、低成本、小批量、短周期"的绝对优势。因此，设立了"致力于成为箱包行业具备个性化订制服务能力的最优制造商和著名品牌商"的企业愿景，确定了"让人人爱上箱包"的企业使命。而这一切都依赖于互联网和智能制造的发展，给企业带来了柳暗花明的前景。

新秀集团在完善机制、优化治理结构的基础上，推行了卓越绩效管理体系。在这几年中，集团分别获得了"平湖市市长质量奖""嘉兴市市长质量奖"。最重要的是通过了"浙江制造"企业论证，集团科研人员历时一年，攻克了国家行业标准QB/T 2155—2010《旅行箱包》和GS箱包认证标准在规格型号、负重及震荡冲击试验、行走试验等诸多方面的冲突点，在很好融合QB/T 2155—2010和GS箱包认证标准的基础上，参考美国箱包品牌Samsonite（新秀丽）、英国箱包品牌Antler（安特丽）等国际知名箱包品牌先进性，起草编制了达到国内一流、国际领先的"浙江制造"《旅行箱包》团体标准。2015年9月，在浙江省标准化研究院组织、平湖市质量技术监督局主持下，组织国际、国内箱包行业材料、检测专家和协会领导，齐聚平湖召开了"浙江制造"《旅行箱包》团体标准专家评审会产品标准。之后，新秀集团再接再厉，主导修订了"浙江制造"《背提包》团体标准，顺利通过了浙江省"浙江制造"品牌建设促进会的审核。

2015年12月，"浙江制造"认证联盟、省标准化研究院和TUV国际论证机构在杭州组织召开《"浙江制造"〈旅行箱包〉认证实施规则》定稿会，由于"浙江制造"《旅行箱包》标准引入了GS（德国安全认证）标准要求，可以实现"一次认证、两张证书"，即做一次浙江制造认证，同时拿到"浙江制造"和GS认证两张证书，使得"浙江制造"标准达到了全球最高水平，在提高新秀集团质

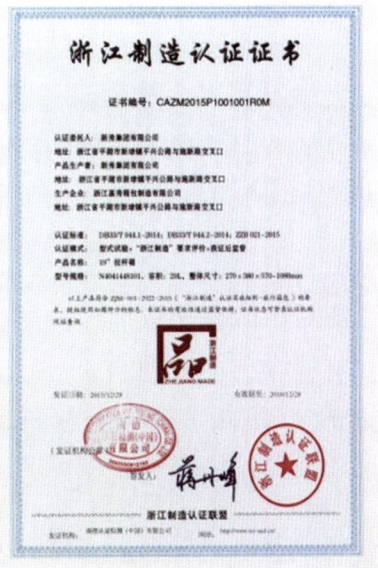

2015年获得"浙江制造认证证书"

量管理水平的同时，提升了产品在国际市场上的品质美誉度，为扎实品牌战略这条腿，打下了坚实基础。

破茧化蝶，释放我愿

"创意是产品的灵魂，制造是产品的体格，产品是时尚的载体，创新立意、质量制造是成就时尚产业的根本。"创意设计是产品的缘起，是经营活动的开端，也是后面一系列工作的起点。如何把一个传统制造业基因下的企业，转型升级为时尚企业，这需要脱胎换骨，就如破茧化蝶。

赵学群分析研究了产业的 PLM 情况，借助多年在"两化融合"过程中的积累，规划起了一个完整的产业互联网的系统，以行业市场需求、时尚元素、科技趋势为先导，建立有效的数据采集和处理系统 PDM，为创意设计的源泉和储备打好日常化基础。近年来，新秀集团一直保持与院校和研究院合作，先后与上海东华大学、荷兰鹿特丹大学等开展产学研合作，邀请大学生到企业参观，组织本企业的研发人才到学校与大学生联合开展设计，还与陕西科技大学、嘉兴学院设计学院开展箱包专业人才合作，定向培训人才。为弥补行业技术实力缺陷，引进外脑加强行业高科技材料研发，建立了专门研究材料性能和安全的"院士专家工作站"。与国家纳米中心长三角（嘉兴）纳米研究院建立战略合作关系，重点开发塑料箱体表面抗擦伤涂层。和计算机软硬件及机械电子方面技术人员合作，成立股份公司，研发出智能称重箱包、智能上锁箱包、智能定位箱包、智能防丢箱包等一系列智能箱包产品。其中，智能称重拉杆箱荣获2016年"中国设计红星奖"。这些产品先后亮相博鳌亚洲论坛、世界工业设计大会、上海时尚箱包展览会，受到广大消费者的赞誉。截至2016年年底，公司已获得各类专利几百项，其中发明专利4项，荣获了"浙江省专利示范企业""浙江省企业技术中心"等荣誉。新秀集团研发中心的设计师连续四年获得中国皮革行业最高奖——"真皮标志杯"金奖，公司的设计研发能力走上了一个新台阶，分别被评为"浙江省企业技术中心""浙江省省级工业设计中心"。

2017年，由平湖市政府推荐，省政府批准补贴500万元，在新秀集团成立"省级重点企业设计院"，肯定了新秀集团的开发成果和设计能力，推动开发设计团队

赵学群在"浙江制造"品牌发布会上作主旨发言

体制创新，构架好对内外人才有吸引力的创意设计平台，促成对创意设计成果向市场高效转换的目标，为设计师和企业（市场）搭好桥梁。鼓励新秀集团为行业建立起自主开发设计的市场化平台，使得箱包行业内的大部分企业通过设计出自己独一无二、符合消费者期待的产品，避免低价劣质损害产业发展，掌握市场议价权。通过共同的努力，不仅使新秀集团完成传统产业向时尚产业的转型升级，同时，作为行业的龙头企业、行业协会的会长单位，它还要带动整个行业完成匠心破茧、时尚转型的过程，实现中国民族产业复兴之梦。

2016年5月25日，浙江省人民政府李强省长主持了推进"浙江制造"品牌发布会，赵学群在主旨发言中说道："没有落后的产业，只有不符合市场需求的企业，时尚的基础永远是需求，满足需求的能力就是创新和制造。"这是赵学群经历近20年传统产业起伏

奋斗的感言。

毕业这么多年的社会实践，让赵学群对东大的校训有了更进一步的理解和感悟，"知行合一"的践行，必然是"自强不息"的过程，只有"自强不息"才能达成"知行合一"。知者甚多、行者甚少，知多躁动、行可平服。有知而不践行者心浮气躁，"自强不息"者方能心平气和。

新时代、新征程、新动力，秀品牌、秀时尚、秀梦想，在赵学群的带领下，新秀集团正在朝着国际知名高端箱包企业大步前进。

（原文作者：赵学群　整理修订：张博雯）

他山之石 可以攻玉

最早语出《诗经·小雅·鹤鸣》："他山"：不是指"别的山"，他山是一座山的名称，上面的石头坚硬，能够用来琢磨玉器。"可"：能够。"以"：用来。"攻"：琢磨。这句话用来比喻能帮助自己改正缺点的人或意见。

明·程登吉《幼学琼林》第二卷做了转义："民之失德，乾糇以愆；他山之石，可以攻玉。"意思是：其他山上的石头多又多，可以为玉顺琢磨。既比喻别国的贤才可为本国效力，也比喻能帮助自己改正缺点的人或意见。

12 | 创业填补高等教育管理咨询产业空白

—— 王伯庆

校友简介

　　王伯庆，1954 年 10 月出生于四川省成都市，1977 年考入东北工学院材料系，在中国获材料工程学士和工业经济管理硕士学位。1990 年赴美留学，获统计学硕士和经济学博士学位。2003 年，中国就业市场迎来了高校扩招后第一批本科毕业生，王伯庆注意到了国内大学生的就业问题，2006 年，他回国创办了麦可思公司，建立起了一个高校管理咨询的民间智库，填补了国内教育咨询产业的空白。王伯庆现任麦可思公司总裁，被戏称为"年龄最大的海归创业者"，他是中国高等教育供需跟踪评估系统（CHEFS）的创始人、麦可思《中国大学生就业报告》（就业蓝皮书）作者、西南财经大学特聘教授，兼任中国国际人才专业委员会副会长、中国留学人员回国创业专家指导委员会创业导师、中国与全球化智库常务理事、国家教育行政学院兼职教授、《高等工程教育研究》编委。

麦可思作为高教管理数据与咨询产业的开拓人与领军者，每年为1000多所高校提供年度数据跟踪与咨询服务，是中国科协、人社部、司法部、中国社科院、世界银行等机构的合作项目单位，是北京大学教育学院、北京师范大学教育学部高等教育研究所、清华大学教育研究院、中国人民大学教育学院、中央财经大学中国人力资本与劳动经济研究中心和西南财经大学经济学院的产学研合作基地，与上海市教育科学研究院合作撰写《中国高等职业教育质量年度报告》。

同时，麦可思也是《中国大学生就业报告》（即就业蓝皮书，由社会科学文献出版社每年出版）的作者。麦可思自2007年开始进行大学毕业生跟踪评价，并从2009年开始根据评价结果每年发布《中国大学生就业报告》，建立了2006—2017届中国大学毕业生就业数据库。截至2018年，麦可思已连续十年发布《中国大学生就业报告》，用数据揭示大学生就业最新趋势。有全国代表性的、长期连续跟踪的大学生就业数据，能帮助政府决策者和高校管理者了解大学生就业情况、产业需求变化和区域经济变化、各类型高校与专业的人才培养质量。就业蓝皮书每年均获得媒体的广泛关注。2017年8月20日，中央电视台《新闻联播》栏目《砥砺奋进的五年：深入推进供给侧结构性改革 新动能打开就业新空间》引用2017年就业蓝皮书数据。《人民日报》、《光明日报》、《中国青年报》、《中国教育报》、新华社及数百家全国和地方媒体每年持续转载、发布就业蓝皮书的数据和主要结论。与此同时，麦可思还与厦门大学合作成立了"厦门大学-麦可思中国高等教育数据中心"，与西安交通大学共建"高等教育质量评价协同研究中心"，与西南政法大学合作成立"法学专业人才培养与评价协同研究中心"。

在十余年的发展历程中，麦可思获得了社会各界的广泛认可，为上千所高校提供招生、学生成长、教学评价、教师发展、专业建设等服务。2012年12月，麦可思获评腾讯"2012年度教育致谢机构"，同时分别于2014年及2016年入选"中关村高成长企业top100"。

中国高等教育学科奠基人潘懋元曾做出这样的评价：麦可思的《就业蓝皮书》数据翔实，统计分析精辟。麦可思所取得的成就得到社会和高等教育研究界的广泛认可。国务院参事、中国与全球化研究中心主任王辉耀也曾表示，中国现在非常缺乏像麦可思这样用数据、研究方法、实证方法说话的机构，麦可思调查的样本很大，用翔实的数据和独到的调查、分析方法，对中国大学的教育、对中国政府的建言献策起到很大作用。中国高等教育面临改革，面临新的发展，要扎扎实实用数据来说话，麦可思的研究方法和统计方式，非常值得在教育界提倡。

恢复高考后的前三届大学生即1977级、1978级、1979级通常被看作一个统一群体，以平均不足5%的超低录取率成为中国当代教育史上难以复制的一代，王伯庆就是东北大学1977级的一员。

回顾自己在东大求学时的收获，王伯庆说："从本科到博士的国内外学习经历中，东大的本科教育对我影响最大，是我以后的求学和事业基础，虽然我并没有做与本科专业相关的工作。东大的教师为我树立了做高校教授的标杆，自己教学时常回想起"高等数学""电工学"和"物理化学"这三门课程的老师，他（她）们功力厚重、热爱教学。东大的同学也成为我学会学习的榜样，东大的校风也塑造了我的科学态度。优秀的本科教育之于个人的高等教育确是最重要的阶段。"

回顾自己的创业，王伯庆颇

大学时期的王伯庆

多感慨：

"事业成功的标志和标准是要对社会进步有所贡献。而我这种人才在美国太多，可有可无，回到中国才可能做出较大贡献。我一直专注于教育和就业问题，于是，想把对大学生就业问题研究的科学方法和自己多年积累的研究经验用于国内。

2006年，我年满52岁，从美国回国创业，被媒体戏称为'年龄最大的海归创业者'。我到西南财经大学做特聘教授，2006年10月，在西南财经大学一间教室里，麦可思公司成立了，我开始了创业之路。取名'麦可思'的含义很简单，就是'My China Occupational Skills'（我的中国职业能力）的缩写，非常中国的英文名字。公司成立之初，包括我在内只有三个人，我称麦可思的起步为'一、二、三，开步走'，是因为麦可思是从一间教室、两部电话、三台电脑起步的。"

"在国外，社会问题的民间研究机构代表着独立和专业。中国的民间研究还没有树立公正和权威，说到底，是因为专业公司需要有专业水平和道德素质，而这恰好是中国创业人、商人和民间研究机构最需要的品质。改革开放最重要的成功经验就是放开了民营经济发展，如果同样能够放开民间智库发展，中国的成功就不只是经济，而是智慧。没有高质量的民间智库，一个大国就只有半个脑袋，社会在重视和呼唤着中国智库的发展。"王伯庆说。

"创业到今天，我遇到很多困难，靠的就是坚持，要做大的事业没有投机可言，执着和寂寞才是唯一的法宝。由于坚持，有更多的人看到了麦可思的工作意义，越来越多的学者、政府教育管理者和高校参与到麦可思从事的高教跟踪研究工作中来。所以说创业者要有傻乎乎的乐观，还要有'到了黄河心不死'的执着。"

对于社会持续关注的大学生就业这一热点问题，作为一直研究劳动经济学的专家，王伯庆认为，当前大学生的就业问题，主要体现在就业质量。

一部分大学毕业生就业质量低，是由于大学生在学期间，没有掌握用人单位所需要的知识和能力，或者没有培养出用人单位要求的职业素养和工作习惯，由此带来毕业生薪资低、专业对口率低、离职率高、职业和行业的转换率高、职场磨合期长等问题。

改进教育不仅是高校单方面的责任，还需要政府主管部门和用人单位的共同参与。"麦可思作为民间智库，也为高校评估培养质量提供了帮助。"王伯庆说。

2006 年，麦可思引进了国际水平的职业分类、基本能力和核心知识分类系统，开发了答题软件系统，可以借助互联网技术对毕业后的大学生进行跟踪，实现高达 50% 的回答率。基于国际社会关于需求研究的理念和经验，麦可思建立起了大学毕业生的社会需求与就业质量跟踪系统，包括问卷与回馈软件系统、基于 IT 技术的领先调查技术、数据清理和分析系统、数据诊断分析系统。

王伯庆一直对教育和就业问题都很关注，想用最新的科学方法和自己多年积累的就业研究经验来深入研究中国大学生社会需求和就业质量，通过跟踪毕业生和用人单位，把调查研究结果反馈给高校，帮助高校了解社会需求与培养质量，使高校能够按照社会需要不断调整专业结构、改进课程设置和教学方式，以提高质量。

"我回国一开始做教授，如果不选择创业的话就不会这么辛苦。但我想更直接、更快地影响社会，以学者的探索精神，以企业家的实干行动，在中国高等教育管理咨询这块空白的产业中开创一个全新的事业。"王伯庆说道。

当谈到企业如何吸引和留住人才，王伯庆说"麦可思是一个'80 后'和'90 后'的创业乐园，我们的团队是一群有热情和活力的理想主义者。校园式的开放环境和参与文化吸引和留住了人才。但是，真正吸引和留住他们的是这份事业本身的重大意义——改变中国教育。"麦可思的事业不仅给年轻人提供了锻炼能力和快速成长的舞台，也让他们感受到被社会认同和被客户尊敬的荣誉感。

"做数据分析是一个非常专业的活儿，对专业性、诚实性乃至干净性都是有要求的，大家一听到'诚实'就觉得是一个很珍贵的东西，但它本来应该是一个底线。"专注大学生就业数据研究的麦可思总裁王伯庆说道。

"很多人问我当初做大数据是不是知道现在大数据会很热，我其实不知道，因为我只会做这个，而且我一直认为做大学生就业研究对人才培养很有意义，所以一直坚持到现在。"王伯庆说。

在客户和朋友眼里，王伯庆身上有很重的"书生气"，社交场合不太会应酬，但说起专业的事情，语速极快，历年的数据信手拈来。大家经常开玩笑说，只要有王伯庆出现的场合，不管什么主题，都一定会转到他所热衷的主题上。

熟悉麦可思的国务院参事室参事汤敏博士曾评价说"麦可思公司是中国教育界的一株'奇葩'。它奇就奇在，能在高等教育管理数据与解决方案这一市场上全新的领域，开拓出一片天空，迅速成为高校、社会大众和政府公认的权威机构。"除了做出的数据必须要干净、可信，王伯庆还要求员工从高校需求出发不断地打磨产品。作为公司最大的产品经理，在王伯庆身上有着同样追求极致的精神。"你以后的所作所为都要成为这个行业的标准，请好自为之。"他始终牢记一位资深人士在创业早期对他的忠告。

（素材搜集：王凌宇　内容修订：王伯庆　文字整理：王凌宇）

13 | 理工院校孕育人工智能创新者

—— 高始兴

校友简介

　　高始兴，1999年毕业于东北大学复合材料专业，后赴英国留学获得英国剑桥大学商学院硕士学位。并以distinction的最高等级优异成绩毕业。拥有计算机和管理双硕士，是国内最早的互联网创业者之一，拥有多年IT和互联网公司创业和管理经验。他与剑桥大学等英伦校友在剑桥高新区创立了AISpeech（思必驰），后归国创业。高始兴曾带领团队打造了国内教育领域最大的语音技术提供商（现驰声信息科技，已被网龙集团收购），2015年至今，先后孵化、投资了车萝卜、先声教育等14家人工智能生态企业。创业十余年，高始兴带领思必驰从教育领域转型物联网智能终端，并成为行业领先的语音人工智能公司，获得多轮数亿元的融资。

95th

东大校友
创业之路

DONGDA XIAOYOU
CHUANGYE ZHILU

192

企业概况

思必驰信息科技有限公司成立于2007年英国剑桥高新区，创始人均来自剑桥大学，2008年高始兴及其团队回国，公司落户苏州。思必驰专注于人性化的智能语音交互技术，是国际上极少数拥有自主产权、中英文综合语音技术的公司之一，包括语音识别、语音合成、自然语言理解、智能交互决策、声纹识别、情绪识别等。其语音识别、声纹识别、口语对话系统等技术曾经多次在美国国家标准局、美国国防部、国际研究机构评测中夺得冠军，代表了国际前沿技术水平，被中国和英国政府评为高新技术企业。

思必驰成立至今，先后获得联想之星、启迪、阿里巴巴、元禾控股、中民投资、深创投、富士康、MTK等多方投资，并先后获得剑桥大学商业计划奖、剑桥大学Downing基金、英国政府研发基金、国家电子发展基金、工信部电子发展基金、科技部创新基金、苏州科技计划领军企业基金等支持。2018年5月，思必驰完成5亿元第四轮融资，自2016年年底开始，思必驰近百人铁军团队封闭研发，历时大半年推出国内领先的全链路智能对话定制开放平台——思必驰DUI开放平台，覆盖多应用场景和丰富的第三方内容资源，内置国内最专业的语音及语言技能库，为物联网、移动互联网和互联网的开发者提供单项技术服务和完整的、高可用定制的智能对话交互解决方案。

"两端一横"，万物互联

思必驰整体业务围绕"两端一横"战略进行重点布局。"两端"即在智能终端领域向两端发展，专注泛物联网领域，包括智能车载、智能家居、智能玩具/机器人、智能手机等，前端布局语音芯片，后端升级平台能力，并深化方案的落地能力。"一横"即为横向扩展企业智慧服务项目，打造智能商业助理（business assistant），把消费端的自然语言交互能力扩展至企业端。思必驰从纵向、横向两个维度拓展产品和业务能力，不断探索人工智能语音技术的应用边界。

在智能终端市场，思必驰提供全链路的人机语音交互解决方案——DUI。目前，已与众多知名公司达成合作，包括阿里、腾讯、小米、富士康、联想、360、京东、海尔、浙江大华等。在智能车载后装市场占有率近70%，稳居行业第一。在智能家居、白电、机器人、智能玩具等领域已取得广泛合作，树立了包括天猫精灵、云米冰箱、联想电视等诸多精品案例，尤其在音箱市场，品牌覆盖率及出货量均位列榜首。数亿用户通过思必驰自然语言交互，实现与智能终端的互动交流。

在企业服务市场方面，思必驰于2017年7月成立北京研发院，专注于新场景和新技术的落地，打造企业智能服务定制平台。基于思必驰首创的启发式对话技术和复杂结构知识管理技术，通过口语或者文字等多种交互方式，建立一种更流畅的知识和信息沟通模式，帮助企业快速定制专属服务助手，实现企业和用户之间的无缝无碍交流，帮助用户获取更加清晰准确的信息。

思必驰已经成立两支人工智能产业基金，为将来打造千亿元人工智能大生态进行前期产业布局，目前已经投资了医疗、IOT、教育等行业，共14家人工智能及物联网大生态的上下游企业。

思必驰DUI开放平台支持快速自定义开发，多版本功能的DUI服务体系，全面服务个人、中小企业、专业大型企业的全产业链。基于DUI对话操作系统定制平台开发的智能家居、智能车载、智能机器人/故事机、移动应用、微信公众号等产品，可让数亿用户体验最人性化的对话交互。这一平台是第一个真正意义上的"高可用定制平台"，基于"云+端"的一体化解决方案和完整的开发者服务，以Dialog为核心，从语音语言技术到对话管理、技能服务、交互界面均可允许开发者自定义开发。DUI平台提供的对话技术包括："云+端"的语音识别、个性化的语音唤醒、基于场景的语义理解、支持上下文理解和多轮智能对话、多种可自调节的语音合成等，并且未来平台也将率先集成思必驰优秀的前沿技术，如声纹识别、个性化合成等。

启发式对话系统是思必驰研发的一种针对企业知识管理、帮助企业高效传递信息及实现商业目标的解决方案。在传统人机对话中，用户占主导地位，机器往往处于被动状态，等待用户提问后，再试图理解用户意图，只有在发现某些必需的参数信息缺失后，机器才会主动向用户发问。思必驰的启发式对话系统支持多轮对话，机器可以适当引导对话方向，一旦用户发起对话，机器在第一轮响应后，会主动向用户提问或提出建议性问题，启发和引导用户进入下一轮的交流。这样，除了缓解人们面对机器人时不知该提出什么问题的窘境之外，还能掌握沟通方向。

产学研兼修，让公司"无远弗届"

思必驰坚持产学研一体化的发展模式。与上海交通大学成立专属联合研究实验室，与苏州市人民政府联合成立"思必驰-上海交大苏州人工智能研究院"，同时，致力于智能语音语言及人机交

高始兴工作照

互前沿技术研发，不断强化技术商业化应用及成果转化，是国内极少数拥有原始创新能力和基础创新团队支撑的AI公司。

思必驰拥有完全自主产权的全系列语音及语言交互技术，从感知到认知，形成人机智能交互的完整技术链条，包含语音识别、语音合成、语音识别++、语义理解和智能对话等核心技术。

思必驰拥有优秀的底层技术研发实力，其语音识别技术支持丰富音频信息分析和挖掘，可完成实时云识别、抗噪及远场识别、大词汇识别和本地语音识别等。实时云识别技术可以实现将连续语音转成精准文字，对各种规模识别保持快速和精准；其云端连续语音识别准确率达到国内一流，通用识别准确率大于97%，垂直领域定制识别准确率大于98%；抗噪及远场识别针对不同垂直场景下的深度学习，让机器在嘈杂和远距条件下也能耳听八方，3米识别率达94%以上，5米识别率达92%以上；大词汇识别针对不同环境和人进行自适应调整，支持带口音普通话、方言、多语种的定制模型；海量数据不断更新，语音识别率持续提升。其本地语音识别适用于追求快速响应不需要网络的场景，如家居环境及车载环境，本地语音识别的通用识别准确率大于80%，支持超过3000条语法规模，其定制识别则大于98%。

语音合成技术是将文字转成流畅动听的声音，提供多音色、多语种、多风格的自然语音合成，支持高质量语音合成，包含名人合成音、可爱童音、标准男女声、个性化定制、大数据深度定制、小数据快速定制。

语音识别++技术支持识别"话外音"，提供文本信息以外的丰富信息识别，支持语音唤醒、声纹识别、年龄识别及情绪识别。

口语理解技术主要是针对不用场景和不同领域，强鲁棒性的口语理解交互。支持场景判断、意图识别、指代消解、渐进理解、智能纠错。

智能对话是基于任务型的多伦对话管理，支持复杂信息的人机交互。支持自由打断、信息检索、知识推理、多伦对话、上下文感知及任务驱动。其纠正打断技术是国际首个支持渐进理解、自由打断、智能纠错的对话系统；可随时打断，深度理解片段语句中的用户意图；基于对话历史的智能理解和推理，可纠错、可恢复，大幅提升语音交互用户体验。

人才为本，为企业"夯基垒台"

科技部副部长黄卫视察思必驰公司

2018年，教育部印发《高等学校人工智能创新行动计划》，提出到2030年，中国高校要成为"建设世界主要人工智能创新中心的核心力量和引领新一代人工智能发展的人才高地"，如何更快、更好地建设高水平人工智能专业，成为国内众多高校的重要任务之一。

作为人工智能语音技术的龙头企业，思必驰深刻感受到人才的重要性，因此高度重视人才梯队培养，积极探索人才培养新模式，开始与部分高校深入合作。目前，思必驰团队拥有员工500余人，其中70%为研发人员，大都来自国内外知名高校和科研院所，如剑桥、清华、北大、上交大、哈工大、中科大、中科院、西交大、西工大、华中科大、香港科技大学、以色列理工等。在研发人员中，硕士比例约为60%，博士占比约为20%。同时，思必驰还汇聚了来自阿里、腾讯、百度、乐视、英特尔、华为、滴滴等企业的资深专家。

为了培养更高水平的人工智能实操性技术人才，思必驰公司和驰星创投公司联合政府、学校、研究机构及相关企业，聚合产业资源，共同打造了一个新的人工智能教育平台——苏州驰星教育科技有限公司。该公司以AI智能交互技术为核心，搭建企业联合办学及企业服务平台，致力于为人工智能企业培养实操型技术及管理人才，通过建立智慧教育实验室、构建虚拟教师和虚拟助教等平台，让AI技术服务于教育。目前，驰星教育科技有限公司与100多所高校针对人工智能领域的人才培养开展了全方位、立体化、多层次合作，包括共建人工智能专业和人工智能实验室，开展人工智能实操性技术实习实训，共建大学生创新创业基地和人工智能产业学院等，目前，已有多所高校到苏州驰星教育参观交流，就多层次合作展开深入交流。

技术革新，推动产品不断升级

AI已成为无人不谈的话题，曾经，"Hey Siri!"为我们带来新鲜，成为启动iphone语音助手的第一步。逐渐地，"Hi Cortana""Alexa""OK Google"等走进我们的生活，这些语音命令均为智能设备的"名字"，即预设"唤醒词"。唤醒是人机交互的必要一环，目前，市场上已经出现了很多具备语音功能的智能硬件产品，包括智能后视镜、智能音箱、机器人、智能电视等。这些产品不约而同地追求超高唤醒率，但是设备唤醒的高灵敏，容易触发更多的误唤醒，用户在聊天或者看电视的时候，就常常遇到旁边的智能音箱突然被唤醒、被"插话"，让用户不胜其烦。如何让智能设备准确判断用户的使用状态，捕捉用户意图，降低误唤醒率，是提升产品体验的重要一环。

——针对令人头疼的误唤醒情况，思必驰升级了超低误唤醒技术，基于云端的唤醒词验证办法，通过大数据分析，获取用户使用状态分布，采用深度学习技术，分析当前声学环境，挖掘用户意图，从而动态调节唤醒状态，特别是结合环形麦克风阵列，可以更有效捕捉用户空间声学环境，更加有效地降低误唤醒。此前，大部分产品能达到2次/24小时的误唤醒率已经算是不错的水平，而思必驰最新的技术优化后，在普通干扰环境（背景聊天、电视播放等）下的500多小时实测，每48小时误唤醒仅一次，在维持超高唤醒率的同时，误唤醒率相对降低60%，产品体验大大提升。思必驰的线性4麦阵列、环形6麦阵列都有着十分优秀的前端信号处理能力，能够有效抑制噪声并进行语音增强，准确计算说话人的角度和距离，实现对目标说话人的跟踪和语音定向拾取，支持5米远场交互和180°/360°全角度拾音。超低误唤醒率技术结合麦克风阵列，可以更有效捕捉用户空间声学环境，追踪用户意图，更有效减少误唤醒。

辗转踌躇，先行者终有所获

2013年，中国爆发了智能手机换机潮，出货量3.2亿台，同比2012年上涨64%，同时，移动互联网市场规模突破千亿大关。海尔、高通等企业针对物联网发起了AllSeen联盟，海尔、美的等家电企业也都有落地的物联网家电产品批量进入市场。

2013年9月7日，思必驰发布"对话工场"，这是以开发智能语音对外汉语口语教育系统起步的思必驰团队重新审视互联网行业的结果。高始兴觉得，这一年，中国移动互联网拉开了中场帷幕，思必驰需要迎风而上，找到一个落脚的大方向。另一方面，Siri 等语音助手的兴起，也让思必驰看到了语音对话平台的方向，"那个时候的语音助手市场有几百、上千款产品"，于是就有了"对话工场"这个对话平台，并开放底层的 ASR、TTS、NLU 等 SDK 接口，试图赋能当时的语音助手开发者。

然而，这个平台没有做起来。"当时物联网刚刚起步，市场规模没发展起来，更不用说物联网中的人工智能自然语音交互市场，从产品普及度到产业链的成熟度、产业化落地速度和质量都不够。"高始兴分析其当时的市场环境感叹颇深。2013 年做对话平台的方向对了，但是这一步走得有点早了。

一年之后，物联网的风口渐起，有了前车之鉴的思必驰把对话平台暂且放在一边，转而选择软硬一体化的道路，顺势而为做了一款智能车载产品"车萝卜"，将语音人工智能落地到创新端。2015年，基于"车萝卜"的技术提炼，思必驰推出了 AIOS 系统，开始赋能车载、家居、机器人三个垂直市场，满足这三个垂直领域在自然语言领域的不同需求。

"对话工场"这个"早产儿"让高始兴明白，当时思必驰的能力还不足以提炼出一个平台。如果思必驰没有做车萝卜，没有做AIOS，没有对这三个垂直市场的理解，就不会有对开发者和对客户的理解，不理解他们的需求，就无法将这些能力去模块化，更无法给开发者提供全链路服务。高始兴反思得深刻彻底：当时的"对话工场"没有这些能力，做不了平台。"你不深入扎到水里面，就不知道这个水的深浅，绕的这些小弯路都是顺势而为，大方向没错。"有了车萝卜和AIOS的经验后，高始兴认识到：做平台，必须要把端到端的各个环节打通，才能把体验做好。比如一个音箱产品用了A公司的麦克风阵列、B公司的语音、C公司的自然语言理解技术，这种割裂的系统带来的体验会非常差，"因为前端麦克风阵列是别人的，很难去根据其采集的数据来调自己的模型。此外交互感非常差，因为交互是基于识别结果的，未来人机对话的过程应该系统化地去优化这个交互方案，而不是一个串行的系统。"高始兴解释道。

到了2016年，物联网市场的帷幕完全拉开，思必驰的团队发现，越来越多的开发者和客户在个性化、定制化、敏捷度等方面的需求越来越高，辗转四年的思必驰终于可以回归初衷，全链路定制一体化对话式平台"DUI"。2017年7月，思必驰在多年智能语音技术基础上，以Dialogue为核心，结合GUI和VUI，自主研发了全链路智能对话定制平台DUI，为开发者提供高可用定制的人机对话技术服务，为智能终端开发者提供核心交互能力，协助传统设备实现智能升级。DUI致力构建以场景服务为基础，以用户为中心的自由人机交互体验，支持自由调用图文、列表、音乐、内嵌网页等多种控件，提供从唤醒、语音识别、语义理解到对话管理、

国家工信部部长苗圩视察思必驰公司

内容输出、TTS播报的全链路技术的超高度定制。DUI还拥有优秀的大数据平台和产品运营中心，帮助开发者快速优化产品，秒级在线热更新。

2018年7月，思必驰在多年语音交互技术的基础上，首创启发式智能交互技术，并结合复杂结构知识管理技术，又推出了"会话精灵"（talking genie）企业智能服务定制平台，提供虚拟机器人的在线定制服务。"会话精灵"是一种更流畅的知识和信息沟通方式，旨在通过人机交互领域的前沿技术研究，帮助企业快速定制专属服务助手，通过口语或文字等多种交互方式，实现企业和用户之间的无缝无碍交流，通过启发式对话，适当引导用户关注焦点，帮助用户获取更清晰、准确的信息，为企业提供真正的交互式智能助理服务。

2014—2018年的探索，在高始兴看来并不是弯路，或者最多算得上是小弯路，而正是这些小弯路，让大方向的道路越走越直。

对话未来，打造极致交互体验

"未来整个物联网人工智能世界一定是对话的世界，人机对话的世界就是万物赋能对话。"在高始兴眼里，未来所有的端都要有对话的能力，这就需要一个能灵活定制各种需求的全链路一体化对话平台。据高始兴介绍，DUI平台几乎每个模块都能实现定制，包括唤醒词、语音识别、语义理解、对话管理和输出、TTS，它可以向开发者提供完整的智能对话交互方案。不过高始兴表示，一体化的平台并不代表里面包含所有能力都由思必驰来做，"思必驰会联合其他的合作伙伴组成一个大的能力平台，最终做出能赋予开发者All in one能力的一体化平台"。

研究机构Gartner曾预测，到2020年左右，85%的企业服务都将由人工智能完成。目前国内的智能客服项目，多以工单流程为核心、处理售后为主，而除了工单、流程处理以外，企业级的智能服务需求还有很大一块没有被满足，即不同领域、同一领域的不同公司、同一公司的不同部门用户，除了在流程办理之外，常常还希望了解更多相关知识和信息，都有对其独有信息的传播诉求和对外沟通的需求。

思必驰不仅关注语音控制，更关注人机对话式交互。目前多轮交互、打断纠错等技术处于国际领先水平，为产品提供专业深化的场景解决方案，为企业提供启发式对话的智能服务，同时，开放DUI全链路智能对话定制平台，推进语音语言技术的应用规模化。

在传统移动互联网时代，流量入口被切分为很多块，应用市场、各种App、社交网站、资讯网站等。但是，未来的流量入口会有颠覆性的变化，高始兴的设想是，在物联网端，很多流量入口将会消失，不会再有App、输入法、安卓市场等，这些分散的流量入口会汇聚成一个大端，形成一个流量入口。"未来可能就是你买了几个不同的端，不同的端代表不同的服务，中间是一个大的人工智能系统在运转。"他的另一个想象是，未来下载的不是App，而是Avatarstore（阿凡达），安卓市场会演变成虚拟人物市场，每个虚拟人物背后代表不同的服务。

因此，"未来一定会走向对话智能"。对话智能意味着机器更懂人类的想法，在人机对话中，当机器听不懂时，它能主动询问人类，并知道如何提问，以求得更好的理解，这是一种完全自然的语言交互。而现在的交互系统大多是结构式，用手机订餐馆时，需要选择菜系、位置等，像填空一样必须按照系统提供的结构去填，这种方式不能满足人性化需求。高始兴认为未来的人机对话应该是："我晚上要和女朋友吃饭，帮我定个浪漫的餐馆。"未来人机交互体验应该是追求人性化的方向。同时，未来的人机交互不只是自然语言交互，还会加入图像人脸识别等多模态，这也是一个趋势。

市场往往是以当下为中心的，高始兴回想起互联网市场早期严重的中心化现象时说："当时手机上被安插了所有能想象到的所有功能，做App的企业恨不能让冰箱都能下载App，但是终局不一定是这样的。一个时代的迭代变革是巨大的，就像今日头条，当年很多人看不上，但后来它展示信息的方式还是吸引了大量受众，现在已经很少有人看门户网站了。未来门户会消失，未来的市场争夺战，物联网时代的占端竞争，已经因AI开始。"

高始兴认为，"市场是否饱和，不看有多少家公司在做，而是看它们服务的对象市场怎么样，因为无论是谁在做，服务的市场大致是一样的，目标市场起来之后，再去推演上游市场达到什么阶段。现在物联网市场刚刚拉开大幕，所以这个市场远远没有饱和，移动互联网刚刚从红海到血海，这是个巨大的市场。"

在互联网市场，有玩家就一定有排队。在语音技术领域，业内把百度、讯飞这样的公司排在了第一梯队，而把思必驰和云知声排在第二梯队，高始兴并不认同这种排队方式，"排队可以，但要看维度"。从公司规模上，思必驰当然没法与BAT相比；从产业维度来看，讯飞在2B2G上也是第一梯队。但从技术上看，高始兴信心满满，"思必驰在物联网端的自然语言交互技术是全球领先的。"据其介绍，思必驰目前在物联网自然语言交互上有近200名AI人才，人数超过了所有其他公司，思必驰的愿景就是要帮助开发者在不同场景中打造极致体验的交互产品，沟通万物，打理万事。

竿头日进，塑造江苏靓丽名片

思必驰公司一路走来，创业至今，已成为行业领先的语音人工智能公司。面对成绩，高始兴并不满足。总结经验，他同时感悟良多，他认为，技术创新型企业要实现良性发展，至少需要具备以下因素。

首先要有战略耐心。技术型创新企业和产品型创新企业的发展模式是完全不一样的，产品型企业是单点驱动，抓住机会迅速做大爆发；技术型创新企业从技术原型到产品demo到最终推向市场，迭代循环的周期特别长，任何一个节点的失误都可能会导致创业失败。当越过了很多障碍以后，曾经解决问题的方法和能力都将成为企业的核心竞争力。

其次要有正确方向。由于技术型企业的创业周期长，所以方向必须要选择正确。方向对了，再曲折的道路也不会远；一旦方向选错了，在这么长的周期下，走到最后损耗的不只是时间和资本，更重要的是耗费了时机和人心。

再次要有合理团队。人工智能创新企业想要成功，团队里既要有科研人员，也要有成熟的企业家。而纯粹的技术创新型企业往往容易发展变形为科学家的实验室，创业不是从A推导到B的简单过程，最重要的是要能够在各种干扰因素中抓住关键点，在遇到挫折的时候及时清醒过来，而这些往往是科学家们看不到的，所以，团队一定是科研、市场、产品、战略运营的组合。

最后还要多轮驱动、齐头并进。"虽然技术是核心驱动力，但产品化和商业化也需要良性发展，如果技术指标非常好，产品体验特别差，就是四不像了。"高始兴说。从技术纬度上讲，物联网时代由于干扰因素很多，如噪声、距离，这促使语音交互在不同的场景化上需要一个大幅提升。同时，交互技术要从语音输入、合成这类基础的感知智能走向认知智能，让设备像人一样思考，把语音识别与合成、声纹识别、自然语言理解技术融合在一起，把智能设备打造成为机器人。从产业化纬度上讲，思必驰将语音交互技术赋能给各个产业，比如思必驰为车载系统、智能电视、智能音箱等合作客户提供个性化的技术服务，包括DUI开放平台、企业级智能服务、人机对话操作系统、人工智能芯片模组等，并在赋能这些智能终端后，进一步丰富后端服务资源，用以满足用户多样化需求。高始兴进一步解释道："语音交互是一个媒介手段，是一个入口，是一个平台。从互联网—移动互联网—物联网的年代演进中，语音逐渐成为人类和所有设备交流的手段，所有信息的输入输出几乎都会逐渐以语音为主，所以，这个入口会产生非常大的价值。语音是一个平台，由此可以衍生出很多的应用方向，从机器人行业到智慧政府、金融、医疗、教育等行业，通过AI+让传统行业提升产业效率和产品价值，降低运营成本，优化配置。"

面对未来，思必驰依托人工语音智能交互技术，在传统与新兴的多个工业制造领域行业产业进行AI+综合布局。高始兴踌躇满志，在国家经济转型升级和产业动能转换的历史进程中，致力于把人工智能产业打造成江苏省另一张靓丽的名片和风景线。

（素材搜集：马亮　内容修订：苏州思必驰信息科技有限公司　文字整理：马亮）

14 | 创新推动中国城市高质量发展

——龙固新

校友简介

龙固新，1968年10月生，1990年7月本科毕业于东北工学院（现东北大学）经济管理系，现任德思勤集团董事长。

他是国内资深房地产综合运营专家、清华大学房地产总裁班特约讲师、中国都市综合区理论践行与运营第一人、"德思勤模式"创始人、全球第三个产业综合功能区的践行者、中国房地产金融投资领域的领先者。他在中国房地产领域有重大影响力，先后荣获"中国体验式商业地产领航人物""中国金星奖·中国房地产业突出成就人物""中国地产金融50大关键人物""中国商业地产卓越贡献奖"等称号。他所独创的德思勤模式，被誉为中国产业升级、城市发展、区域进步的创新推动力模式。

作为中国最优秀的区域运营专家，他深耕中国城市运营逾17年，对中国房地产市场有着深刻的洞察能力和丰富的实践经验，在

亚太区创新实践"城市功能综合区"，操盘项目覆盖中国35个大中城市、上百个房地产项目，并且在豪宅、大型都市综合体、酒店公寓等领域已经形成系统的专业操作体系。

可以说，龙固新和中国的都市综合区基本画上了等号。龙固新带领的德思勤集团一直致力于都市综合体的研究与实践，对全球综合体思想进行深入研究，先后出版了《都市综合体实操》《全球都市综合体典型案例集》《大型都市综合体开发研究与实践》第一版和第二版（第二版成为国家"十一五"重点规划图书）等著作，系列著作中深度分析了法国、英国、日本、美国、新加坡等地的成功综合体案例，同时，也收纳了德思勤在国内实践的一些大型综合体项目，前瞻而系统性地提出都市综合体的研究理论，在房地产领域引起极大反响，成为中国综合体开发、房地产从业者、城市管理者的教科书。

在历经多项开创性研究、积淀百余个项目的顾问实践后，龙固新敏锐地抓住了新一线城市崛起契机，在武广、沪昆、渝厦三高铁成就的南中国高铁枢纽第一城——长沙——打造了中国首个城市功能综合区——长沙·德思勤城市广场。该广场

龙固新主编的《大型都市综合体开发研究与实践》

以亚洲娱乐时尚目的地为目标，以全新的商业模式、场所精神、文化态度和商务气场，重塑长沙核心竞争力，为长沙城市高质量发展提供产业、文化与创新创意支持。

德思勤城市广场项目位于长沙城南韶山南路与湘府东路的交汇处，既是湖南省府CBD核心，也是长株潭三市融城枢纽。坐拥3高铁枢纽优势，总建筑面积57万米^2。涵盖ICSC亚洲最佳购物中心，包括20万米^{2}四季汇购物中心、2栋甲级写字楼、多条主题商业街、3栋精装城市公寓、8栋高级商务会馆、亚洲电视中心、4D及IMAX影院、24小时书店、创大街等诸多业态，成为长株潭千万级城市群的商业中心、文化娱乐中心、商务金融中心，以及中部的超级消费天堂和旅游目的地。

在都市综合体建设中，发力于城市发展与产业升级的创新模式——"德思勤模式"——被中共中央政策研究室原副主任郑新立评价为"德思勤打造金融、文化、设计、电商等为核心的产业集群，抓住了未来中国20年城市与产业升级与发展的趋势，这将不仅仅是湖南乃至中部城市未来发展的方向，也将代表全球未来城市发展新方向，将成为中国产业升级创新的新模式。"

在这一模式践行下，德思勤荣获"2017最佳城市运营商"，长沙德思勤城市广场荣获"最佳城市运营项目"，德思勤24小时书店荣获"最佳城市运营IP"。德思勤模式以文化筑底、为产业筑平台、为城市聚人才、以创新塑IP的运营成就获城市运营顶级权威一致认可。包括上海浦东新区、深圳前海考察团、珠海横琴、北京大栅栏北京坊，以及广东顺德、广州南沙、青岛、南京等各地区和组织不断考察、借鉴及寻求与德思勤合作。

2018年，德思勤更将创新推向新高度。针对城市高质量发展，专注于从顶层设计着眼中国产城发展的供给侧改革，以放眼未来的产业设计和人才政策设计，全力帮助中国城市建设现代产城发展体系。这一理念将在德思勤·湘江湾等多个城市创新发展区域落地实操，开启"德思勤模式"服务于中国产城升级的全新征程。

长沙德思勤城市广场夜景实拍

长沙德思勤城市广场外立面实拍

从"深圳经验"到"对标粤港澳"的高质量发展——"德思勤模式"服务中国产城升级

德思勤自2003年首次实践概念尚且模糊的综合体，到2005年在国内首倡"都市综合体"概念至今，综合体已在全国遍地开花。而深圳作为德思勤综合体理念的肇始之地，在这一领域的发展领先全国，以深业上城等为代表，德思勤为其所做的城市综合功能规划，将空间与交通、产业打造成了复合式平台，并前瞻引入了文化、艺术、时尚等引领性元素，以功能之名行产业之实，既成为其所在区域的经济、功能制高点，同时，也推动该区域成为城市的经济、功能制高点。

对区域的顶层设计能力，促使德思勤以深圳为起点，推动了全国综合体的风起云涌。在长株潭中心区打造了中部现代服务业中心——德思勤城市广场，并在这系列实践的经验推演中，于2016年7月与佛山市顺德区人民政府联合，率先提出了"粤港澳大湾区都市群国际示范区"的战略目标与建设规划。这一规划被纳入顺德区"十三五"规划重点工作任务，并在2017年的全国两会上写入政府工作报告，上升为国家战略。

随着德思勤走出深圳、走向中部，经过十余年的发展，德思勤已成为集产业综合区开发、房地产金融、商业及资产管理、文化传媒等于一体的产业金融公司。德思勤凭借丰富的区域运营经验与雄厚实力，赢得卓著的专业化声誉，备受信赖和尊重，将深圳经验与本地化结合、创新、落地，使德思勤成长为中国城市功能综合区首席运营商。

通过德思勤城市广场的开发运营实践，德思勤在产品开发、产业资源整合、商业招商运营、营销与品牌运营方面，构建了极具特色的核心竞争力体系。

一是产品开发能力。已形成较大市场影响力的四大产品体系，包括德思勤四季汇购物中心（亚洲最佳购物中心）、德思勤艺术公寓（国际化高端时尚住宅）、德思勤商务公馆（创意性办公写字楼）、德思勤24小时书店（创新创业交流展示平台）。

二是产业整合能力。项目依托高端物业与湖南产业资源优势，在区域内构建企业新品展示、投融资对接、创意交流、上市路演、政策发布的集合地，为创新创业搭建完整的生态圈。目前，已吸引数百家企业进驻办公，并联合阿里云、飞马旅、侠客岛等优势资源，打造复合式创客中心。

三是招商与运营能力。亚洲最佳购物中心——20万米^{2}的四季汇购物中心，创造了湖南购物中心开业首日客流量达30万人次的纪录，且每月日均客流量以10%的速度稳步增长，开业仅6个月即稳居长沙市购物中心日均客流量第三位，年吸引客流超过1600万人次。

四是营销与品牌运营能力。牢固树立了"中国城市功能综合区运营商"的品牌形象，使物业资产取得良好的溢价，更通过专业品牌运营，成为湖南市场上首屈一指的标杆项目。

自项目开发以来，德思勤城市广场多次荣获国内外大奖，包括ICSC国际商业地产商业中心大奖，2013年度亚太地区城市综合体典范金奖，科技部、国家科学技术奖励工作办公室联合颁发的2013年度"精瑞科技奖——产业创新奖""2017CCFA金百合最佳都市型购物中心""亚太地区房地产创新服务典范奖""中国商业地产金坐标-最佳商圈商业模式奖""中国最具创新模式城市综合体年度贡献奖""最佳城市运营项目"等。

打造"三位一体"城市综合功能区——"德思勤模式"发力中国城市高质量发展

龙固新独创的"城市功能综合区"模式，是依托交通枢纽和信息网络，以区域运营和商务楼宇为载体，打造完善的产业硬件设施，搭建以千亿级尖端科技产业为龙头、现代服务业为配合、研发创新为助力的产业体系，并配套综合服务功能的"三位一体"综合示范区。

相比传统的商业地产开发和产业园区开发等国内主流城市区域开发模式，德思勤模式从区域长期运营的角度进行整体规划与开发，从产业布局、商业规划、生活方式三方面系统打造、联动发展。产业为商业提供高品质消费人群，商业与生活方式配套为产业中心提供餐饮、娱乐、购物、住宿等消费，区域内形成"产金融合""产居融合""产消融合"的产业生态，满足产业集聚所带来的办公人群创意交流、时尚体验、文化休闲、高端居住等需求。区域

长沙德思勤城市广场街区实景

布局功能完善的产业配套区，融合商业与文化娱乐等设施，形成高端人才的集聚中心，为城市提供创新创意产业平台与文化艺术交流平台，为所在区域带来可持续消费、税收和就业，成为中国产城升级最具代表性、引领型的创新模式。

聚焦生命科学与机器人技术领域——携手母校，打造尖端科技产业聚集区

东北大学学研实力雄厚，校友中涌现了近50位院士，并有多名院士和长江学者担任学校教授。材料科学、工程学、化学、计算机科学等学科进入ESI全球排名前1%，建有东北地区最大、全国区域名列前茅的超算中心，中荷生物医学与信息工程学院、生命科学与健康学院、信息科学与工程学院等院系成果倍出。

依托母校强大的工程、材料、信息技术与生命科学技术优势，龙固新正在谋篇布局，携手母校，吸引各类渠道资源，打造以生命科学与大健康、信息技术、机器人技术等为核心的全球尖端科技中心，以东北大学国内首家机器人科学与工程学院为研发动力，逐步发力机器人产业及产业生态，实现"研发—技术—资本—设计—制造—产品—市场"的全方位融合渠道。同时，提供以金融文化中心为依托的城市功能综合区平台，以一流商业与文化娱乐配套设施，为产业高端人才提供文化、娱乐、购物、住宿等功能于一体的十分钟工作生活圈，在区域内形成产学研展于一体、科技与文化融合、具有全球示范意义的尖端科技产业聚集中心。

同时，将发起举办"东北大学院士论坛"，汇聚众多院士、尖端科技领域顶尖学者，构建顶级专家智库和开放的创新平台，形成在更大范围和更高层次凝聚人才和资金要素的学研平台，导入各自领域优秀资源，为母校学研之光做出创新贡献。

紧扣环境、社会、经济三大指标铺展顶层设计——将德思勤塑造成"城市指标体系塑造专家"

龙固新将德思勤打造成为专业的城市指标体系塑造专家，在顶层设计上，为中国城市打造高质量发展的城市体质，为中国城市发展导入经济、社会文明、环境三大城市发展指标体系，让集尖端科技产业核心区、现代服务业聚集区、国际城市综合功能区"三位"于一体的德思勤模式，从源头上即服务于城市高质量发展，推动城市生活向美、向好发展。

在经济上，龙固新强调适合特定城市产业现状及发展规律的产业生态圈及跨界生态链建设。在规划上，以适配度高的战略新兴产业作为主导产业，形成集尖端科技研发中心、研发性大学、核心企业、上下游产业链、创新孵化、并购基金于一体的产业体系，带有独特的"龙式"产城规划设计风格，保持恰到好处的领先度及适应性，从根本上解决城市产业发展的阶段性与长期性平衡问题。

在社会文明上，将城市文化艺术、产业艺术、生活艺术作为城市综合服务的重要组成部分，吸引文化艺术内容和人才聚集，形成创意设计与文化交流的全球创意社区，通过空间、商品、配套设施、公共服务、场所精神和社会活动等多种形式，将中国城市所缺少的文化生活方式有生机地塑造起来。

在环境上，以德思勤的"十分钟工作生活圈"模式为蓝图，将高质量的交通出行、工作、生活、居住、休闲、娱乐、文化、教育浓缩在十分钟半径生活圈内，一扫拥堵、雾霾、高昂居住成本、环境代价沉重等城市病，推动城市经济、社会文明和生态环境的高质量发展。

对标粤港澳大湾区——建设湘江湾区

2018年，龙固新对标粤港澳大湾区，设计了中国首个内陆湾区发展模式。他以"智能城市+数字建筑"为基础设施，以尖端科技产业核心区、现代服务业集聚区、国际城市复合功能区"三位一体"的创新模式强化现代经济体系建设。经济、生态、社会文明三大指标体系全面对标"粤港澳大湾区"，为长株潭核心一线湾区设计出具备全球吸引力的创新发展模式，在北京、上海、长沙等多个城市的城市对接活动上，签约和吸引了数百个产业机构，并形成在全球湘籍顶级人才的聚集态势。整合现有企业、人才、技术等优势资源，以新能源汽车及零部件、尖端医学与生物医药、军民融合与艺术创意三大战略性新兴产业为发力点与突破口，搭建集尖端研发中心/研发性大学、核心企业、上下游产业链、创新孵化、并购基金等于一体的产业生态圈，着力打造长株潭科技创新高地与尖端人才集聚地，形成吸引世界500强企业与尖端人才的良好软性发展环境与国际化硬件综合区，带动区域转型升级与经济全面发展。

德思勤湘江湾区项目签约现场

从绿色建筑到数字建筑——形成领先超级智能城市示范

以湘江湾区为代表，龙固新为城市设计的经济体系强调跨界融合生态。在重点发展新能源汽车及其跨界产业生态链、尖端医学与生物医药产业、军民融合产业、艺术创意等战略新兴主导产业的同时，将电子商务、智能制造、云计算、大数据、智慧物流、研创金融作为跨界产业生态链的关键要素加以重点培育，保障区域高质量发展。综合创新试验区将联合尖端科技企业，构建系统的智能城市解决方案，率先打造领先的超级智能城市示范。城市空间以智慧城市与数字建筑作为基本设计要素，打造国际领先的数字城市、智慧城市。以数字建筑为空间基础，互联网、物联网、电信网、广电网、无线宽带网等网络组合为基础设施，使城市运营形成可持续生态系统，人力资源、交通、能源、商业、通信、水资源、土地资源等城市的不同部门和系统之间实现信息共享和协同作业。以创新的智慧管理和运行机制，实现市民美好生活创造和湘江湾产城发展的和谐推进、并行不悖。

生活方式创新——打造十分钟生活圈

在顶层设计中最具鲜明特征的一点在于：龙固新将区域发展设计为城市"先行一步的示范区与关键枢纽区"。在规则之初就把自己定位为城市群的推手，与城市群发展的每一项基础设施建成，包括高铁、城铁、城际轻轨的落成，都能够实现快速、准确衔接，切实作用于该区域生活方式。这一理念，集中体现在龙固新独创的十分钟生活圈上。

德思勤独特的"城市生活方式中心"塑造模式，以"十分钟生活圈"重塑城市生活方式发展模式，以城市交通枢纽中心的功能综合区为载体，将交通出行、工作生活、居住休闲、娱乐文化浓缩在十分钟半径生活圈内，打通"工作—生活—娱乐"界限，一扫拥堵、雾霾、人居成本高昂等城市病，创造便捷幸福的城市生活。

| 全方位需求解决方案 | ➡ | 永动型复合商务平台 | ➡ | 永不落幕的商业文明 | ➡ | 绿色健康的交通出行 | ➡ | 触手可及的娱乐时尚中心 |

复合商务 + 体验商业 + 六维交通，高品质满足城市生活所有需求

以六维立体交通网络为基础，楼宇垂直经济形成了以千家现代服务类企业为主、数百家配套服务企业为辅助的复合商务生态。体验商业则为该区域的企业、数万名工作人员及辐射范围内的所有市民提供丰富多彩的物质文明，形成了24小时繁华不落幕的"十分钟生活圈"。

形成"三维 + "商务服务体系

德思勤独有的创新商务服务体系，形成了甲级写字楼服务于500强和外企等大型机构、商务会馆服务于中小企业、创业大街服务于创业企业的商务服务生态，同时，24小时书店和电视中心为进驻企业提供了全方位的品牌推广服务。独特的"三维+"结构，全面覆盖所在城市或区域的全方位商务需求。

设计有街+MALL+文创商业+创意集市的城市定制型商业服务体系

庞大的商业业态资源库及专业的商业运营管理团队，针对所服务城市或区域的商业特性，提供可持续的商业重塑方案。以 ICSC 亚洲最佳购物中心为核心商业，针对性地配置辅助商业业态。其中，街区商业含有街区动态商业+园林静商业两个维度，文创商业含有非遗文创、艺文文创、娱乐文创、艺术文创等多个维度，创意集市含有手工艺、美食系、运动休闲系、鲜花绿植系、亲子互动系、艺术体验系等多个系列。

建成联通全球的综合交通枢纽中心

高铁+地铁+轻轨+机场+高速+共享交通，德思勤构建了结构完整的交通创新资源，将创新的共享经济模式和清洁能源交通工具相结合，完成了大交通体系与社区最后一公里间的闭环，彻底改变了中国城市居民的出行理念，将城市道路还给公共交通与共享交通，以创新便捷的出行方式，实现有效治理城市病的目标。

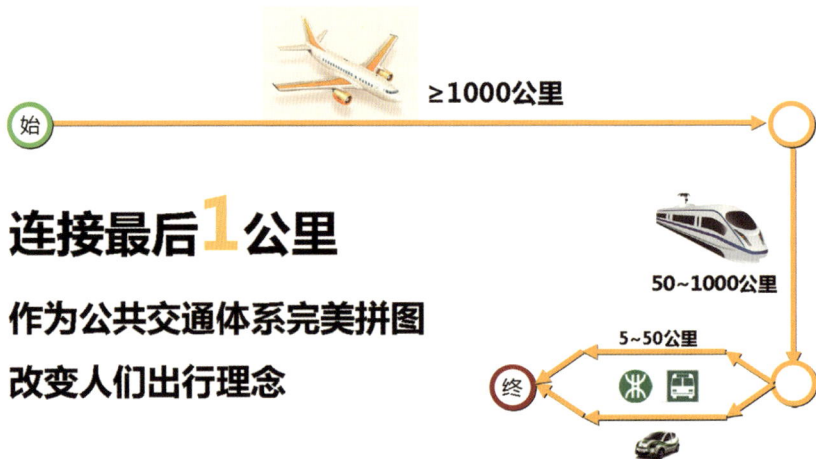

始 ≥1000公里

连接最后1公里

作为公共交通体系完美拼图
改变人们出行理念

50~1000公里

5~50公里

终

运营一站式的高品质餐饮娱乐和文化休闲城市时尚目的地

德思勤紧扣消费升级，形成了独特的消费解决方案，为所在城市及区域提供高品质、国际化的城市娱乐时尚目的地塑造方案。通过独有的商业资源，打造难以撼动的娱乐时尚体验，其影响力通过六维立体交通体系，形成五公里服务半径——半小时交通圈——半小时通勤圈——三小时城市群的递进辐射效应，堪称以生活方式的革命塑造城市财富汇聚地的独有创新。

搭建多维度城市公共文化创意生活平台——创办24小时书店

有人说，在深夜为读者点燃一盏灯，一座城市的未来就被照亮了。如今，德思勤集团董事长龙固新接过这份文化情怀的薪火，由他创办的长沙德思勤24小时书店于2015年与读者如约而至。龙固新表示，他正在努力打造全球性的创新创意设计中心，德思勤24小时书店是一个重要的架接平台，他将其定位为"多维度城市公共文化创意生活平台"，这也将是湖南第一家24小时书店。

龙固新介绍，有别于传统书店，德思勤24小时书店是一家根植于超级都市综合区的24小时书店，占地面积3200米^2，24小时不

德思勤24小时书店实景

间断提供集阅读、电影、音乐、美食、创意设计、艺术、展览于一体的文化大餐，将承载创新创业、金融交流、文化交流、工业设计创意、亲子互动教育、公益慈善等六大平台功能，故被外界形象喻为"深圳万象城+深圳书城"。

龙固新表示，德思勤24小时书店将以平台化概念为主要经营定位，结合书籍与创意商品、工业设计、非物质文化遗产等跨界运作，在公益性文化事业与经营性文创产业领域并进发展，"我们的24小时书店更多的是根据都市人的生活习惯和特性进行打造的，将文化、艺术等多方面引进、传播、发展，从而引导城市人对阅读的关注及重新重视"。

在双创服务领域推陈出新——孕育适合年轻人创业的大文化产业生态

龙固新认为"城市的未来属于来自五湖四海、但选择为这座城市奋斗的千千万万怀揣着梦想的年轻人，为文化发愿，不能不理解和支持在文化领域创业的年轻人"。这是一件值得整合全球文化产业资源共同去做的事情，每一个走在前面一些的人都应该为这些年轻人尽一点力。

德思勤在双创中心打造方面，具备资源广泛、经验丰富、层次饱满的优势。其资源包括但不限于一流加速器飞马旅、顶级孵化器阿里云创客+、创新的联合办公空间"硅谷+"，以及安永等高端现代服务业企业，并擅长打造集企业新品展示、投融资对接、创意交流、上市路演、政策发布的综合区，为国内外大中小型企业提供集投融资、品牌宣传推广、上下游连接的全产业链商务成长平台，为所在城市的创新创业搭建完整生态圈。

龙固新创办德思勤24小时书店之后，一年有超过140万人次的读者来这家永不打烊的书店读书学习。2015年启动的"德思勤晚八点"活动，邀请深圳大学副校长李凤亮、房地产金融之父——新加坡国立大学邓永恒教授，以及澳大利亚GHD中南区总建筑师罗朝阳、西利标识研究院院长张西利、中国社科院博士后郑铁桥、"中国文学最迷人的异类"薛忆沩、独立作家野夫、公共外交第一人余熙、"光明行"组长李芸博士、传媒创新旗手"芒果黑美人"等产业领域的名家，为年轻人提供了长沙的另一种城市夜生活方式，也使他们有机会接触到更多的顶级双创资源。

在大文化产业生态中，处于生态圈内部的资源方，包括媒体、城市运营商、城市管理者、文化产业运营者，都不能忽视这个生态圈中千千万万怀揣梦想的文化创业者。龙固新长期致力于帮助这些在路上跋涉的人，为他们打造全球文化创新创意创业平台，和上下游产业同人共同努力，做出中国的文化4.0，贡献出自己对文化大融合的顶层设计和对文化产业生态圈的搭建能力，为文化创业领域的年轻人提供富于活力的大文化产业生态，帮助年轻人实现文化创业的梦想。

"德思勤晚八点"活动现场

创业者要找到适合平台，并让创新和效率成为习惯

德思勤在长期实践中深刻认识到，城市发展的底气和活力不是来源于消费，而是来源于千千万万的创业者，他们是城市活力和能量的终极来源。德思勤创业过程中的种种创新和实践，在本质上都围绕着"我们能为双创者做些什么"这一终极使命。

作为一名持续创业者，龙固新认为创业是一种使命感，创业者要学会找到能够激发自己能力的平台，更要让创新和效率成为生活习惯。

在平台上，创业者要做的不仅是站在巨人的肩膀上，更重要的是要融入一个创新创意的场景中，并尽量生出更多突触，争取和全世界的行业资本、行业知识、行业内容、行业人才、行业同人连接起来，让创业和成长同频共振，同向同行。

以德思勤创新创业示范区为例，包括马云的孵化器阿里云、袁岳的加速器飞马旅、联合办公侠客岛及硅谷+等构建的全要素、全

德思勤"创业大街"实景

生命周期的全链双创平台，从联合办公到孵化、到加速、到"产学研展商"一体的商务商业平台，加上"德思勤晚八点"全球双创连接沙龙等双创聚集平台，资本、知本、前人和同伴……让创业者不再孤独。

与此同时，创业者要学会构建规律健康、高效极简的工作生活方式。龙固新研究发现"应用于自身的时间管理，在投射到需要外联的部分时，常常会因为交通抵达成本、资源获取成本大打折扣"。在这一层面创新的不止德思勤。建立自己的10分钟工作生活圈，让自己的时间和精力更多地专注在创业本身上，势必会达成事半功倍的效果。

未来，通过在全国范围内实现城市功能综合区的快速布局，龙固新希望德思勤专注于打造"一带一路"城市中最符合国际城市发展指标的城市群。以旧金山、纽约、东京湾等全球三大湾区为仿效范例，在粤港澳大湾区、长三角、京津冀、长株潭湘江湾区、柬埔寨七星海、西北城市群等湾区及城市群打造科技、金融、文化的城市功能综合区，搭建全球三大湾区的资源输入平台，形成产业科技和人文价值高、人才高度集聚、产城可持续发展、高度符合城市管理艺术的全球区域运营样本。在此过程中，他期待加强与母校及校友的紧密联系合作，共同推动东北大学强大的学研资源产业化、市场化，共同为中国产城发展做出创新贡献。

（素材搜集：张旭华　内容修订：龙固新　文字整理：张旭华）

223

15 │ 一只雏鹰的成长之路

——刘洪伟

校友简介

刘洪伟，1987年12月生，山东青岛人，中共党员，东北大学计算机科学与工程学院系统结构专业2013级博士研究生，沈阳东深科技有限公司董事长兼总裁。曾任东北大学博士生兼职团委副书记。曾获2016年"沈阳十佳青年创业标兵"、2016年"沈阳市五四奖章"、2018年"辽宁青年五四奖章"等多项荣誉。

2011年，年仅24岁的刘洪伟成立深蓝工作室，开始创业之路。从一张办公桌到一间六人寝室发展成的办公室，他以过硬的技术和诚挚的态度获得客户的一致认可。2014年正式成立沈阳东深科技有限公司，致力于以科技服务社会，先后开发出动态人脸识别系统、中国版"天眼"技术等，荣获"中国海智创新创业大赛"金奖。2015年成立东深研究院，致力于以核心技术驱动公司发展，布局大数据、人工智能等前沿领域，东深科技从定制化的IT公司向以数据为核心的科技创新型企业转型。如今，东深科技已经发展成为一家拥有200多名高学历员工、三家IT全域服务公司（含两家全资子公司）、三家区域分公司的中型企业。然而，刘洪伟的创业之路仍在继续……

立鸿鹄志，做创业者

"古之立大事者，不惟有超世之才，亦必有坚忍不拔之志。"或许是因为背井离乡的踌躇满志，或许是因为骨子里那颗不甘平凡的心，刚上大学的他便决心尽快经济独立。在不影响学业的前提下，利用课余时间做兼职来赚取自己的生活费，以减轻父母的经济负担。

高中毕业那年，刘洪伟作出了一个不一般的决定——以进行一次"吃尽苦头""向死而生"的打工经历作为自己的成人礼。他带了20块钱来到青岛轮胎厂打工，用他自己的话来说："难度超乎想象。"由于钱少，他节衣缩食，只穿工地发的工装，极尽节省，早晨一碗粥配咸菜，中午、晚上是咸菜馒头。然而过高的劳动强度还是超出他的预想，并且因为年纪小体能跟不上，劳动危险程度也相应提高。刘洪伟的工作重复、辛苦，是轮胎厂里最劳苦的活儿——日复一日地推轮胎。每次要推好几个，一个50型号的钢丝轮胎重100多斤，并且体积很大，很难推动，摞轮胎的时候一不小心就会砸向自己，滚轮胎的时候也可能会侧翻。一次轮胎侧翻砸向他，十个脚趾甲瞬间就压掉了两个，"十指连心"，痛彻心扉，刘洪伟一口咬住轮胎，鲜血从嘴角"哗哗"直流……为了考验意志，他用矿泉水瓶接自来水喝，一个月后准备离开工厂时，矿泉水瓶爬上了青苔。那一年他学会了底线思维，接触了最劳苦朴实的一线工人，学会了宽容、理解和爱。那一年，他18岁。

大一他在五星级酒店当服务生，大到宴会布置，小到桌椅、桌布、酒杯、碗筷等的摆放标准，他都烂熟于心。这些在平常人看来无所谓小细节，他一丝不苟，常常一干就是20多个小时。刚开始穿不惯皮鞋的他经常将脚后跟磨得流血，下班后在桌子底下躺一晚，第二天坐最早的公交车回学校上课，那一年，他20岁，大一。那一年，他的志向简单而纯朴：经济要独立。

随着学业不断深入，课程压力也逐渐增加，但并没有动摇他经济独立的决心。暑假他像往常一样在工厂打工，并利用休息间隙研读计算机专业网站开发的书籍。公司的经理被他的执着和努力打动，并看到他踏实、勤奋的工作态度和独当一面的工作能力，决定让他尝试给公司开发网站，并告诉他周边的企业也有同样的需求，如果他的产品过硬，可以帮他引荐。那个暑假，他和后来被他推荐来的同学赚到了两人整整一学期的生活费和学费。那一年，他21岁，大二。他的志向变得清晰而明确，除了经济独立还要做和自己专业相关的事业。

为了更好地提升自己的专业技能、检验自己的学习水平，他决定去软件公司实习。东软是中国第一个上市软件公司，是东北三省最大的软件集团，在全国60多个城市建有营销与服务网络，为几十个国家提供IT解决方案与服务。刘洪伟想通过这个实习更好地锻炼自己的能力、开拓自己的视野。

由于过硬的技术，面试当天，刘洪伟就被技术总监派到国务院直属部门国家土地督察局，一个人负责一个省国土督察的技术支持。在工作期间，他受到一些国家领导人的接见，了解到国家正在极力推动"大众创业、万众创新"，并实施简政放权、放管结合，

中国沈阳海智创新创业大赛决赛现场

优化服务改革，减免小微企业税费等一系列重大措施，调动广大人民群众的创新创业热情。"大学生是创新创业的中坚力量，特别是像你这种优秀的大学生，更应该去闯出自己的一片天地，发挥大学生创业的先锋模范作用。"一位领导满怀期待地对他说。这次意外的经历，不仅丰富和提升了他的阅历，也坚定了他要干一番事业的想法。他发现自己不仅仅是"想"创业了，而是"要"创业了。

此后，他真正开始了创业积累，从技术领域优势分析、人脉积累、管理经验开始学习，并且不断地自我反思。这使他更加坚定了创业的决心，开始着手成立自己的工作室——深蓝工作室，那一年，他24岁，研一。他的志向远大而坚定——要拥有自己的事业，要做新时代的奋斗者。

求真学问，练真本领

"玉不琢，不成器；人不学，不知义。"刘洪伟深知知识是每个人成长的基石，在学习阶段一定要把基石打深、打牢。大学阶段是人生中最宝贵的成长阶段，要丰富学识、增长见识、练真本领，为未来的发展打下扎实的基础。

深知赚钱有多么不易的他，知道只有依靠丰富的学识、精湛的技术能力才能获得成功，才能实现理想和抱负。大学期间他异常刻苦学习，重复地过着"两点一线"的单调生活——打工和学习，永远往返于打工和图书馆的路途中。不打工的日子里，他几乎都泡在图书馆里，正是这段时间他接触到了计算机专业的相关书籍，并对此产生了浓厚的兴趣。他敏锐地捕捉到计算机行业未来将带给人类社会的巨大变革，因此除了环境工程专业，他又选修了第二学位——计算机专业。"大学只规定了我们必须修的课程，从来没有不允许我们修其他课程"，抱着这种信念，他在完成环境工程专业的相关课程外，还超额完成了计算机专业的课程。此外他还旁听了软件工程和嵌入式的部分课程，人送外号"旁听之王"，那一年，他21岁，大一；是"沈阳市优秀大学生"。

"我觉得计算机专业的每一门课程对我的未来都有价值，所以我在计算机专业课上花了很多的时间，非常努力。我想要做与计算机相关的事情，从某种角度上说我是一个理想主义者，但是我又很实际，总是在想怎样实现自己的理想。"想要从事计算机专业的刘洪伟，深知现在最有意义的事是把计算机专业的基础课、专业课踏踏实实地搞好。首先要成为一个优秀的程序员，无论是方正、3721、雅虎还是搜索引擎，理论基础实际上就是大学计算机专业二、三年级的知识。只有把基础打牢，未来才可能做自己的软件和项目。计算机是大学里的必备工具，但多数计算机专业的学生并不是用它在编程，而是在打游戏、看电影。而刘洪伟则把主要的时间和精力花在软件开发上，还在念大二的他就自主开发了很多好用的小程序，直到现在还在被同学们津津乐道。

随着学习的深入，他越发感觉到继续深造的必要性，于是决定报考计算机专业硕士研究生。读硕士研究生时，他花了很多时间尝试着编一些软件，并开始协助导师完成很多高水平的课题项目，很多课题项目一直持续到他博士研究生阶段。时代的变革推动着人不断开拓进取，随着互联网的飞速发展，特别是随着社交网络、物联网、云计算、多种传感器的广泛应用，以数量庞大、种类众多、时效性强为特征的非结构化数据不断涌现，数据的重要性愈发凸显。传统的数据存储和分析技术难以实时处理大量非结构化信息，于是大数据的概念应运而生。刘洪伟意识到大数据对互联网生态乃至整个人类未来的重要影响，只有不断地学习才能始终保证自己站在技术革命的浪尖之上。在博士研究生阶段，他选择了主攻大数据方向，对海量不确定数据管理、海量非结构化数据管理等领域进行了深入的研究。在刘洪伟看来，攻读博士研究生的过程中，不仅可以学到精深的知识，更重要的是可以开阔视野、明确方向。

知行合一，实干创业

"纸上得来终觉浅，绝知此事要躬行。"学到的东西不能停留在书本上，不能只装在脑袋里，要在实践中去检验所学，以知促行、以行求知。正所谓"知者行之始，行者知之成。"

看似寻常最奇崛，成如容易却艰辛

一直励志开创一番事业的刘洪伟，本着这样的信念，在 24 岁时成立了自己的工作室——深蓝工作室。"深蓝"是美国 IBM 公司生产的一台超级国际象棋电脑，是世界上第一台在正常时限的比赛中击败等级分排名世界第一棋手的超级电脑。取名"深蓝"意味着刘洪伟希望自己的工作室在未来也能创造出具有跨时代意义的人工智能产品。

在他的努力之下，工作室逐渐发展壮大，他开始尝试与沈阳三好街周边的小公司合作，为他们开发网站、定制软件等。"看似寻常最奇崛，成如容易却艰辛"，第一次尝试性合作就发生了意外。由于总包公司单方面的疏忽，签合同的时候将一个3万元的项目错估成了3000元的项目，几番讨论后，总包公司决定承担违约赔偿，结束这单生意。考虑到总包公司是想尝试着和他们工作室合作才接的这个项目，也许真的是初生牛犊不怕虎，怀揣感恩之心的他在不变更酬金和工期的前提下接下了这单"不公平"的生意，以此来消除总包公司的损失。

为了如期完成订单，他每天只睡2~4个小时，累到眼睛看不清了，就去水房洗脸，直到最后洗脸都不起作用了就上床睡一会，然后被闹钟吵醒接着干，最终于半个月后将项目如期交付。也许就是他的这份感恩与担当打动了总包公司，后来，总包公司不仅把自己的项目包给工作室，还介绍其他相熟的企业，其口碑在业内逐渐传开。早期的深蓝工作室为刘洪伟日后的事业奠定了基础，积累了最初的客户和资金。

深蓝工作室成立3年之后的2014年，刘洪伟创立了东深科技有限公司（下称东深科技）。成立之初，公司仅有3名员工，办公环境也较为简陋，在学生宿舍内架起3张书桌，摆上3台电脑，就成了公司的生产线。公司主要业务是软件定制服务，依托于东北大学这个平台，以PCWeb开发、手机Web、Android/iOS开发、微信开发等为主。2015年上半年，公司经历了发展以来最艰难的日子，此时的自然界正是一派"寒冬已过去，春意暖天涯"的时节，而对于东深科技来说却仍是一片寒冷的冬天。数十万的款项一直不能付清，每月仅能偿还2~3万元。由于客户企业大环境不好，再加之经营不善，导致100万元的订单违约，造成前期的准备工作大部分白做……。资金、市场、人员的压力接踵而至，对于初创公司而言，这是残酷而且致命的，在这段困难的日子里，刘洪伟每天都如履薄冰、战战兢兢，不知前路在何方。他的生活充满了竞争、危机和压力，远不是外界所看到的意气风发、春风得意。但对理想的坚定和信念的执着让他不妥协、不放弃，刘洪伟带着他的团队夜以继日，以极大的毅力，克服了一个个难关。在这期间，他们积极寻找新的客户源，转变公司单一的经营模式，寻求公司发展的新出路，终于熬过了"严冬"，让客户和同行都惊讶不已。

工作中的刘洪伟

"对于创业者而言，其实很多时候我们都是在找一个对的人，不管是合作人还是客户，都是希望找到更值得信赖的人。"刘洪伟认为"道虽迩，不行不至；事虽小，不为不成"是永恒的道理，做任何事都要严谨务实，一分耕耘，一分收获。慢慢地，凭借"务实、担当和感恩"的企业文化及过硬的专业素质，刘洪伟团队逐渐在行业内赢得了赞誉和口碑。

毕竟成功何处是，五湖云月一帆开

经过这次惨痛的经历，刘洪伟及时总结经验和教训。他认识到传统的软件定制行业已经不再风光，要转变公司单一的经营模式，走多元化的发展道路，并要拥有公司自己的核心技术和产品。他开

231

始着手拓展新市场，将目光锁定在C端市场的拓展上，包括生鲜O2O平台、广告传播平台、车管家O2O平台等。同时着手创新创业的道路探索，与东北大学成立了联合实验室，开始进行高精尖项目的研发和市场化。

2015年下半年，公司已经脱胎换骨，在创新创业的道路上有了突破性的进展，东深科技与中航工业集团、通兑宝集团股份有限公司等企业在室内定位等领域展开了通力合作。这份来之不易的进展是以刘洪伟团队多年执着的信念为积淀，加之敢拼、敢闯、敢创新的行动换回来的。

刘洪伟并没有满足于眼前所取得的成就，而是继续前行在创新创业的大道上。凭借自主创新的技术，公司一路高歌猛进，提出"智慧时代iAge"的战略概念，主要提供大数据服务，研究基于iBeacon的WiFi和蓝牙的室内定位技术，可实现一整套基于用户当前位置的商业服务平台，如智慧商场、智慧社区、智慧停车场等。以智慧商场为例，公司将用户平时的购买习惯转化为信息进行存储，并建立相应的用户兴趣模型，当用户再次进入这一智慧商场时，可通过移动客户端接收相关通知，获悉个人习惯购买的品牌或商铺有哪些新近优惠信息等。

通过成功的战略转型，刘洪伟带领的东深科技不断挑战市场发展的极限。为了满足公司的发展需要，他先后在广州、上海、宁夏地区成立了分公司，从而将公司业务辐射到华南、东南和西北地区，目前公司员工规模达到200多人，其中拥有由25名博士研究生和35名硕士研究生构成的研发团队、约100人的开发团队及独栋的办公楼。公司对外提供IT技术服务和互联网运营服务，主要涉及政府、教育、金融、环保、电力、军工等领域，年营业额5000万元以上，主要合作伙伴包括神华集团、国家电网、中国航空工业集团、中冶集团、华电集团、航发实业总公司、顺丰速运集团、索菱股份有限公司等。

何须浅碧轻红色，自是花中第一流

沈阳东深科技有限公司创立至今，已发展成一家基于信息技术的创新型、多元化服务公司。与传统的IT公司不同，东深科技不仅为广大政企用户提供先进的软硬件产品，更围绕政府、教育、金融、环保、电力、军工等领域为其提供产业行业咨询、信息化建设、产业运营"三位一体"的立体化服务。公司已在金融、环保、电子商务、教育等领域中拥有自己稳定的产品，产品包括电商平台、分销系统、众筹平台、进销存管理系统、第二课堂成绩单管理平台等，并针对客户企业提供售后服务器运维服务。

东深科技总部坐落于沈阳市浑南区锦联新经济产业园，注册资本3250万元，现有员工中本科以上学历员工占比94%以上，硕士研究生以上学历员工占比近50%。拥有政府、教育、金融、环保等领域具有领先案例经验的咨询团队，以及大数据、人工智能领域的顶级专家团队和技术研发团队。东深科技还在全国各大区域设置分支机构，业务范围覆盖全国。主要业务范围包含两个板块，即IT板块和互联网服务板块。在大数据处理方面，公司的技术实力强大，主要做非关系型数据库，海量、异构、不确定的数据处理。东深科技先后为中航工业、中国航发、抚顺市交通局、怡森环保、宁夏理工大学、沐诺农场、思飞众筹等客户多次提供软件定制化开发服务，以整体解决方案应对客户发展需求。

在大数据服务领域，形成了以大数据采集、挖掘、分析为基础，以可视化大数据产品和机器视觉安防产品为核心的业务链条。主营基于Hadoop、Spark和Storm生态的大数据挖掘、分析、建模、可视化等业务，打造可视化大数据平台。平台基于具体行业需求，有针对性地研发数据处理算法，如基于环保行业的、由各类传感器构建的业务场景，构建设备在线运维中的自动化预警-分析-处理模型，针对电商的用户行为痕迹的会话数据处理模型等。这些算法有效地解决了行业客户的业务需求，为客户更好地创造价值提供了条件。

在计算机视觉领域，公司主营视频数据分析和基于多目摄像头的安全报警系统。通过对多目摄像头采集的数据进行处理形成3D图像，进而对视频监控区域内的移动物体进行识别判断。这种技术手段可有效用于安全报警、车辆筛选和路线追踪等业务。

在教育行业中，公司专注于从学生和高校教职工的视角出发，构建多维融合的智慧校园平台。以互联网思维和前沿信息技术打造第二课堂，构建"互联网+教育"管理新模式；专注于本科教育、职业教育、创新教育的信息化顶层设计与咨询、教育信息化系统设计与建设、教育软件产品研发与数字内容制作、教育信息化应用示范与推动、教育信息化应用系统运营与服务。通过IT支撑、唯一运营、资源整合三措并举，打造连接各高校、教师、学生及用人单位的深造或就职的高速路。作为辽宁省共青团第二课堂平台开发商，目前该平台已经覆盖全省30多所高校。此外，公司还长期与东北大学等多所高校合作，以专业团队和创新技术打造符合高校特色的交互式信息化管理平台，为高校提供更加科学化、规范化、高效化的学生信息管理平台。

"第二课堂成绩单"项目，是高校信息化系统的项目之一，是刘洪伟在东北大学读博士研究生并担任校团委副书记期间开发的一个信息化平台。刘洪伟对这个系统饱含深情，他评价这个系统："管理更科学、数据更准确，这套系统比你更了解你自己。"这份成绩单可以帮助企事业单位和毕业生更加精准地进行双向选择。相比传统由教务处汇总的第一课堂成绩单，第二课堂成绩单主要分析的是学术能力，在校期间的干部任职履历、参加的学校活动讲座都记录在案。换句话说，大学期间的学习生活轨迹都体现在这张成绩单上。它包括一个课程体系、一个评价体系、一个记录式评价、一个综合评价，它不是一份包装过的成绩，而是一个客观记录和过程延展的成绩表达。刘洪伟认为，未来企业的竞争优势应该是立足于创业者本人扎实的专业基础，并对某行业的深度开发。年轻的刘洪伟的每一步，都在尝试着不断发掘与创造行业制高点。

学生数据展示中心

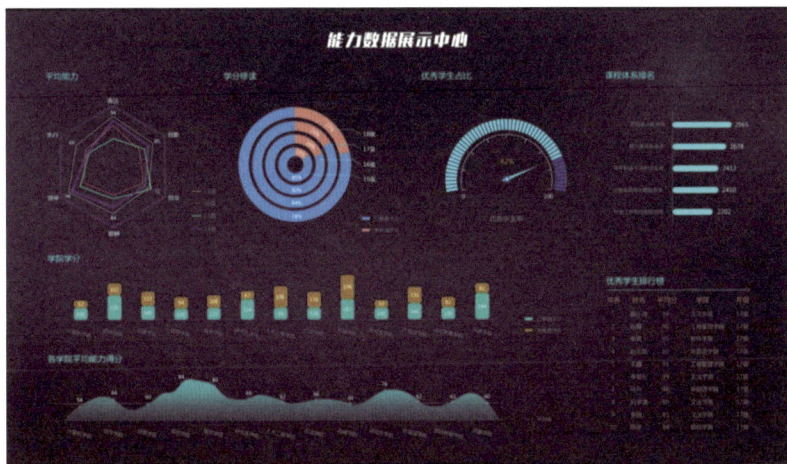

能力数据展示中心

在金融行业中，公司从互联网中实时抓取海量的交易数据和企业相关的数据，并对数据进行预处理，辅助金融工程人员进行消息面的迅速整理和模型趋势预测，同时针对个性化的客户业务进行定制化。目前合作用户有上海证券交易所、中方信富、东呈科技等。

在环保行业中，公司利用大数据分析技术，通过模型预测、分级预警、工艺优化等，实现生产资源优化配置、降低人力成本，为工艺改进提供数据支持，达到环保标准要求，对环境治理做好监控。主要合作用户有怡森环保、灏金环保等。

在电商行业中，公司通过提供一套基于PC、移动终端及微信端等多点数据呈现和采集平台，业务覆盖B2B、B2C领域，通过数据挖掘、机器学习及大数据分析技术实现"数据+经验"的营销新理念。公司不仅为顺丰速运集团、辽宁环保产业联盟、玖伍文化城、媒妁集团等提供服务，还采用此项技术开发了自己的电商平台。

"选配"电商平台是由东深科技自主研发的新型直采电商平台，消费者通过手机下单选择优质特产，足不出户便可品尝到各地的独特美味。平台通过大数据挖掘、机器学习及大数据分析指导运营和推广工作，对用户进行画像分析，针对目标用户特点进行产品营销，让消费者以优惠的价格享受到优质的美食服务。

在车联网行业中，公司自主研发了虚拟仪表系统+智能车机+ADAS系统，利用安装在车上的多种传感器，在汽车行驶过程中随时感应周围环境，收集数据并进行系统运算与分析，从而预先让驾驶者察觉到可能发生的危险。该产品主要与国内第一家主板上市的车联网公司——索菱股份有限公司——展开合作。

东深科技秉承"诚信、共赢、创新、突破"的核心价值观，坚持为客户与合作伙伴带来优质、可靠、高价值的信息与产业支撑服务，在与社会各界建立良好合作关系的同时，也赢得了业界和客户的一致好评。未来，东深科技会不断提高自身的业务能力与研发水平，将专业与高效一以贯之，用更高的标准严格要求自己，努力打造更具实力的现代化创新型科技公司。

刘洪伟尊重知识、面对现实，他认为：未来一定是结合科技，对某一个行业达到深度理解，才具有竞争优势。他以严谨的作风综述了数据科技发展的进程——电子化、信息化、数据化、模型化、智慧化。现在的应用技术层面多数还只是完成了电子化、信息化和数据化，而未来则是模型化和智慧化的时期。做科技最难的就是技术的不断革新，新技术产生后，一定会在一定程度上变革市场，在技术方面如何掌舵，甚至提前储备，决定了产业在未来社会的领先性。从PC端时代到移动互联网、物联网、可穿戴，再到最终的可植入，谁最终掌握了人工智能的入口，谁就有可能引领下一个时代。

向辽宁省科协张春英书记一行介绍公司产品

统思想，蓄能量，创未来

价值观奠定公司基石

刘洪伟常说：市场竞争归根到底是人才竞争，人是企业之本，企业要大要强，必须得有一支高素质的员工队伍。首先，制订公司发展规划和员工职业规划，使企业前进有方向、员工奋斗有目标。其次，严格企业内部管理，引入创新机制、淘汰机制、竞争机制和激励机制，使能者上、平者让、庸者下，坚持以业绩和能力为价值取向。同时，注重对人才的培养，将企业发展目标与员工切身利益相联系，使员工在实现企业目标的同时实现个人价值，构造企业与员工的命运共同体，让员工和企业共同成长。几年来，在他的领导下，企业不仅创造了可观的经济效益，也形成了务实、担当和感恩的企业文化，培养和造就了一支年轻、活力、开拓进取的员工队伍。

在管理实践中，刘洪伟对员工的要求是强调综合能力发展，用他自己的话概括，就是要做一名"全战人员"。他自己不论是战略还是市场，对公司里的所有角色都可以从头到尾"走一遍"，包括前端美工、项目开发、项目组长、项目经理、甚至整个设计需求，刘洪伟自己能够担当起公司所有角色，这就是"全战人员"。目前，公司所有人员基本上都是"全战人员"，都能挑起所有角色。刘洪伟的人才培养观念是，每一个员工都"全战"，会有效帮助到企业管理者的任务分配和绩效考核决策，使公司能够做到更加有序公平，并且更有利于公司储备未来人才。

对于创业型公司而言，用对、用好人才，形成强大的向心力和凝聚力，会使公司业绩和发展呈现事半功倍的效果。"只有符合企业核心价值观的人才能为企业的发展贡献不竭力量"，刘洪伟如是说。在工作中，他十分注重心与心的交流。他说：给予是相互的，员工为企业创造价值，企业就应该付诸相应的回报。当他得知员工生病或遇到困难，无论多忙，都会抽出时间去探望关怀，给予帮助和慰问。节假日福利、员工生日庆典、团建活动样样做得精心，让每个员工都能感受到公司的温暖。

以创新立不败之地

在激烈的市场竞争中，刘洪伟认识到企业想要做大做强，必须摒弃"小富即安"的思想，特别是信息化行业，只有下足工夫搞好科技创新，开发科技含量高、市场潜力大、发展后劲足的高科技产品，企业才能立于不败之地。

刘洪伟花大力气引进优秀人才，带动公司科技创新，使公司产品时刻保持在行业领先地位。多年来，公司先后从"北、上、广、深"引进了一大批拥有BAT工作经验的高素质技术和管理人才。刘洪伟常讲，创新永不止步，公司每隔几个月就会发布新的软件版本，完善新的产品应用，时刻带给用户最好的体验。公司在科技创

时任辽宁省委书记李希视察东北大学

新的道路上开拓进取，短短三年，公司已经拥有13项软件著作权证书。

聚众智打造东深"智库"

从创立东深科技之日起，刘洪伟就意识到自主核心科技对一个企业的发展是何等重要。在企业实践中，刘洪伟发现，现代人才市场招聘周期长，并且高端人才紧缺。他发挥创新思维，整合东北大学资源，与老师和同学们一起创立东深研究院，依托研究院和老师们的强大支持、博士团队的能量注入及后期公司人才培养体系，将师生的技术研发与公司的研发包装紧密结合、无缝对接，不仅完成了一次次科技成果转化，而且在人才储备方面也实现了逆风飞扬。刘洪伟和东深科技实现了自我造血，将劣势转化成优势。

2014年，最初由刘洪伟博士、刘泽光博士和孙永佼副教授及团队的10名硕士研究生组建成了东深研发部，致力于大数据集成与管理、数据分析与挖掘、数据呈现等领域的研究。

2015年，东深研发部进行改组，成立东深研究院（NEUNB-R），主要涉及大数据、数据挖掘、机器学习、人工智能等领域。由王国仁教授（长江学者、国务院特殊津贴获得者）任名誉院长、首席科学家，由袁野教授（CCF优博、"优秀青年科学基金"获得者）任常务执行院长。并邀请到人工智能领域专家——新加坡南洋理工大学教授黄广斌、大数据领域专家——香港科技大学教授陈雷、推荐系统领域专家——澳大利亚昆士兰大学（排名全球前50）教授阴红志为东深研究院特别专家。

同年，东深研究院与东北大学计算机科学与工程学院联合成立大数据（BD）和人工智能（AI）联合实验室——MITT实验室。MITT实验室立足辽宁、面向全国，以大数据管理与大数据分析作为主要研究领域，通过基础研究和应用基础研究来实现原始创新，通过新概念、新理论、新方法、新技术和系统开发，直接为两化融合、物联网、电子商务、智慧城市和空间信息应用等行业产业领域服务。

MITT实验室以大数据管理与分析为核心，主要研究方向为云计算平台、大数据存储、大数据管理、大数据分析和人工智能。这五个研究方向相互依存、相互促进、相互渗透，形成了有特色、高水平的计算机学科研究基地。实验室核心成员由教授6人、副教授6人，共计12位东北大学的专家、学者构成，其中长江学者1人、杰青1人、优青1人、全国优博提名2人、CCF优博1人。

在未来的日子里，东深科技将进一步加大科技研发投入，不断开发新项目，引进更多创新型人才，也将更加注重对员工创新思维的培养。同时继续扩大与各高校的合作，不断从校园吸收创新人才，在为高校资助科研资金、协助学校开展科研、培养学生科研能力的同时，也为公司的科技发展提供不竭动力。

饮水不忘掘井人

公司自成立之初发展至今，得到社会各界的大力帮扶，因此对企业的社会责任有着深刻的理解。作为创新型的科技企业，在实现创收利税的同时，应当提供更多的就业岗位回报社会。为此，公司依托现有资源，与沈阳各大高校展开深入合作，每年为本科生提供实习实训岗位，对学生的职业技能进行全方位培养，使学生从进入公司起就能胜任相关岗位的工作，也为公司的战略发展储备人才。目前此项"人才联合培养计划"已经同东北大学、辽宁大学、沈阳航空航天大学、沈阳建筑大学、沈阳工业大学等高校签署战略合作协议，预计每年能够为社会及企业培养合格的技术人才200~500人，帮助学校推荐就业200人，每年为社会提供就业岗位50~

100个。

　　未来，公司将从人才培养到技术成果转化，再到形成市场产品，软实力与硬实力相结合，打造自己真正的产业闭合平台。公司将抓住互联网和大数据时代契机，不断做大做强，为社会提供更加优秀的产品与服务，成为时代领军企业，造福一方。

纸上得来终觉浅，绝知此事要躬行

　　创业是开拓新世界，也是活在竞技场，一旦开始，就永处战时。创业路上从来没有一帆风顺，鲜花与掌声的背后是许多不为人知的坎坷与磨难。如何带领企业在激烈的市场竞争中站稳脚跟并不断发展壮大，是每一个创业人日思夜想的问题。刘洪伟认为："创业是我自己的选择，也可以说是被一个时代选择，我的创业赶上了一个最好的时代。"他坚信：要培养出一个成功的创业者，就要帮助他开阔视野、找到定位。

　　作为青年创业者，刘洪伟将自己的创业感悟分享给大家，希望对志于创业的人有所启发，在奋斗路上有所收获。

　　一要励志。"志不立，天下无可成之事。"立志对人的一生有着非常重要的意义。刘洪伟在很小的时候就确立了要做一番事业的志向，他觉得这对自己以后的道路很重要，也希望当下的年轻人一定要花时间想清楚自己需要什么，一定要把自己的理想确定下来。如果曾经迷茫，那么在读大学的时候也一定要想清楚自己未来的方向，确定了理想，以后的路就非常好走。创业不是一时的头脑发热，是一条布满荆棘的坎坷道路，所有成功的创业者都是踏在失败者的身躯上，所以一旦确定了创业的道路，就要坚定地走下去。

　　二要求知。"问渠那得清如许，为有源头活水来。"知识的积累是创业的根基，只有不断读书学习，吸取新鲜知识、思想、才学，智慧才不会枯竭，才能永远充满生机。首先，在学习阶段要打好扎实的基础，这是创业的根本。其次，求知是一个伴随一生的学习过程，特别是在这个日新月异的时代中，只有不停学习才能永葆自己的思想活力。特别是作为企业的战略者、决策人，自己的每一个判断都决定着企业的生死存亡，只有不断增长学识、开拓眼界才能为企业的发展输送新鲜的血液。

三要坚韧。没有人能随随便便成功。创业不能仅凭一腔热血，而要有持之以恒的韧性，要有承受压力的能力，所有成功的背后都有着很多不为人知的艰辛。相信每一个成功的企业家都可以举出无数的例子证明曾经艰难的日子。做企业每天都有很多琐碎的事，如果没有论持久战的韧性，就很难坚持下来。很多创业者开始时激情满满，坚持不到三个月，激情退去，创业也随之夭折。如果没有这样一种思想准备，就不适合去创业，特别对于青年人，很多时候成长比成功更重要。

四要信仰。创业是一种信仰，所有创业者都是理想主义者。世间一切功名利禄都是信仰的附属品，一切事业都是信仰的附属品，创业是对这种信仰不断修炼和自我完善的过程。仅用盈利的理想去激励团队是不行的，必须还要有激情和信仰。只有持续的激情才能感染投资人，把创业理念支撑下去，只有把创业当作一种持久的信仰，不断积蓄力量，才能不动摇、不迷失、不被诱惑，坚定地走下去，没有激情和信仰的路是走不长的。

五要包容。人作为独立的个体，每个人都有自己的特质，也有自己的困苦，但是无论怎样都要面临一个开放的世界，因此要用包容开放的心态去面对世界，只有这样才能和伙伴合作，单打独斗的力量是非常微弱的。

一个时代有一个时代的机会，一个时代有一个时代的责任。谈起公司的未来，刘洪伟说："做科技的人一直有个梦想，就是要把自己的企业发展到真正造福人类，真正从某一个方面引领未来，并实现公司所有员工的个人价值。"

刘洪伟，一名"85后"，他勇于开拓、不断超越，用丘吉尔的"永远不要轻言放弃"作为自己的座右铭，督促自己坚持创新、坚持学习、坚持进步，他告诫自己和同路人："成长比成功更重要!"

（原文作者：沈阳东深科技有限公司　整理修订：邱梦雪）

16 | 预判发展大势，引领潮流之先

——陈潮先

校友简介

陈潮先，1979年10月生，福建永定人。1998年考入东北大学文法学院国际经济法专业，2002年顺利完成学业，获法学学士学位。现任深圳市致尚科技有限公司董事长，浙江春生电子有限公司董事长，深圳市海量资本创始合伙人，深圳市天使园投资有限公司创始人，南山"创业之星"大赛导师评委、天使投资人，东北大学校董会董事。

陈潮先在大学期间就开始了创业实践，他把学校南门外一间破旧厂房改造成环境优雅的考研学生公寓，深受欢迎；大学毕业后，

陈潮先进入全球500强富士康科技集团从事管理工作；2006年开始创业，参与并创立过4家电子行业制造工厂，深圳市致尚科技有限公司已经成为精密零部件的制造工厂，员工超过1600人，年产值数亿元，已经进入上市辅导期。

陈潮先不仅事业成功，还热心公益事业。他连续多年资助特困生、帮助家乡的孤寡老人。2013年6月，陈潮先在母校东北大学捐赠设立"陈潮先励志奖助学金"；2013年7月27日海峡卫视《客家人》采访播出了陈潮先的创业事迹。陈潮先发展实业的同时，还进军股权投资领域，同样获得了不菲的成绩，并用自有资金投资了很多项目。他用"微天使"的方式，股权投资年轻人创业，2014年设立天使园创业孵化基地，既为创业者提供创业资金，又为他们提供免费办公场地。

二十年前，初到东北大学的陈潮先还是一名青葱学子，满怀着憧憬与理想。大学四年，学习、社团活动、创业……让他多了一份智慧与信念。毕业之后，从创业者走向企业家，慢慢积累起来的是责任、担当。陈潮先一直尝试同龄人未做的事，抓住转瞬即逝的机会，不断引领潮流之先。

二十年后，陈潮先已经年近不惑，外在的环境和他个人都发生了很大的变化，但始终不变的是一份对母校的情怀；无论是创业还是投资，无论身处何地，他心中始终秉承的是东北大学的校训：自强不息，知行合一。

少年涉商，埋下创业梦想

陈潮先出生于福建永定，是一个正宗的客家人。自小不服输的个性，学习自当勤奋刻苦，让他顺利考上了当地有名的重点高中——永定一中。而几乎和当时所有的男生一样，陈潮先爱看武侠小说、爱读诗，侠义与文艺并存。一进入高中就在文学会任会长职务，还在高中时期创办了晨风诗社，出版过诗刊，团队的组织能力也在那时打下了基础。

高中时，正值青春年少，陈潮先的思维无比活跃，不甘于只是埋头学习课本上的知识，更渴望了解外面的世界，所以他在图书馆海量阅读。看过各种杂志和书籍，最让他感兴趣的还属《南风窗》与《商界》两本极具高度和影响力的财经杂志。《南风窗》中的时事评论、社会经济趋势解读和《商界》中的商业领袖自传、商业案例让他激情澎湃，不仅让他看到了另外一个世界，而且让他找到了人生努力的方向。这两本杂志，陈潮先整整坚持看了五年。

印象最深刻的是 1997 年突如其来的亚洲金融危机席卷东南亚，在香港房地产业几近停滞的状态下，李嘉诚采取的经营策略却对危机带来的冲击起到了化解作用。李嘉诚当时采取的策略是："在开拓业务方面，保持现金储备多于负债，要求收入与支出平衡，甚至要有盈利，我想求的是在稳健与进取中取得平衡。"也正是因为他采取了不同的应对策略，其财富不降反升。李嘉诚等企业家们在商界叱咤风云的魄力，危机时刻力挽狂澜、绝处逢生的谋略及最终回报社会的高度，令还是高中生的陈潮先心生向往。

受这些顶级企业家的影响，陈潮先一心想学习经济从事商业，所以高考填报大学志愿的时候果断报考了国际经济法专业，并决定北上读书增长见识、磨炼意志。陈潮先的高考分数最终超出重点线 50 多分，几乎可以填报南方地区大部分重点大学，但他还是选择了东北大学，因为只有将自己置身于一个陌生的、不同的文化和环境中，才有机会在性格与做事方式上有所锻炼，才能更彻底地走出舒适圈，这也是创业甚至成为企业家必备的素质之一，事实也证明他的选择是对的——年轻的时候不怕吃苦、多锻炼自己，步入社会后会走得更顺。

1998年，陈潮先踏进东北大学校门，就被校训吸引了：自强不息，知行合一。这不就是那些杂志上企业家们的人生信条吗？他觉得自己选了一个最适合自己的学校。

陈潮先是一个很有目标的人，大学对于他来说不仅仅是一个学习知识的地方，更是增长见识、锻炼动手能力和培养思维方式的场所，所以当大多数同学埋头图书馆或外出游玩的时候，他却在思考怎样在保证学业的前提下，尽可能多地接触校内外的新事物、锻炼自己的各种实践能力。

因为有目标，所以陈潮先大一就竞选了学校外联部副部长，为学校的各种活动找企业、拉赞助，拉赞助是很难的事，但他总是能很顺利地获得企业的认可，第一次就为学校的活动赢得统一方便面和联想电脑的赞助。为什么别人看起来很难的事，他却这样轻易完成了？他笑着说道："其实我是有方法的，比如去拉联想的赞助之前，我就会想联想的需求是什么，学校可以为他们做些什么，想清楚之后，我先把联想所有的广告语背下来，然后跑去对联想当地的负责人展示自己的计划——学校会如何将广告语与学校的活动结合起来做宣传，帮助联想品牌在学生中扩大知名度、促进销售，经过沟通之后联想立刻拍板给了我们一笔不小的赞助费。后来我发现，我先分析对方的需求再想解决方法，用现在流行的说法，其实叫作用户思维，而我20年前就已经不知不觉在用了。"谈到多年前的事情，陈潮先还能如数家珍。

1998年陈潮先正在读大一的时候，中国改革开放红利开始集中释放，传统产业的众多品牌都进入成熟期，互联网创业更是如雨后春笋般破土，比如新浪、搜狐、网易、腾讯、百度、阿里巴巴等，都诞生在1998年的第二季度到第四季度。此外，房地产乘风而起，开始了快速成长期。

在这样的时代背景下，整个创业环境开始逐渐火热，经常阅读各种资讯的陈潮先也感受到这种热烈的氛围，跃跃欲试。真正让他感到有激情的，还是在大二时堪称"开拓式"的创业。那年暑假陈潮先没有回家，而是在学校附近寻找和发现商机。他发现学校附近有一个废弃厂房，已经闲置了三四年，感觉这个房子空着很可惜，并想如果作为一个老板，他将如何去盘活它？很快，他就有一个大胆的设想：每逢暑期考研人数激增，同学们为了寻求一个安静的环境在外租房的需求不小，学校公告栏经常有求租考研宿舍的信息，为什么不能把厂房改造成大学生考研公寓租给学生呢？

仅有这样的思路是远远不够的，他迫不及待地回到宿舍，将脑中的思路不断推演和完善，形成一个完整的商业逻辑，并很快完成一份《大学生考研公寓商业计划书》。在找到厂房老板之后，他详细阐述了把厂房改造成大学生公寓的想法，并放下豪言"我可以帮你把面积增加一倍"。工厂老板将信将疑，但当他听说可以将厂房做隔层把两层变四层的设计时，他认为这个大学生非常有想法。之后，老板出资改造厂房，建成了一个有100多个房间的大学生公寓，由陈潮先负责推广和管理，考研公寓一经推出深受欢迎，很快客满。为了保持这个良好的发展势头，陈潮先还在实践中逐步建立起大学生考研公寓的管理制度，并沿用至今。

回顾这个创业经历，大学生考研公寓的想法能够最终成功，都是因为当时打通了商业逻辑和流程。如果不是去找厂房老板谈之前就把问题想得足够透彻，老板不可能信任陈潮先。同样，他为沈阳招商银行策划到学校办卡获得赞助等成功案例，也都是遵循这种商业思维。

大学生考研公寓的创业尝试让陈潮先获得了丰富的经验和经济上的支持，不仅让自己能够独立负担学费和生活费，甚至还有节余可以资助院里的特困同学。在保持学业水平的同时做一些自己喜欢的事情，获得老师的支持和认可，最终再去帮助一些人，让他倍感自豪和欣慰，更觉得自己这样做是值得的。每一次创业尝试都让陈潮先离自己的人生目标更近一些。

在陈潮先看来，当有一个问题出现时，他的思维习惯是想尽办法去解决问题，一个问题可能会想出很多种解决的方式，这既是他作为福建人从小就在经商智慧的氛围中长大，骨子里所具有的本能，也和母校务实的校风和"自强不息，知行合一"的校训影响不无关系。正是在大学的这四年涉商经历，在学校和老师的支持下，他才有机会将平时积累的观点和专业知识付诸实践，拥有了超出年龄和阅历的见识与思维方式，搭建起了一个"思维脚手架"，从而让他在看待市场上的风吹草动时，能够透过现象看本质，庖丁解牛一般分析解构，然后分门别类地架构在这个"脚手架"中，重新认知一个事件、一家公司甚至一个行业，这个精神财富伴随着他走出校门，直到现在。

静心沉淀，嗅见商机

2002 年，陈潮先大学毕业，按照他当时的自身条件完全可以进入公检法系统工作，也可以选择进当地的银行，但最终他还是选择了南下深圳。这个决定就和当初北上念书一样坚定，因为对他来说，深圳是最适合创业的地方，那里更开放、更创新，离梦想更近。

当他真正踏上这片创业热土时，却没有马上创业。他深刻地懂得，大学时期的创业经历虽不是小打小闹，但如果在没有系统性的管理经验、行业背景及人脉资源的时候，真要做成一家企业仍然显得青涩和稚嫩，这就需要进入一个大平台积攒经验。在这样的考虑下，他选择进入当时在制造业行业排名第一的富士康科技集团，成为 2002 年新干班的一员，也就是现在所说的管培生——企业校招优秀学生培养成企业未来的管理者。

与他一起进入富士康的还有许多其他毕业生，很多人不习惯制造业，不到一年便陆续离开，但对陈潮先来说，在富士康却是一个静心沉淀和学习的过程。制造业的各个环节、严密的流程管理、大企业的管理制度都让他养成了系统性思考的习惯。尤其是在产品市场部，他有了与客户频繁打交道的机会，不仅让他自己开朗外向的性格有处施展，还更多地了解到关于电子行业的最新资讯和风向。四年光景，陈潮先不仅学习到了制造业龙头企业的全流程化管理，也积攒了大量人脉，还与团队一起开发出许多大受欢迎的电子产品。

2005年，第一款内置4GB微硬盘的手机——诺基亚N91——诞生，市场反响非常不错。2006年，电子行业更处于上升期，光是2005年的移动通信手持机的产量就比前一年同期增长了30%。即便这样，市场上的产品仍然供不应求。2006年，陈潮先意识到机会来了，便谢绝了上级的极力挽留，决定离职创业。

创业的第一步，陈潮先成立了一家手机零部件的制造工厂（该工厂在2009年时卖给当初的合作伙伴）。2007年前后诺基亚处在鼎盛时期，在中国市场的占有率高达36%，虽然苹果手机已经开发，但还远未撼动诺基亚的统治地位。2008年销量榜上，诺基亚N95、N73独领风骚，2009年的5800、N78和2010年的5230，诺基亚的各个机型都能占据销量前10名中的七八个席位。在诺基亚手机风靡全球的时候，陈潮先的工厂做了很多诺基亚手机的零部件，乘着这股东风，当初投资的200万元，不到半年便收回投入成本，公司发展一片向好。

2008年，金融危机席卷全球。中国企业都在大幅度缩减开支、大规模裁员之时，陈潮先准确判断趋势，选择了逆市扩张，公司规模也逐渐扩大到300人，甚至给员工们加薪。在大家都不愿意投资的时候，陈潮先毅然砸下重金与一个日本著名的游戏公司共同开发产品，在危机之际与他们风雨同舟，最终成为他们的深度供应商。因为陈潮先坚信，游戏行业在大环境下虽有低谷，但在未来两年间必定有非常大的成长空间，低谷时期提前进行准备才有机会等来爆发期。事实再一次验证了他当时的判断是对的，在接下来的十年，陈潮先也与这个客户保持了非常密切的合作，共同创造了巨大的价值。

陈潮先庆幸自己在大企业磨炼的沉稳、辞职创业的坚定、天生的敏锐和企业扩张时的果敢，但它们绝非偶然。无论是经商天才还是磨炼出来的企业家，都离不开通过各种渠道捕捉到市场风向，形成自己的商业逻辑，并脚踏实地去落实。

顺势而为，8年"致尚"

有这样一个典故，孔子周游列国，路过一个瀑布，见一老者顺着瀑布走了下去，不一会儿，在百米开外，老者又从旋涡里冒了出来。孔子甚感惊奇，问老者："你是用什么力量驾驭旋涡的？"老者回答："我哪有那么大的力量去驾驭旋涡，我只是让旋涡驾驭着我，顺势而行，让自己顺着旋涡进去，再顺着旋涡出来。"这个故事恰恰映射了商业中的"顺势而为"，市场的潮流浩浩荡荡，如同孙中山先生说的"顺之则昌，逆之则亡"，行业的趋势是无法阻挡的。

在商海打拼，陈潮先的经营逻辑非常简单。2004—2005年，MP3和MP4备受年轻人青睐，只要做相关产业链一定能赚得盆满钵满；2006—2009年，诺基亚等品牌为主的手机时代兴起，相关的手机零部件配套生产就是趋势；2010年之后，随着以苹果为代表的智能手机逐渐取代传统手机，为智能机配套服务就势在必行。

苹果取代老牌手机，外壳开始使用铝合金，而铝合金正需要刀具来进行切割。除了手机外壳，刀具广泛应用到各个行业的高精密加工，因此刀具被称为"工业的牙齿"。从国家政策层面来看，2010年国家"十二五"对高端装备制造业提出了发展的规划，未来行业发展的方向将加大高端产品的投入，发展高新技术，替代进口高端产品。相应地，与装备制造业紧密相连的刀具产业、高端产品的市场需求也随之加大，迎来新的商机。

基于这些判断与认知，2010年年底，陈潮先顺应"国家之势"与"市场之势"创办了深圳市致尚科技有限公司（下称致尚科技），从钨钢刀具切入，研发、生产和销售硬质合金数控刀具、非标刀具及金刚石磨头等高科技产品。

由于这样的高科技产品需要引进国外先进技术设备，机器到位调试等花费了很长时间，直到2011年8月才走入正轨。但如此的等待是值得的，在钨钢项目之后，致尚科技还在2013年和2017年先后筹备了CNC（计算机数控技术）项目和陶瓷项目。

正因为顺应了时势，致尚科技发展也很顺利。时至今日，致尚科技已经拥有多个生产基地，并顺利通过ISO9001、ISO4001质量和环境管理体系认证，高素质的团队和技术都是企业的核心。产品因为品质优良、贴合市场需求也大受欢迎，不仅成为知名手机品牌的供应商，自主研发的致尚刀具还广泛应用于航天、汽车、钟表、手机、电子和医疗器械等行业的高精密加工。而除了自主研发自有品牌外，公司还代理了国际知名品牌，并收购了浙江春生电子成为致尚科技的全资子公司。

创办致尚科技的这八年，虽也遇到过难题，但最后都能完美解决，整个过程是比较顺利的。这不能仅仅概括为"运气好"，而需要决策者有清晰的战略规划和趋势预判，谋定而后动。比如陈潮先在2017年初就判断：中国的经济将在未来两年有一个很大的下滑期，这样的危机意识会促使他去做一些准备，比如多保留现金流，少做一些固定资产的投资。2018年以来，市场的各种声音和反馈都在印证他一年前的预判，市场流动性变得很紧张，有些企业已经开始遇到资金问题。但对陈潮先来讲，因为早有准备，所以几乎没有什么影响。

若能够规划未来3~5年的战略，对情势进行预判，便能很大程度上避免极端情况的出现，而不是等跌到谷底了再亡羊补牢，这样往往为时已晚。

这样的市场预判能力并非一朝一夕就可练成，除了天生的敏感性之外，高中养成的阅读和思考习惯起到了很大的作用，直到现在陈潮先仍保持每天1~2小时的阅读习惯，只不过媒介从杂志、书本变成了互联网APP和公众号。当代的企业家，应该多看、多谈、多接触，熟能生巧之后就会慢慢培养自己的市场判断力。

除了对市场趋势做出预判，高效的管理更不可忽略，这是撑起每年6亿~7亿元的产值、1600多个员工这样体量的公司的关键因素。在富士康的几年所收获到的管理哲学，让陈潮先一直以来都将"制度"和"系统"奉为管理的核心。在制度框架下去搭建企业的组织架构，将合适的人放在合适的岗位上，明确职责。而"系统"，则可以理解为"系统化流程"，在企业的业务管理流程中，需求、资源、业务规则、活动、产品输出、价值和客户的要素缺一不可，每个流程匹配一个表单，才能构建企业的标准化系统，而不是仅仅依靠人治。当然，人才同样十分重要，有了规划就会找合适的人才去匹配，不吝分享，公司每年都将利润的8%分给管理团队，让大家干劲十足。

顺势而为、准确预判和高效管理是致尚科技成功的核心，也是陈潮先这八年来一直秉持的理念。

从创业者到企业家，是情怀也是责任

从大学时代算起，创业之路已经走过近20年，夜深人静的时候，陈潮先时常会想一想自己这些年走过的路，总结得失，把心得归纳为经验，将经验上升成思维。他发现，这些年来，自己的成长其实是一个创业者蜕变为企业家的过程。

高中时，他最崇拜的是李嘉诚，但现在，他最钦佩的是华为的任正非。任正非在不惑之年才开始创业，把华为从一家小公司培育成了叱咤全球的跨国巨头，业界更是称其为"商业思想家"。任正非曾提到："企业发展就是要发展一批狼。狼有三大特性：一是敏锐的嗅觉；二是不屈不挠、奋不顾身的进攻精神；三是群体奋斗的意识。"他的理念与陈潮先不谋而合，带领团队发挥拼搏精神，踏踏实实地将产品做好，是成为企业家的首要前提。

成为企业家的第二条标准，是道德与责任感。时下，"企业家"一词十分时髦，但并非赚到钱就能称为企业家。关于企业家精神，陈潮先心中有一套特别简单的准则：一是不做违背良心和社会道德的事；二是要完全依靠市场的力量来获取利润，通过产品质优价廉、客户认可来创造利润；三是要遵守仁、义、礼、智、信；四是对社会有价值。这种责任感，让他多了一份家国情怀。

一个真正的企业家需要综合考量的远远超出了公司本身，更多的是产业链的搭建、行业的布局、生态的建设和社会责任感的集中体现。

大学时，陈潮先就开始资助特困生，进入社会之后也没有停止做公益。从2006年创业之初开始，他就长期坚持帮助老人和学生，包括资助家乡的孤寡老人，回到母校捐赠、设立助学金等。这样的帮助都是发自内心的，于个人，追求内心的安定；于社会，这份责任会有示范作用能够传承。这也是他作为客家人勤劳善良、助人为乐的一大特质。

实现企业社会价值的方式还有很多。比起直接捐款资助，陈潮先对有梦想的年轻人采取的是"授人以鱼不如授人以渔"的态度。2014年"大众创业，万众创新"浪潮涌起时，他在深圳南山区设立天使园创业孵化基地，在这里，创业者可以免费办公，高峰期时有100余人在孵化基地中免费办公。

2015年，陈潮先受邀成为中国最早的创业大赛——南山"创业之星"大赛——的导师，接触到更多创业者，看着这些年轻人，就像看到了刚创业的自己，对世界无限好奇，无法掩饰的野心和未来可期的面庞。

陈潮先在深圳市永定商会上讲话

为了帮助这些有创业梦想和激情的年轻人，陈潮先也做一些创业项目的天使投资，为创业者提供资金。这也是天使投资中"天使"的含义——像天使一样从天而降，使有志于创业的年轻人可以迅速启动项目，帮助他们的美好理想变为现实。

虽然致尚科技是做实业的，但通过投资新项目，陈潮先也开始了解互联网行业，具备了互联网思维，在整个业务版图上始终能保持创新。从前几年比较热门的移动互联网，到现在开始受关注的物联网行业，他都有涉猎和投资。陈潮先现在主投的方向是智能硬件，因为这对致尚科技的业务是一种协同和补充，对新项目也可以进行资源上的支持。而就投资逻辑来说，他认为投资就是"投人"，他更看重创始团队的为人、理念和团队本身。只要选对了人，投资成功率就会很高。

投资和公益都是一个企业家需要长期坚持的事，它们都离不开"价值"一词。发现价值、实现价值和创造价值是一个企业家真正的使命，志存高远，终其一生做对行业和社会有推动作用的事业。而陈潮先和他的企业在这个过程中，始终深受客商文化的影响，低调地行善、有价值地助人。

深圳的客商中，陈潮先算是年轻一辈。而在他的理解中，客商文化首要是善良，在与人为善中才能获得更多认可和尊重；其次是勤奋，当你认为某件事情值得做的时候，就十分潜心地去投入和完成；最后是共赢，怀有分享的精神，共同促进行业的发展，互相帮助、互相成长。将这三方面付诸企业的发展和个人的成长中，才可实现立德、立功、立言"三不朽"。陈潮先也不断在创业的征途，将客商文化结合胆识、智慧、谋略及敏锐的洞察力，实现事业上的新突破。正如他创办的致尚科技一样，希望在 5 年内带领公司走进资本市场，在 A 股上市。如今公司已经进入辅导期，目标正在一步一步实现。

有人说，陈潮先是一个不太会享受的人。是的，实业兴国且强国，这种社会责任感和希望担当的本能总会不断迫使他严阵以待、做出变革，思考最多的是要对企业 1000 多名员工、产业的发展乃至国家的强盛负责。

257

致创业者：面朝大海，春暖花开

陈潮先从母校东北大学毕业后，一直与母校保持着密切联系，因为他对母校始终怀有感恩之心。2013 年，陈潮先被东北大学聘为第三届校董会董事，并担任东北大学文法学院深圳校友会会长，得以有更多机会回到母校与师弟师妹进行交流。在讲座结束之后，时常有很多人来交流创业想法，当得知自己的理念和做事风格被认同时，陈潮先荣幸之余更多的是期望。

陈潮先在大学期间，可谓一刻都不肯闲着，积攒下一笔属于自己的精神财富。所以他给大学生们的建议就是，在保证学业的前提下，尽可能地在大学这个平台上，放开思想的束缚，投入社会中去，多学多看、多与人交往，在趋势中发现机会。即便最后未走上创业之路，也可以锻炼自己的综合素质。

创业已然成为一种时尚，创业的环境也越来越好，但这是一场理想与理智

东北大学陈潮先奖助学金捐赠协议签字仪式

的拼搏，这条路并不好走。创业者如何获得成功？陈潮先根据自己多年的实践经验认为需要满足以下的条件。

创业者要勤于思考，善于接受新事物，要有自己的专业知识，善于凝聚他人、组织团队，作为一个创业者，这是必须具备的素质。刚毕业的大学生想创业还不成熟，建议在行业领先的大公司先锻炼几年，学习技术、管理，积累人脉和经验，这可以提高创业的成功率。如果不是搞AI、机器人等纯技术型的人才，都建议先在大公司进行磨炼。磨刀不误砍柴工，有这样的行业背景也会更加容易获得投资人和社会的认可。

创业还要讲团队精神，不能单打独斗，正确挑选合适的合作伙伴，取长补短。缺什么补什么，技术、市场、管理等职能缺一不可。

创业者要将自己的专业知识变成武器和工具。比如陈潮先在大学所学的专业是国际经济法，在企业发展过程中，他更清楚企业发展的边界，什么该做，什么不该做，什么是正确的、什么是错误的，凡事都需要有底线，这能少犯错误、少走弯路。

创业者要准确把握市场趋势，让市场力量推动企业前进，不能靠投机取巧。除了多渠道、多方位地接受各种资讯之外，更需要去整理、总结和复盘，进行"验证性学习"，先向市场推出极简的原型产品，然后在不断试验和学习中，以最小的成本和有效的方式验证产品是否符合用户需求，并迭代优化产品，灵活调整方向。这种"精益创业"的模式更适合白手起家的创业者，之后在企业发展过程中逐步形成自己的商业思考方式。

创业者要让公司有规划性地稳健发展。现在有许多浮躁的创业者，一拿到融资，就没有规划性地大把"烧钱"，而不是从管理成本等角度考虑让企业持续性发展。同样一笔资金，真正的创业者需要预测公司三年没有收入的情况下，怎么把这笔资金用好、用足三年，使公司良性运转，更有可持续性，从而熬过黎明前的黑暗。

创业者要有高效的执行力，战略看大方向，战术从小做起。融资、估值都不能证明自己有多优秀，只有将产品或者服务做出来，坚定信念一步一步去实现目标，才能得到市场的认可。

如同《滚雪球》一书中所说："创业就像穿越一段幽长黑暗的隧道，心中的理想就是那隧道尽头的光亮，只要光亮还在，就能支撑着走下去。"而创业的最终结局将会是面朝大海，春暖花开。

致未来：引领潮流之先

2019 年，陈潮先将步入不惑之年。作为一个成功的创业者，他仍在按照自己的既定目标，不忘初心，砥砺前行。

《周易》曰："地势坤，君子以厚德载物。"意为大地的气势厚实和顺，君子应增厚美德，容载万物。陈潮先将"厚德载物"作为自己的社交签名，不管是创业还是为人，都不急功近利和投机取巧，这样的理念使他走得更远、更坚定，始终引领潮流之先。

（原文作者：陈潮先　整理修订：李鹤）

大国工匠　推陈出新

　　"工匠"，是指有工艺专长的匠人。"工匠精神"，是指工匠不仅要具有高超的技艺和精湛的技能，而且要有严谨、细致、专注、负责的工作态度，有精雕细琢、精益求精的工作理念，还有对职业的认同感、责任感、荣誉感和使命感。

　　在2016年全国"两会"上，国务院总理李克强在政府工作报告中提及"鼓励企业开展个性化定制、柔性化生产，培育精益求精的工匠精神，增品种、提品质、创品牌"。"工匠精神"首次出现在政府工作报告中，开始得到党和国家的高度重视。

17 | 梦想照进现实，创新推动发展

——庄志刚

1879年，爱迪生发明了电灯，把人类从黑夜的限制中彻底解放，1906年，钨丝在照明中的应用，照亮了一个新时代。而他与团队共同努力，不断技术创新，则让全球节能灯钨丝60%以上使用"中国芯（钨丝）"，他就是庄志刚，现任国内最大的钨钼产品生产与出口企业——厦门钨业股份有限公司（以下简称厦钨）——党委书记兼厦门虹鹭钨钼工业有限公司（下称虹鹭）董事长。

校友简介

庄志刚，1961年2月出生，福建惠安人，大学本科学历，教授级高级工程师，1985年毕业于东北工学院金属物理专业，1984年6月加入中国共产党，现任厦门钨业股份有限公司党委书记，兼任厦门虹鹭钨钼工业有限公司董事长、厦门市高新技术协会会长、厦门市新材料协会会长等职。在庄志刚的带领下，厦钨获得了5项国家重点新产品和406项国家专利。庄志刚曾获得"福建省首批优秀人才"、"福建省科学技术一等奖"、"厦门市产业科技功臣奖"、"厦门市科学技术进步一等奖"、国务院"政府特殊

津贴"、"厦门市科技重大贡献奖"、第五批和第七批"厦门市拔尖人才"、"福建省杰出科技人才""全国有色金属行业劳动模范"、"福建省劳动模范"等荣誉称号。

人物故事

在中国照明界，庄志刚是个传奇式人物，他把一个名不见经传的细钨丝小改拉厂，在短短十几年做成全球最大的钨丝制造企业，令业界瞩目。

将直径17.4mm的3kg的钨坯条，通过锻打、焊接和反复拉拔，制成高度精密的细钨丝，最细的钨丝，8根绞合在一起，才与一根头发丝一样粗，不借助光线，肉眼难以看到丝的存在。5kg的粗钨丝，拉成一根细钨丝，可以达到1600千米长，相当于从福州到北京的距离。在我国节能灯发展巅峰的2012年，中国节能灯产量占世界的80%，其中80%的钨丝来自虹鹭。虹鹭当年生产130亿米细钨丝，足以绕赤道325圈，可造出150亿个节能灯泡。"有灯的地方，就有虹鹭的光芒。"这就是钨丝行业的隐形冠军——厦门钨业旗下的厦门虹鹭钨钼工业有限公司——的力量。

厦门虹鹭钨钼工业有限公司是一家成立于1992年的中外合资国有控股企业，现注册资金2.09亿元人民币，是上市公司——厦门钨业股份有限公司——的核心成员，是首批国家高新技术企业，拥有国内钨钼加工行业首家企业博士后工作站，与中科院金属研究所联合成立了稀有金属加工实验室，是国内首家实现细钨丝出口的企业，是世界三大钨丝制造商之一。

理想——让全中国灯火通明

"中国的照明跟先进国家相比差距太大，可以预见，照明这个行业是未来中国最有前景的，这就是我们的机会。"这是厦门钨品厂厂长刘同高在筹备虹鹭时对庄志刚说的一段话。"让虹鹭的钨丝点亮中国，让全中国灯火通明，这也就是我当时最大的梦想。"虹鹭董事长庄志刚在回忆公司初创时说。

厦门虹鹭钨钼工业有限公司是在1992年由厦门钨品厂投资控股的企业，1995年增资扩股，引入战略投资者——韩国大韩重石超硬株式会社（现公司名TaeguTec），虹鹭的发展，必然与厦钨的发展联系在一起。

"1985年，我从东北工学院毕业被分配到厦门，当年接到这个录取通知书非常兴奋，因为福建有30多名学生考入东北工学院，毕业时才回来5个，我是其中之一。到厦门就更兴奋，都知道这是一个很美丽的海岛城市。"庄志刚饶有兴致地回忆。但接下的状况让他始料未及，"毕业分配后马不停蹄赶到厦门，但真正到了厦门岛，却找不到厦门钨品厂。报到证上只写厦门钨品厂，并没有写明具体地址，怎么问当地人都找不到，到厦门日报社打听无果，到地名编辑委员会也是同样无果，最后没有办法只有凭组织介绍信到市委组织部咨询，最终得知厦门钨品厂不在厦门岛内，而在偏远的海沧镇，需要从轮渡码头坐船过去。"

庄志刚向记者介绍，厦门氧化铝厂（代码六三七厂）始建于1958年，连年亏损，1982年开始转产钨制品，1984年才更名为厦门钨品厂。当时信息不发达、不通畅，在1985年大多数当地人都还不知道厦门氧化铝厂已经改名，自然不知道厦门还有个钨品厂。

"当时交通非常不方便，每天只有一班菜船，所以没办法只能住下来，第二天早上再坐菜船去海沧。茫茫大海，船开了近一个小时，快到了我又紧张了，一片旧村庄，哪看得到厂？我就在船上大声地问，有人去厦门钨品厂吗，钨品厂在哪里？其中有个女青年就说，我就是钨品厂的，我带你到厂里去。我挑着书，从栈道步行穿过旧村庄，行走两公里多到厂里，就是现在厦门钨业的发祥地——厦门钨品厂。"庄志刚继续回忆，"厂门口写着八个醒目的大字：同舟共济，共渡难关。一进去傻了眼，除了几栋旧厂房、一根高耸的大烟囱，厂里一片荒芜，居然还有牛在里面吃草，当时心里很忐忑，这哪里是工厂。"

1984年，厦门钨品厂转产钨制品仲钨酸铵（APT）后，当年即小有盈余，净挣了12.7万元，结束了25年的亏损历史。当时的厂长刘同高就构想发展钨的深加工产品，而庄志刚就是因为这个原因被分配到厦门钨品厂。庄志刚介绍说："1985年，中国主要还是出口仲钨酸铵（APT），还有部分出口钨精矿。钨粉出口都很难，所以深加工出口就更不可能了，无论是出口硬合金，还是出口钨丝，都是难上加难。我们出口一公斤APT才45元人民币，而进口一公斤细钨丝却要一万多元，你说这个差别有多大？所以厦钨要发展钨精深加工。这一年，厂里招了12名大中专毕业生入厂，就是希望能够建立自己的钨精深加工生产线。1986年，厂里派我和其他两个大学毕业生到宝鸡有色金属加工厂，学习了半年钨丝加工技术，储备技术力量，准备上钨丝生产线。"

1986—1989年，厦门钨品厂寻求国内外好几家公司搞合作，先后找了奥地利的奥钢联、匈牙利的汤斯拉姆、宝鸡有色金属加工厂、国营成都东方电子材料总厂等企业，但由于种种原因，当时的厦钨并没能上马钨丝深加工项目。"1989年12月我不得已辞职，因为满腔热情，就很想干事业，就是想做中国人自己的好钨丝。"庄志刚壮志未酬。

1992年，在离开厦钨三年半后，厦钨刘同高厂长再次找到在中外合资企业就职的庄志刚："小庄，你是不是还回来，这是你的事业。""我很敬佩刘厂长，他当年的那段话一直激励着我，那个梦想也一直埋在我心里。"庄志刚感慨道。"所以老领导一召唤，我又回来了，来筹建虹鹭。""你有外资经验，你按照外资模式来经营，钨品厂一个人都不派，给你一块国企创新试验田。有困难你来找我，全部放给你去管。"庄志刚对老领导的信任非常感激，这也成为他工作的动力。

现实——一无所有，白手起家

"当时可真是一无所有，要白手起家。创办初期，公司户头还没开，筹备组没有钱，没有交通工具。"回忆虹鹭的成立，庄志刚感慨万千。"没有交通工具，我就把家里面的摩托车拿到公司来当交通工具。没有钱买办公用品、发基本工资，就把我家里积蓄拿出来，先垫付当筹备费。开销能省则省，出门能坐公交不坐小巴士，一分钱掰成两分钱用。"

1992年9月，厦门虹鹭钨钼工业有限公司成立，公司注册资本560万元人民币，其中合资的二股东出技术，以价值168万元的技术作价，占30%。公司实收现金资本392万元，投资总额800万元，位于湖里东方工业中心（现为湖里东方商贸大厦）11楼，设计生产规模为年产3亿米的细钨丝，年消耗粗钨丝15吨。

"但最困难的不是公司的成立，而是在原材料供应上，因为当时粗钨丝是一个紧缺资源，并没有现在的整条生产线，虹鹭成立时也仅仅是个小钨丝改拉厂，只是做钨丝的最后一段，从上游采购直径0.77毫米粗钨丝来改拉成最小直径15微米的细丝。当年粗钨丝非常紧俏，资源是非常稀缺，但如果要投整条产业链，从APT，到钨粉、钨坯、钨棒、粗钨丝、细钨丝、这种投资是厦钨支撑不了的。"企业发展的艰辛，创始人最为清楚。

虹鹭成立之初，股东原始资金投入少，公司负债率极高，负担重，没有足够材料生产，第二股东原本答应每年提供15吨粗钨丝，而实际仅提供3吨多。巧妇难为无米之炊，公司要生存下去非常困难，连年亏损。"最困难的时候工资都发不出来，我每个月要去找兄弟公司借钱发基本工资，总经理很难当，非常难。当时我就思考，照明产业未来前景蛮好，我们也有理想把钨丝产业做大，但是如果按这样做下去，公司就会消亡。"对于未来、对于梦想，庄志刚也有过迷茫。

"必须要变，改变才有出路。"在经过考察后，庄志刚有了想法与规划："在这种艰难的情况下，我认为必须自力更生，自己把粗丝做起来，形成产业链，保证原材料供应，这样才不会受到外界的限制。"但想法不等于事实，规划也需要落地，虹鹭的创业才刚刚起步。"我们四处去寻找国外高端钨丝的合作伙伴，无论公司、个人，甚至托人找国外退休的钨丝老专家，但没有合适机会，困难重重。"庄志刚回忆。"一次偶然的机会，打听到韩国有一家公司想转让部分钨丝制造二手设备，我回来就跟刘厂长说起这个情况，刘厂长一听到该公司的名字，兴奋地说：'这家公司是我们的客户！'这家公司就是虹鹭现在的股东之一——大韩重石超硬株式会社。"

1995年5月，大韩重石超硬株式会社正式投资入股虹鹭，注册资本增加到700万美元，总投资1000万美元。虽然最初生产规模不大，只有100吨规模粗钨丝，但却跨过了一个大坎，从没有初级材料到自己建立相对完整的生产线，这对于虹鹭的发展而言是个里程碑。

"但当时的韩方并没有完全地把整条生产线给虹鹭，因为韩方也是钨丝的制造商，并不是设备的制造商，他们留一些设备用于生产微波炉磁控线圈钨丝。我当时就想，如何来构建这样一条能够超越别人的生产线。当时几乎都是1.5kg坯条生产技术，引进日本东芝、东邦、日本钨的技术装备，如果沿用过去的老方法去建生产线，重复人家的路线，那就只能永远效仿。"一个更大胆的想法在庄志刚脑海里形成。"我当时也是灵机一动，我们有了韩国大韩重石 3kg 垂熔技术，那能不能再借鉴其他国家、其他企业的生产线，引进他们不同工序的先进设备，虹鹭做一个'点菜拼盘'。"

有了想法还需要去实现。"我们就开始做'拼盘'，日本的、加拿大的、韩国的、英国的、美国的，再加上中国自己的，我们做了一个'联合国'生产线'拼盘'，自己做一条完整的产业链，而且不花一分钱买软件，因为这个是'拼盘'，显然没有人给你完整的软件。"庄志刚对自己设计的"拼盘"非常自信。"虹鹭"采用"点菜拼盘"的方式，拼接后的生产线博采众长，更具优势，但比成套引进风险大，难度大。"虹鹭的引进策略独树一帜——引进、消化、吸收、再创新。"庄志刚进一步解释说，"同样是引进国外先进设备，人家都是从国外某企业完整地引进生产线和工艺技术，我们要靠自己消化吸收，开发与这条生产线配套的整个工艺流程。"

"虽然当年建了这么一条 100 吨坯条生产线，因为产能太低，投资太大，背不起负担，所以还是不挣钱。"谈起企业发展，庄志刚感慨万千，"走在海边，感觉办企业就像这海浪一样，真是一波未平一波又起。""企业运行还是很困难，感觉又走入死胡同了，怎么去实现最初的梦想？"怎么做到"有灯的地方就有虹鹭的光芒"，所以就又抛出一个问题来，如何把产业做大、把公司做强？

发展——创新为基，质量为王

"当时最大的困境就是'小'，不能形成大规模生产，没有话语权，企业如何才能走出这个困境？"虹鹭生存了下来，但庄志刚心中那个梦想并没有实现。"唯一的办法就是不仅要吸收、消化国外设备，还必须自己研发设备。到国外购买设备非常昂贵，企业负担太重，想要做大、扩大产能，只能自己突破、自己做设备，把设备投资成本降下来。"

"引进拼盘"改变了虹鹭的产业链；吸收、消化、再创新，实现了虹鹭的扩张壮大。"也正是我们这种不断消化吸收再创新，才有虹鹭今天的规模和快速扩张，不然的话是挣不到钱的，因为辛辛苦苦挣的那点钱又要买进口设备，钱又变成了铁。"庄志刚掌舵的虹鹭再一次把握住自己的命运。"原材料有保证，产能可以提高，我们的劲有地方使，我能够自己主导命运，不被别人掐脖子，这是最关键的。"

虹鹭做设备不是简单的复制，而是把自己研究开发的工艺技术融合进去，做升级版设备，开发市面上买不到的专有设备，领先于行业。庄志刚又兴致勃勃地为记者讲述另一个创新的故事："要把粗钨丝快速做大，3kg垂熔机是关键，国外能制造这种设备的厂已倒闭，要进口不可能，国内也没哪家企业能做。我在国内找到做过1.5kg垂熔机的大型兵工厂，答应给他们几倍价钱，但他们说没把握，不愿接单。没有3kg垂熔机，要扩产是不可能的，万般无奈之下，我决心领着团队自己研制。首先解决的是高电流冲击问题，原设备用的是专用机械式控制开关，当时国内外都买不到，我们就采用电子式可控硅替代，效果更优，也能减缓电流冲击。对于2800℃环境的水冷散热接头，我们反复测试了几十次材料，终于取得成功。经过一年多的攻关，造出了中国首台3kg垂熔机，解决了钨丝装备问题，为虹鹭扩产打下坚定基础，具有里程碑意义。

"要把细钨丝做大，拉丝模具是最关键的，金刚石模具的拉孔最小只有十微米左右，一根头发丝的八分之一，拉出来的钨丝肉眼看不见。超细孔径金刚石模具技术，当时几乎都是国外控制模具，要价非常高，都加价2~3倍卖给中国企业。虹鹭要扩产，而且我们目标又那么远大，金刚石模具又是消耗品、易耗品，这个问题严重阻碍我们的发展。""我们把国内所有的优秀模具厂召集到厦门，目的不是谈价格、压价，我和他们说，你们把质量做好，做到能够媲美国外，虹鹭加价购买。"做自己的拉丝模具，其实也并不全是虹鹭的本意，但国内厂商"不给力"，逼迫虹鹭自己创新创造。庄志刚说："没有一家供应商能做好虹鹭需要的模具，国内买不到，进口成本又太高，而且在供货时间、数量上都受制约，这就促使了虹鹭下决心要自己做，只有把自己的模具做起来，虹鹭才能继续扩张发展。"

"但问题又转回来了，虹鹭没有做模具的基础，也没有做模具的技术，只能向国外寻求帮助，但全世界没人跟你玩，因为我教给你了，你又成为我的竞争对手，你把我的饭碗抢了。"自己做肯定困难重重，庄志刚也早有准备，"虹鹭采用什么办法呢？我们找了世界四大模具企业，先给他们下订单，忍受高几倍的天价，然后谈条件：一是人，我买你的模具，你必须让我的人到你的工厂去培训学习；二是物，你必须卖给我制修模的设备，而且是关键设备。"

"技术成熟后，我们开始试做模具，悄悄地把这个模具生产线给建完整了，慢慢地把国外采购量降低，到最后不仅可以自给自足，还可以外卖。"通过派人学习培训、购买设备消化吸收、回到家里磨炼，庄志刚的"洋务运动""师夷长技以制夷"的模式成功实现。"钨丝产业，模具是核心，今天，虹鹭金刚石拉丝模的实力在国内也是最强的！"庄志刚自豪地说。"正是有了高质量精密模具的供应，细钨丝产业才能做大，虹鹭细钨丝最高时年产130多亿米，当年生产的细钨丝可以绕地球325圈。"

有了原材料供应，装上"拼盘"生产线，解决了扩产瓶颈3kg垂熔机问题和关键拉丝模的供给难题，虹鹭的拼劲有地方使了。庄志刚带领团队，系统性地对比研究中国钨丝制造技术与世界先进水平之间存在的差距，以钨掺杂、制粉、垂熔、焊接、压力加工等一系列工艺技术创新为突破口，结合装备技术改造和工装模具的技术进步，精心组织、科学攻关，解决了几十项技术难题，成功地开发出高性能单根重3~5kg细钨丝和单根重8~12kg粗钨丝。这两项新产品质量达到国际先进水平，不仅荣获了福建省优秀新产品一等奖，还替代了进口产品，填补了国内产品的市场空白，打破了中国不能出口细钨丝的历史。其产品的40%左右出口到国际高端照明市场，是世界三大照明公司——美国GE照明、荷兰飞利浦照明、德国欧斯朗照明——的唯一中国钨丝供应商，特别是全球节能灯用钨丝的60%以上均使用厦门虹鹭的"中国芯（钨丝）"，使厦钨一跃成为全球最大的钨丝供应商，创造了显著的经济社会效益。20世纪90年代，随着人民群众生活水平的日益提高、电力系统的快速发展，虹鹭在行业内独领风骚，成为国内行业龙头。2000年起，公司的产品销量、质量和经济效益连续位居同行第一。

随着中国加入世贸组织、节能环保观念的兴起，节能灯逐步取代白炽灯。"白炽灯变成节能灯，成了虹鹭跨入新世纪的第一个挑战。"庄志刚说，"很多普通老百姓认为节能灯里没有钨丝，这是个误解。节能灯的灯丝仍由钨丝构成，只是对钨丝的直径均匀性、质量稳定性要求更高，上面涂有电子粉，但主要作用不是发光，而是发射电子。钨丝加热电子粉发射的电子轰击汞原子，放出紫外线激发荧光粉发光。"

"节能灯将来是市场热点，我们要大力开发节能灯钨丝。"庄志刚对当时市场的判断很清晰，市场预测与后来的情况完全吻合。从2000年虹鹭跻身全球钨钼丝企业三强之列，到2012年中国节能灯发展的巅峰时期，虹鹭借助中国节能灯的发展创造了一段"有灯的地方就有虹鹭的光芒"的辉煌历史。

壮大——管理为先，品牌制胜

2000年，作为受邀的全球唯一钨丝供应商，虹鹭参加了美国通用电气集团公司的供应商大会。"通用电气是由爱迪生创办的，而爱迪生发明了灯泡，作为一家钨丝供应商，我们非常自豪和骄傲，这是对虹鹭的认可。"庄志刚对这次经历非常难忘。

"当时的供应商大会在克利夫兰——通用照明的总部——召开。总部门口的路叫作TungstenRoad，以钨命名的道路，通用电气有自己的钨丝产业，但还是选择我们作为唯一外部供应商，我们倍感自豪，虹鹭的品牌终于走向世界。"虹鹭现任总经理李明琪说道。2001年，虹鹭牌钨丝首次打入美国通用电气匈牙利公司，标志着中国钨丝产品正式走出国门。

"从创立之初，我们一直坚持做'虹鹭牌'，倒过头来再思考这个问题，当时非常不容易。成立时，虹鹭的合资方第二大股东是中国产能最大、名气最大、粉丝最多的，合资方曾经建议'你就作为我们的一个附属加工厂，贴我们的品牌。'""从某种意义上来讲这是很好的，因为合资方名气大，它可以带虹鹭走一程，虹鹭刚起步，规模太小，仅仅是个改拉厂，名不见经传，但是在心里面我是非常不愿意的，我一定要做虹鹭牌。"庄志刚说，"只有通过自己的品牌、自己的质量，才能够创自己的品牌价值。"

虹鹭是如何树立自己的品牌价值的？面对记者的问题，庄志刚也有自己的见解，"想在市场上被尊重，必须把质量做好，把服务做好，产品有竞争优势，而并不是说产品是低价的。""虹鹭自始至终有两大武器：一是技术创新，人家教给我们的不仅要学会，还要去超越别人；二是品牌塑造，必须要通过质量来打造虹鹭的品牌。我们提出的口号是'不求产量最大，但求质量最好！'"庄志刚的话掷地有声。

"技术创新要突破别人。比如，最开始大多数中国公司用的基本是前苏联的单模拉丝技术，但国际上流行的已经是英国和日本的多模技术，放线收线中间是过了四道、六道甚至更多模具，很明显多模技术效率高，能耗低。"庄志刚感慨，"但是这个技术当时在国内不能被普遍应用，很多企业买的设备用不起来，因为要求更高。

为什么？因为通过每一道模孔的金属流量如果没算准很容易拉断，对模具精度要求非常高，但我们认为这个是先进的技术，我们应该想办法去突破这些难题。"

突破的不仅仅是技术上的困难，更多还有管理上的困难，比如人的因素。"很多工人不想用这个设备，因为师傅教的是单模，而且那个拉得很顺，但是效率太低了，又占地又耗能。"庄志刚解释道，"所以虹鹭极力在机制上打破过去固有的平均分配制度，建立绩效管理体系，让工人关注质量、关注效率。"

"所以说质量的提升与把控，核心是人。"庄志刚接着说，"首先是要有工匠精神，无论何时、无论何地，都要有精益求精、追求极致的工匠精神。其次是要一切为客户着想，为客户创造更高的价值。这个要求更高，除了提供产品价值之外，还要帮助客户做更多的一些服务。最后是制度建设，特别是分配制度和薪酬制度的改革。""在虹鹭有句格言'一丝不苟'，这里的'丝'有两层含义，一是工匠精神的一丝不苟，另外一个是虹鹭的钨'丝'。对每一根丝的态度都一丝不苟，每一根丝的质量都要做到精益求精。这是庄总当初提出的虹鹭的质量方针，也是打造虹鹭品牌的核心。"李明琪补充道。

"在'为客户创造更高价值'经营理念的指导下，我们一直坚持'提升经销商的知名度，为经销商创造更高价值'和'提升终端客户的黏合度，为终端客户创造更高价值'的宗旨。"李明琪表示。在产品上，虹鹭根据客户的使用特点，结合虹鹭在钨丝生产上的技术积累和领先优势，对线切割电火花放电原理深入研究，积极了解客户需求，对不同切割材料进行研究分类，开发出满足不同切割材料所需的线切割钼丝。在营销上，虹鹭通过"线上服务终端客户、线下终端客户与经销商成交"的O2O模式，让终端客户与虹鹭在互联网上有良好的互动并建立信任关系，使经销商与终端客户更加顺利成交，以让终端客户不断受益，让经销商更加轻松地经销"虹鹭"品牌，是虹鹭的最终目的。

未来——钨钼材料的革新者

从传统的白炽灯，到荧光灯、节能灯、卤素灯、HID，再到近几年飞速发展的LED，虹鹭一路走来，一直紧跟产业步伐，不断自我革新，引领行业发展。一个小公司，从弱小到壮大，需不需要学习别人？当然要，但是更需要总结自己。天上不会掉馅饼，很多时候看似靠运气，但实际上更多的是机遇来临前的充分准备。

面对未来，面对挑战，庄志刚和虹鹭如何面对？"我们要做好我们的主业——细钨丝，抓住'金色的尾巴'，开放高端汽车灯用钨丝，并不断开发非照明用细钨丝新用途。细钼丝以线切割丝为主，开发高强度耐磨的高端钼丝，也做成世界第一。"

LED的发展终究是照明发展的大趋势，照明用钨丝的市场需求量呈现不可逆的下滑。面对挑战，庄志刚的思路很清晰："我们要利用团队优势、技术优势，整合新的资源，拓展新的产业，开拓新蓝海。"虹鹭的工程技术人员经过深入研究，将生产钨杆的工艺成功引入蓝宝石长晶炉发热体用钨杆的生产之中，开发出长寿命、低变形量的钨发热体。目前，这种钨发热体已经成为蓝宝石生产企业的首选材料，综合性价比提高了很多，占市场份额80%以上。在钨钼制品上发力，做各种钨制品，特别是单根长2.5m，直径80mm的钨棒，是国内首创，打破国外垄断。

从1992年年产细钨丝三亿米的改拉小厂，到如今钨丝产销量世界第一，厦门虹鹭历经风雨、不忘初心，跻身世界三大钨丝制造商首位，实现了"有灯的地方就有虹鹭的光芒"的梦想。"我希望虹鹭有一个新的飞跃，再规划一些新的产品，产业结构做一些调整。"作为创业者的庄志刚，老骥伏枥、志在千里。"虽然说我年纪渐长，但是我的性格就是这样，充满激情。我希望助推虹鹭华丽转身，实现高质量增长。"

不懈努力，终获骄人业绩

天道酬勤，2006年庄志刚通过竞聘，担任厦门钨业集团总裁，他带领班子成员，落实董事会提出的战略布局，取得了丰硕成果。在他的带领下，公司快速进入稀土行业，取得了具有战略意义的发展成果，并成为全国六大稀土集团之一。公司还稳步进入新能源材料领域，贮氢材料和锂离子材料规模和品质达到了国际一流、国内领先的发展水平。公司还合理布局钨深加工领域，大幅提升了公司的竞争力：一是硬质合金产品的产能于2015年上升至全国前茅，钨丝产销量连年实现全球第一；二是在整合和获取矿山资源方面取得了卓著的成果，为厦钨后续发展奠定了坚实基础；三是新开发钨异型制品等新产品成功投入市场，有效克服了LED对传统丝材产品的影响。这些举措促进了虹鹭公司产品转型，探索出一条"以自主创新培育人才，以机制选拔人才，以人才推动创新，以创新促进发展"的可持续发展之路。2006—2014年，在庄志刚担任厦钨总裁期间，厦钨各项经营业绩卓著，累计实现营业收入666.59亿元，净利润62.08亿元，上交各项税金72.04亿元，向股东派发现金股利

11.16亿元。在他任期末，营业收入和净利润比上任之初分别增长2.52倍和2.59倍，公司净资产由2005年末的12.3亿元增长到2014年末的90.91亿元，增长6.39倍，实现了国有资产的大幅增值。同时，职工收入也大幅提高，住房、福利不断改善，为国家、企业、股东、社会作出了重大贡献。

靠7万元自有资金，贷款20万元，从260万元资产起步，到目前的200多亿元市值，厦钨用30多年的打拼实现了凤凰涅槃，成为引领全球钨行业的风向标。展望未来，厦钨党委书记庄志刚底气十足："我们有信心把厦钨建成世界一流的公司，通过新能源材料把厦钨做大，通过硬质合金把厦钨做强，我们的战略定位是非常清晰的：始终把精深加工作为我们长期发展的方向。这是我们坚定不移的方针。"

（原文作者：秦伟　整理修订：高广）

18 │ 让"超高纯钛"贴上"中国制造"标签

——吴景晖

校友简介

吴景晖，1975年4月出生于江苏南京，1992年考入东北工学院金属压力加工专业。1999年，在东北大学获得硕士学位后赴美国匹兹堡大学深造，2004年获得该校材料科学与工程专业工学博士学位，是国际上金属钛提纯领域少数掌握核心技术的华人专家之一。2012年，吴景晖回国创办宁波创润新材料有限公司。2013年获得"余姚市优秀科技工作者"称号。2015年1月，获得余姚市十佳工业经济创业创新杰出人物奖，同年获得宁波市"十大风云甬商"称号，国家第十一批"千人计划"创业人才。

勤学苦读，实现大学梦想

吴景晖的父母早年为支援国家的三线建设到了江西省景德镇市，因那里的生活条件太过艰苦，所以吴景晖在出生后就一直随外婆、舅舅在南京生活，直到上小学才回到父母身边。在高中学习阶段，吴景晖的人生理想就是要成为一名能够学以致用的理工男。

1992年，吴景晖顺利考入东北大学，就读于金属压力加工专业。大四时，同学们都在埋头准备考研，吴景晖因为成绩优异提前获得金属压力加工专业硕博连读保送资格，师从中国超级钢之父——王国栋院士。没有升学压力，也不需要找工作，利用那段时间，他专心学习英语，给自己的未来发展储备更多能量。1999年，吴景晖在拿到东北大学金属压力加工专业工学硕士学位同时，也获得了美国匹兹堡大学提供的全额奖学金，在王国栋院士的支持下，他选择了到匹兹堡大学进一步深造，继续攻读材料科学与工程博士学位。

2004年，他在匹兹堡大学顺利完成学业，博士毕业后，吴景晖进入一家世界100强企业，负责一线生产的技术和管理工作，其优异的工作业绩得到了公司领导的青睐，领导任命其担任技术总工程师一职，吴景晖不仅有一份稳定舒适的工作，还有一个幸福美满的家庭。原本，这样的生活是令人羡慕和向往的，但是，2012年，这一切发生了变化，吴景晖的人生轨迹发生了重大转折。

家国情怀，照亮回国创业之路

乡愁，是海外游子的共同诉求。奇妙的是，点燃乡愁的那根"火柴"却各有各的精彩。吴景晖认为，他的"火柴"不是单个的故事或契机，而是一个被拼接起来的过程。回国创业之前，吴景晖已经在美国学习工作了12年。他回忆道："我的学业、事业路途一直都比较平坦，在美国的生活也比较安逸，似乎理应乐不思蜀了。"然而，2005年发生的一件事儿，让吴景晖第一次真切地体会到了"中国"在他身上的烙印，那也是促成他回国的"第一根火柴"。

吴景晖博士研究生毕业后，任职的是一家巨型跨国公司，公司的业务范围遍及航空航天、自动化控制、特性材料等诸多领域，每天都会收到来自世界各地的订单。2005年，公司收到了第一张来自中国的询价单，对方就是"千人计划"专家姚力军博士创立的宁波江丰电子材料股份有限公司。然而，唯一一张来自中国的询价单，不到一天时间就被公司领导层拒绝，吴景晖正是当时参与会议讨论的唯一一名中国人，让他震惊的是，会议讨论的焦点不是如何报价，而是讨论是否要接这张单子。而拒绝的理由仅仅是"不能给中国提供原材料，让他们有机会自主发展半导体溅射靶材产业"，一桩普通的生意演变成了国与国之间产业竞争的暗战。当时吴景晖内心的无力感蔓延开来，只能眼睁睁看着民族企业在寻求国际合作上"碰壁"。再次回望，吴景晖认为这场风波的"正面刺激"远大于"伤害"，并成为几年后他的团队坚决奋战的动力源泉。

"第二根火柴"发生在2007年，契机是吴景晖出国留学8年后首次回国探亲。虽然一共只待了10天，但每一天都让吴景晖都处于无比兴奋之中。当年出国的时候，家乡还是个小县城，白墙黑瓦的小房子散布在田埂间；而如今的家乡，高楼林立、规划有序、车水马龙。变化实在太大了，也实在太快了，就连回家的路，都得认认真真回忆才能辨别清楚。吴景晖把10天行程排得满满当当，尽可能压缩睡眠时间，多见亲朋好友，直到累瘫在返美的飞机上。重回美国后，吴景晖精神上的"灼热感"却持续不退，"见到久违的老朋友，我突然发现了大家的不一样，每个人都那么有活力、有目标，也有自己的梦想。"相比之下，在美国的他却显得没有了当年的冲劲儿了，一股"浪费生命"的失落感油然而生，"产业报国"的使命感再次涌起。

让念头化为行动的"第三根火柴"，是身居海外游子的爱国之心。只有身居海外才更能感受到"祖国"两字的含义，一次茶余饭后的闲聊，一个美国同事对中国的种种指责与轻视，让吴景晖难以抑制心中的气愤与不满，他愤然起身，经过一场以寡敌众，有理、有据、有节的辩论，一切重归安静。吴景晖也不知道是否真说服了同事，但他却明确地知道，他成功地说服了自己。在吴景晖的心中，那第三根火柴轰然点燃，"国强则民强，无论身在世界哪一个角落，中国人的底气都来自那生养他的祖国"——"我要回国，用我所有的能力，为祖国做一点点事情！"

2012年2月，吴景晖怀着赤诚的爱国之心，毅然放弃美国公司的优厚待遇和舒适的工作环境，在妻子和儿子的依依不舍中，只身一人回国创办宁波创润新材料有限公司，用实际行动开始追逐自己深藏在心中的"产业报国"的梦想。从2012年6月公司起步，至2014年6月30日产品下线，仅仅用了两年时间，吴景晖带领他的团队经过不懈努力，实现了我国钛金属提纯技术质的飞跃，让"电子级低氧超高纯钛"贴上了"中国制造"的标签，一举打破国际垄断，成为轰动整个中国钛工业的里程碑事件。

角色从"游子"变身为实实在在的祖国建设的参与者，吴景晖深感激动。他满怀感恩，庆幸自己赶上了一个创业的好时代。中国的创新创业环境日渐美好，政府对人才和科技项目的重视扶持力度前所未有，同时对整个工业体系完整平衡的重视、在政策制定中对产业链的全面发展尤其是对基础产业的重视与支持空前突出。更可贵的是，在这样的大环境下，越来越多的年轻人有了更具体的强国梦想，充分展现了一个崛起大国的无限潜力和希望。

281

坚守"工匠精神"，实现中国梦想

瑞士手表、德国汽车、日本工艺、中国海尔……制作精良的产品总能赢得好口碑。从古至今，以"精益求精"为信条的"工匠精神"是诸多老字号品牌的长生秘笈。然而，在这个热情鼓噪快公司、大跳跃的时代，"工匠精神"的生存土壤正被迅速侵蚀。如今，缺少"工匠气"的中国企业家们，急需注入更多坚守的勇气。

吴景晖正是坚守者队伍中的一员。两年时间，吴景晖和团队专注于金属材料提纯事业，实现了国内钛纯度从99.98%到99.999%的"质"的突破，让"电子级低氧超高纯钛"首次落地中国，引发了高精工业原材料供应端的"蝴蝶效应"。吴景晖的超高纯钛项目得到了社会各界的认可和支持，先后获得余姚市优秀海归创业项目种子资金、宁波市2013"智团创业"项目、国家科技中小型企业技术创新基金等立项支持，国家发改委、工信部重点产业振兴专项支持，并在中组部第三届"千人计划"创业大赛中，获得全国第二名。

回忆这段岁月，吴景晖笃定创业本身就是一种坚持。带着"为中国制造增添光荣"的信念一路前行，吴景晖和他的创业故事，或许是对当代"工匠精神"的最好诠释。

工匠精神：从99.98%到99.999%的钛纯度变革

工业生产链条中，各环节种类繁多，分散于流水线上各司其职，共同雕琢出产品的最终形态。其中，作为生产链条上游的原材料环节，地位更像"金字塔的底座"，看似不起眼，却在某种程度上决定了终端产品的品质，更体现了一个国家整体制造业水平的基础。

超高纯钛的地位也是如此。近年来，金属钛因其综合性能优越，被广泛应用于现代工业的各个领域。然而，普通纯度的钛远远不能满足半导体集成电路、航空航天、军工、医疗、石油化工等核心战略领域的最高端技术要求。从99.98%到99.999%的纯度提升，虽然在数字上只差那么一点点，但却完成了一个质的飞跃。只有超高纯钛才能满足半导体芯片用溅射靶材、航空航天用高端钛合金、3D打印用高端钛粉等众多现代工业和先进加工技术的原材料需求，因此，钛材料的"纯度提升"关键技术是涉及国家战略安全、体现国家制造技术整体实力的核心技术。中国是钛矿储存和钛金属的初级产品海绵钛生产大国，而超高纯钛，之前只有美国和日本的三家公司能够生产。2017年，我国海绵钛的年产量超过10万吨，居世界第一，但由于海绵钛纯度全部低于99.8%，市场价格只有6万元/吨左右，属于粗犷资源型产业，附加价值低、资源消耗大。尽管中国的海绵钛产量居世界之首，但高端产品——超高纯钛——却完全依赖进口，而超高纯钛的价格为120万元/吨左右，是海绵钛价格的20倍，具有极高的附加值。超高纯钛作为高端金属材料，美、日政府严格限制对中国的出口。一边是正以6%的速率增长的全球高纯钛市场，另一边是国内高纯钛技术和产业的空白。内外交困之下，我国一直处于"国外购买原材料，国内做产品"的高精工业发展僵局，尤其是战略核心领域长期受制于人。

立志"破局"，为"中国智造"插上翅膀

两年时间，吴景晖带领他的团队只专注于一件事：为"中国制造"增光添彩，做中国自己的超高纯钛。2014年6月30日，宁波创润新材料有限公司"年产250吨电子级低氧超高纯钛项目"正式投产，标志着我国成为继美、日之后，成为第三个能够自主生产超高纯钛材料的国家。创润新材料有限公司首创新一代熔盐电解法工艺，自主研发、制造、安装生产设备，其制备出的低氧高纯度钛达到工匠级的99.999%（5N）的纯度，并在含氧量及含铁量上突破美、日企业局限，达到世界领先水平。相比美、日，创润新材料可提纯成分更复杂的原材料，且提纯效率更高，品质完全可替代进口

高纯度钛材，成本显著降低。据吴景晖介绍，自产品下线以来，公司已陆续和西北有色院、宁波江丰电子材料股份有限公司、中船重工七二五所、航天部八〇一所、中科院国家强磁中心、中国科技大学等多家国家战略核心企业和研究机构建立了合作供货关系，同时在医疗器械、体育休闲等民用市场也反响热烈。

吴景晖在第一炉低氧超高纯钛下线仪式上讲话

吴景晖接受媒体采访

垄断打破后，直接受益的就是航空航天领域，"投产以来，我们接到了很多航空航天企业和研究所的电话，可以看出大家对超高纯钛已经期待太久了。"吴景晖说。他们正在和一个国家级的研究所合作，利用低氧超高纯钛的耐腐蚀、耐高温、强度低、韧性好的综合特点，对空间飞行器的一个关键零部件进行革命性改进。之前，由于中国没有自己的超高纯钛，受原材料源限制，一直采用其他替代金属，综合性能一直未能达到最佳状态。随着国产超高纯钛的诞生，这一关键零部件的改进可望在不久的将来实现巨大的技术突破。

除此之外，超高纯钛也是配制生产高端钛合金材料的重要基础材料，而钛合金是飞机制造的关键材料之一。因此，超高纯钛对于生产制造性能稳定的优质高端钛合金至关重要。在飞机机身和核心零部件的众多钛合金应用中，如关键承力构件、发动机叶片等，设计者不仅要考虑材料的高温机械性能，还需要考核材料稳定持久的疲劳强度。当飞机零部件的使用到达一定周期后，机身结构和机件由于接近疲劳强度而进入故障频发期，这时飞机的事故频率就会比较高。

因此，准确地了解材料的疲劳强度，对于制造性能可靠的零部件、提高产品安全性能至关重要。超高纯钛自身极高的纯净度，大大降低了由于微量成分波动而导致的高端钛合金机械性能不稳定，这对于从根本上提高飞机零部件的整体性能稳定性、在确保安全的前提下最大化延长零部件的使用寿命意义重大。低氧超高纯钛国产化是中国自主大飞机项目的重要原材料保证。

除了航天，低氧超高纯钛对于半导体、医疗器械、汽车工业等多个行业来说，意义同样深远。"手机、电脑、身份证、智慧生活中广泛运用的芯片技术，都离不开超高纯钛。"吴景晖说。

中国家电商业协会发布的《智能改变未来：智能家电的现状与

未来》报告显示，预计到2020年，智能家电的产值将由2010年的50亿元快速上升到1万亿元，智能终端将增至8000亿元的市场规模。超高纯钛作为智能家电半导体芯片用溅射靶材的重要原料，其未来的市场份额前景广阔。

谈到中国钛行业的前景，吴景晖用"前途光明、任务艰巨"八个字来形容。"相对于发达国家，中国钛行业起点较低，但近年来，国家在政策扶持上加大了力度，尤其对高端钛材战略意义的认知有巨大提升，使得有更多的人开始参与到这项事业中来，这必将会给行业带来巨大的改变。"吴景晖说，"较之欧美，现在我们能够提纯等次更低的原材料，而且我们的提纯效率也比一般的国际水平要高。在含氧量控制方面，创润公司也有新的提升，实现提纯晶体含氧量低于50×10^{-6}，钛锭含氧量低于100×10^{-6}，优于日本公司的200×10^{-6}。品质上完全可以替代进口高纯钛材，成本还可降低20%以上。"

"我们拥有这个产品完整的知识产权，已申请国家发明专利60多项。"吴景晖介绍。他率领的团队自主设计了提纯工艺和设备，通过熔盐电解工艺，将纯度低于99.8%的海绵钛提纯为99.999%的钛晶体，再通过真空电子束熔炼设备，将晶体铸造成超高纯度钛材。

创润新材料有限公司生产的超高纯钛为中国形成完整的有色金属精深加工产业链提供了关键技术支撑。在制造强国战略背景下，创润新材料有限公司将有力促进半导体、航天、医疗、军工等行业的发展，提高产品附加值，向高端转型升级，助力中国制造走向中国"智造"！

政策温床，让创业梦想"落地生根"

技术突破成果连连，吴景晖却并不骄傲。谈笑间，吴景晖毫不避讳在美国十多年的技术和经验储备，在一定程度上缩短了技术攻坚的周期。他直言："类似的突破，国内的很多科技人员也一定有能力做到，而我们海归创业人员只是借了'千人计划'的东风，受益于国家重视人才、鼓励创新的政策支持，让它更快实现了而已。"同时，他也坦言，技术创新要适应国内现有的整体工业水平的发展状况，也具有极大的挑战性。设备制造能力、工艺稳定性、原材料水平都曾经是他和团队技术攻坚路上的堡垒，如何各个攻克，正是海归创业人最大的心愿。

之所以将公司选址在余姚，吴景晖说是被余姚优越的创业创新环境和引进人才的魄力及诚意感动。2012年2月，他来余姚考察，拜访了宁波江丰电子材料有限公司的董事长姚力军。此时，余姚市正筹划建设浙江"千人计划"余姚产业园，余姚市还推出了对海外高层次人才和项目"三个500万"的激励政策。和国家"千人计划"专家姚力军身上相似的海外留学背景，在相关行业中的求职、创业经历也让吴景晖感受到了心灵深处的共鸣，吴景晖很快就决定在余姚临山创立宁波创润新材料有限公司。

在吴景晖团队追梦超高纯钛"国产化"的道路上，宁波"妈妈式服务"的政策扶持让这群归国游子始终感受到坚实的守护力量。从短短25个工作日完成所有审批手续，到国土、环保、规划、供电等部门现场同时办公，缩短合同流程，吴景晖的内心都充满感激。

2013年，刚刚完成注册的宁波创润新材料有限公司，是一片连厂房都未建成的城郊空地，同时面临着资金、设备等各项空白。

吴景晖至今仍清晰地记得，有一次申报一项国家级别的创新扶持资金时，已经距截止日期不过一周时间，带领着人员不齐的创业团队，吴景晖等人陷入了熬夜写材料的焦灼状态。当吴景晖捧着一叠热乎乎的打印材料时，余姚市的相关职能部门破格为他们连夜举办了一场答辩会。最终，顺利通过审核的吴景晖团队，仅凭借一份国家对战略性新兴产业的规划蓝图，顺利申请到了944万元的资金支持。

"当时公司连厂房和设备都没有，就能申请到近千万元的资金，完备的产业扶持'政策链'孵化了创业梦想，也坚定了我们踏实走下去的步伐。"制造业不像大众快销产业，在完成蜕变前，会经历一次难挨的"冷板凳时期"，前期投入非常大，且短期内看不到回报，创业初期常被喻为"死亡谷"。"但各级政府在制造企业的这段'阵痛期'内并没有当'甩手掌柜'，反而悉心呵护创业萌芽成长，在根系冒出前浇水施肥。"吴景晖说。

坚持不懈，金石可镂

创业未必成功，但付出一定会有收获。吴景晖把创业称为一种生活方式，形容为一种"带着信仰的战斗"。这里有苦、有甜，有笑、有泪，所有这些元素都构成了创业路上的风景。创业过程中，常人看到的疲劳与辛苦，其实都是这种生活方式的一部分；取得的任何一点点成就，都来自不懈地坚持和努力。

苦乐交织，信心满满，是六年创业路上的主旋律。2014年6月30日，产品下线是公司发展的一个重要节点，紧张程度不亚于"迎接新生儿诞生"。吴景晖深谙"能力越大，责任越大"的道理，任何细节都不敢怠慢。他把当时的挑战当作对信仰的考验，整个6月份，在酷暑中，吴景晖与研发团队都连续坚守在现场，困了就在机器边上打个盹儿，最多去厂房的小仓库里睡一会儿，时刻准备处理技术稳定、后期运营等各种突发问题，最终确保了当天产品下线的顺利进行。试车一次成功，吴景晖这颗悬着的心终于放了下来。晚上，当同事们举杯狂欢、庆祝成功之时，吴景晖走到餐厅外，望着皎洁的月光，心中涌起了无限的感慨。他很清楚成功的同时，自己失去的是什么"妻子带着孩子从国外赶回来看我，待了10天，我只在家留了一个晚上，陪他们吃了一顿饭。"他坦言，上天给每个人的时间是公平的，没有两全其美的事。直到现在，他仍感念于妻子"全力支持他回国创业，在后方默默守护家庭"的这份担当和付出。

"我妻子对儿子说，圣诞节时想要的礼物都会出现在圣诞树下，我儿子就问，那爸爸会回家么?"谈及此处，眼前这个宁波创润新材料有限公司总经理、国家"千人计划"特聘专家一时哽咽、眼角泛红。夜凉如水，吴景晖每每感到疲惫时，都会低垂着眼睑怔怔地对着手机里孩子的笑容发呆。但小心收藏好内心深处的柔软腹地，这位南方"硬汉"又继续沉下身子在超高纯钛技术上攻坚克难。

"和很多海外华人相比，我在国外的经历要简单得多，没有不断搬家的颠簸不定。在匹兹堡生活了那么久，对那座城市有很深厚的感情。"如今，匹兹堡更是吴景晖心头无法割舍的牵挂，因为他的妻儿仍然在那里生活，而他，为了产业报国梦能够早日实现，已经有很多年没有回去了。

每个人的时间和精力都是有限的。在有限的时间里，多做任何一件事儿都不可避免地影响到做其他事情时的投入程度。在吴景晖眼里，创业就是他生命里占据最大时间份额的那份大蛋糕。在追求创业梦想的同时，失去的便是与家人一起享受天伦之乐的时间。为了创业少走弯路，吴景晖要学会面对的困难林林总总，最紧迫的是实现"从技术专家到管理人角色的过渡"。他认为，技术和管理相当于"点"和"面"的关系——"做技术更注重个人创新能力，但落实到具体管理，还需要培养一种大局观和协调能力。"六年探索中，吴景晖也有过"知易行难"的困惑。最初，他的管理方式偏宽松，讲究包容、鼓励个性，总与员工打成一片，却导致员工缺少必要的"执行力"。之后，吴景晖试着融入国内的严格管理元素，不料却意外地有效。他不禁笑道："管理真是门大学问！"吴景晖感言，管理这门课没有教科书，需要在实践中及时调整步调。

展望未来，路漫漫上下求索

六年间，吴景晖与他的团队创业成果初显，产品供不应求，产能不断扩大。面向未来，公司又将如何做大做强？吴景晖给自己和他的团队确立了方向——培养和聚集人才，谋求国内相关产业链从"点"及"面"、由上游向下游的持续发展。如何吸引聚集人才？吴景晖认为，我们需要乐观、客观地评价国内的创业环境和整体工业发展水平。他分析道：虽然中国目前整体发展水平与发达国家相比处于落后，但回国六年来，已经目睹了国内创业环境的巨大改变，以及众多基础产业的迅速成长，若能在以下三个方面再多下工夫，一定会取得更大的成效：其一是"人"，要专注培养和吸引更多能保持严谨的工作态度和精益求精的工匠精神的人才，要有实干精神；其二，从国家层面，要进一步加强对产业链上游，即广大基础工业领域的支持和鼓励，提供配套政策支持，确保整体工业的根基牢固；其三，要重视技术发展的客观自然规律，给予创新创业团队更大的信任、更多的时间，不要仅仅看效益，更要看重技术创新与积累。

吴景晖和他的创业征程正是国内创业环境和工业水平发展的个

体缩影。历经从白手起家到稳步发展的六年磨砺，吴景晖一边适应改变，一边畅想未来。乘着时光巨轮向前，吴景晖脑海中的一盘大棋愈发清晰：以超高纯钛作为起点，横向开发其他高纯金属材料，纵向开发由高纯金属衍生的各种应用市场。"多条腿走路"的设定背后，吴景晖的初衷其实很简单：创业创新，与更多的民族企业共同发展，用中国自己的原材料、自己的设备做自己的产品，把"中国制造"覆盖到国民工业生产需要的各个领域中去。

抱着"板凳坐得十年冷"的沉淀精神，吴景晖站在中国第一炉超高纯钛上，发出了传统制造业转型升级的"中国声音"。风雨漫漫，丹心不改，在吴景晖看来，"产业报国"的梦想正细化为一点一滴的小突破，追梦赤子心永不停歇。

"未来，创润将剑指高纯钛行业的国内领军、国际领先企业，研发出一系列高附加值的产品，助力中国制造向高端转型升级。"顺着超高纯钛渐成规模的产业链，吴景晖将目光投向了远方。

（素材搜集：李鹤　内容修订：吴景晖　文字整理：李鹤）

19 | 不忘初心，方得始终

——吴峰华

校友简介

吴峰华，江西南昌人，1992年本科毕业于沈阳黄金学院采矿工程专业（沈阳黄金学院于1997年并入东北大学）。他是TTF高级珠宝品牌创始人、创意总监，"2017中国文化产业年度人物"候选人，清华大学美术学院校外讲师，北京服装学院艺术专业硕士学位校外研究生导师，中国知名贵金属材料研究专家，14K、18K玫瑰金防变色、防断裂专利技术发明者，925银抗氧化专利技术发明者，中国生肖珠宝设计大赛创办人，"欢乐春节·中国风格——TTF2014巴黎马年生肖珠宝设计发布暨展览"策展人，"欢乐春节·中国风格——TTF2017巴黎中国生肖珠宝设计发布暨展览"策展人，获第15届HRDAWARDS国际钻石首饰设计大赛杰出贡献奖，任HRDAwards2015国际钻石首饰设计大赛评委。

从学生积极分子到自主创业先锋

大学期间，吴峰华热情积极，广交好友。回顾学生时代，吴峰华深有感触地说：积极参加实践活动对自身帮助非常大。吴峰华是活动积极分子，任院、系、班级学生干部，组织创办近30个兴趣爱好协会，包括围棋、桥牌、摄影等，这些经历开拓了他的视野，增长了见识和才干。本科毕业后，吴峰华选择留校任教。

1995年，吴峰华辞去教职，进入政府机关。1997年，他审慎考察市场，选择自己熟悉的本专业行业，离开政府机关，开始自主创业。

一切从零开始，吴峰华借来20万元启动资金开始了创业之旅，主要经营钻石、铂金镶嵌等业务。那时公司设在沈阳，吴峰华去北京采购裸石，在当地找工厂完成镶嵌、做证书等一系列程序，再回到沈阳销售。营销的路径一般是从沈阳到大连，如果货品没卖完，就放在原地委托代销，拿到货款后，第一时间再回到北京，就这样连续反复地奔波于沈阳、大连和北京之间，一年大概有80个来回，对于那时的吴峰华来说，坐飞机是一种奢侈。吴峰华说到自己这段经历时，坦然笑谈："没有任何资源，只能把生产环节进行巨大压缩，用时间周期来提升市场价值。"辛苦和劳累没有白费，从20万元起步，短短一年时间做了1600万元的销售业绩。因为巧遇中国珠宝行业的消费需求旺盛期，"钻石恒久远，一颗永流传"的广告语深入人心，在这种背景下涉足珠宝行业，恰是应市场之需，因此创业第一年顺风顺水。但好景不长，1998年开始，珠宝业进入激烈竞争期，对于刚刚创业一年的吴峰华来说，压力不言而喻。在对市场敏锐的把握下，他创新经营模式，将公司转型为零售商，积累了一大批客户资源和合作伙伴，为以后的创业之路打下了

95th

东大校友
创业之路

DONGDA XIAOYOU
CHUANGYE ZHILU

294

坚实基础。

转战深圳始创高级珠宝品牌

回顾吴峰华的创业之路，2002年是一个非常重要的分界线。2002年之前他首次创业，立足沈阳、辐射东北、放眼全国；2002年之后，他转战深圳、面向中国、运筹国际。

2002年，吴峰华带着"打造一个高级珠宝品牌"的愿景，来到"设计之都"深圳，创立高级珠宝品牌——TTF。TTF创立之初，吴峰华就专注于玫瑰金技术的研发与突破，在其领导下，TTF成功解决了玫瑰金易变色、易断裂的世界性工艺难题，先后获得玫瑰金防变色防断裂技术、钻石丝绸技术、浓硫酸替代氰化钾炸金法、显微镶嵌技术、彩色宝石镜面放大设计工艺等多项专利，因此被国际同行誉为"中国玫瑰金技术之父"。

同时，吴峰华有着非常强烈的原创意识，一直将原创设计视作品牌的灵魂。从"2008CHINA国际珠宝设计大赛"到2009年"亚洲珠宝设计邀请展"，再到2010年"TTF东方华美珠宝之夜"，吴峰华一路乘风破浪，开创了中国的高级珠宝时代。2010年起，TTF开始举办"生肖首饰设计大赛"，这一赛事承担着中国传统生肖文化当代性、国际化的使命，现已成为TTF一项常规赛事。

在吴峰华的引领下，TTF屡创新高，并于2013年将品牌总部落户法国巴黎，与世界各大奢侈品品牌展开广泛交流和合作。2014年5月，吴峰华被特聘为北京服装学院艺术硕士专业学位校外研究生导师；同年7月，吴峰华获得由法国经济部长亲自颁发的巴黎大区"年度最佳国际投资人"称号；2015年，吴峰华被特邀成为HRDAwards2015国际钻石首饰设计大赛的国际评委，是唯一一位来自亚洲的评委；2016年，吴峰华受邀成为清华大学美术学院

"当代金属艺术设计创新高级研修班"授课老师；2017年，由吴峰华先生策划的"欢乐春节·中国风格——TTF2017巴黎中国生肖珠宝设计发布暨展览"在巴黎政商界、艺术界及高级珠宝圈引起广泛关注；2018年6月12日，TTF世代传承高级珠宝世家全球首家旗舰店在巴黎旺多姆广场盛大开幕。

吴峰华用十六年的时间将TTF打造成中国珠宝设计的第一品牌，成为目前第一家也是唯一被文化部列为珠宝文化创意领域的国家战略品牌，是唯一被习近平主席和李克强总理接见过创始人的珠宝品牌，也是18世纪以来入驻世界奢侈品聚集地——法国巴黎旺多姆广场、并在设计领域具有全球影响力的第一家中国高级珠宝品牌。

宋代美学奠定品牌文化基石和立意之源

吴峰华出生于自古称为"物华天宝、人杰地灵"之地的江西南昌，从小备受文化艺术熏陶，对中国传统文化、尤其是宋代文化十分痴迷。在其引领下，TTF将被西方世界公认为中国"文艺复兴"的宋代美学与哲学作为文化基石和立意之源。TTF高级珠宝作品恰

TTF高级珠宝作品——《从北京到巴黎》

TTF高级珠宝作品——《锦鸡》

是"含蓄隽永、空灵飘逸"美学特征的典型体现，其冰清玉洁、独自芬芳、意境幽远、回味无穷，处处显示着高贵雍容的品格，经典作品《从北京到巴黎》《锦鸡》《荷塘月色》均展现了TTF以宋代美学立意的创作主张。

TTF对中国传统文化尤其是宋代文化的追溯曾被媒体称为"东方文化的伟大复兴"，在吴峰华的全力推动下，TTF先后与全球顶级艺术家和设计师、国际一线珠宝品牌、毕加索艺术基金会等保持密切合作，共同推出诸多独具东方文化特色的华美珠宝，并以高级珠宝为桥梁，将东方文化精髓源源不断地输入西方。

在传承中创新翡翠雕刻工艺

翡翠雕刻，这项只有中国人掌握的技艺，正是TTF匠心技艺的传承之源。翡翠作为玉中极品，不仅是中国人心目中之珍宝，更是摄人魂魄的艺术精品，为赞颂翡翠充满生命活力的绝美绿色，人们习惯用"翠鸟"为这种极为罕见的宝石命名。翡翠的神奇魅力还体现于精神层面，因其蕴含着东方文化中的神秘气质而被认为是美德与幸运的象征，它还被认为拥有特殊的精神力量，能祈福消灾，使家族兴旺发达，更具备世代传承之永恒人伦价值，故人们通过冰清玉洁之美好的艺术形式，寄托家族对后辈的祝福与对其远大前程的期许。

然而，蕴含古老悠远东方文化底蕴、代表中国珠宝灵魂的翡翠却一直未被国际认可，未能在世界珠宝的舞台上崭露头角，这与中国人以往传统、圆润、亮泽的审美情趣相关，导致对翡翠珠宝的设计墨守成规，局限于蛋面切割的方式，不仅显得单调沉闷，也缺乏设计巧思。

吴峰华认为，设计必须要与时俱进，代表并引领时代，方能将历史遗产完美传承下去。因此，TTF 根植于翡翠中的中国文化传统独一无二的基因，进一步开拓创新，以牺牲翡翠重量为代价，根据每一枚玉石的自身特质，差异化雕琢，使玉石精品雕琢加工艺术臻于完善，从而向世人呈现出这项沉睡于东方的伟大技艺。在吴峰华的积极推动下，TTF 将品牌总部设在巴黎，开设高级珠宝工坊，使精湛珠宝工艺与东方华美风格完美融合，打造出撼世典藏之作。也正是对这种古今、中西文化艺术精神的融合、贯通，才使其逐步攀登至国际高级珠宝业的美学高峰。

百折不挠登上世界珠宝殿堂

品牌国际化的过程并非一帆风顺，而是困难重重。TTF 品牌用十六年的时间在世界的艺术重镇和品牌大国——法国——奠定了自己的基础，这个过程，毫无疑问是一项漫长而艰巨的挑战。

TTF 是第一个连续十年参加巴塞尔国际钟表珠宝展览的中国品牌，巴塞尔展览是全世界钟表和珠宝领域最顶级的展览。2005年，当 TTF 第一次参加这个展览时，吴峰华坦言给自己带来不小的震撼，他惊叹："如果珠宝品牌能够进到顶级品牌馆，可以说是没有白做了。那顶级品牌馆巨大无比、气势恢宏，'劳力士'的一个展位费用都是几千万欧元，相当于我们一年的销售额都不止，极其豪华、精致。"

2006年，当 TTF 首次参加巴塞尔展览时，被安排在一个很偏僻的角落，不仅如此，在参展的8天中，有8个知识产权调查机构把 TTF 查了个底朝天。知识产权调查机构的工作人员说：只要中国人来，肯定会有抄袭的情况。到展览最后一天，负责亚洲地区的华人总监对吴峰华说：经过重重审查，TTF 是唯一没有抄袭现象的中国公司。然而在吴峰华看来，这种事情在 TTF 发展路径当中是一种屈辱，因为是中国人、中国身份，就代表着一定是带着抄袭的目的来参展的。

2009年，TTF进驻巴塞尔国际品牌馆3.2馆；2010年，TTF进入巴塞尔国际高级品牌馆；2012年，TTF进驻国际顶级品牌2.1馆；2015年，TTF在巴黎开始设立自己的品牌中心，巴塞尔展览的国际市场开拓使命暂告段落，TTF便再没有参加过巴塞尔展览了。

2014年，吴峰华将TTF品牌落户在了法国巴黎旺多姆广场。这里是全世界租金最昂贵的区域，是所有世界顶级手表和珠宝品牌的集聚区，有132个世界顶级品牌在这里聚集，知名品牌卡地亚也将旗舰店开在这里。当初，TTF提出想进驻旺多姆广场时，市长很为难，但还是为其写了一封推荐信。但即便吴峰华手握市长的推荐信，也只有少数房东愿意将办公室和店面租给来自中国的TTF，并且提出的条件十分苛刻。当中介机构经理听说TTF要租旺多姆广场的办公室时，表示很为难，因为旺多姆广场有一百二三十个品牌企业组成的品牌委员会，这个品牌委员会的权力非常之大，它可以决定商家是否能够入驻旺多姆广场。

2014年3月，吴峰华作为中国企业代表随习近平主席访法后，立即开始实施在旺多姆广场设立旗舰店的计划。终于，法国最古老的珠宝品牌的物业刚好有一个小店放租，但一个难题摆在眼前，即使房东愿意、经营方愿意，但如果旺多姆广场协会的品牌业主没有同意，还是租不到。为了租下这个小店，吴峰华及其团队多次找房东谈判，但均无果。后来，吴峰华找到法国的前总理拉法兰，他是共和党人、法国企业主的代表。吴峰华邀请他出任TTF的顾问，并邀请他到TTF深圳总部考察。同时，TTF也加入一些法国的顶尖机构，成为其核心赞助商，跟法国精英人士进行沟通交流。经过沟通，吴峰华发现，其实法国政界、媒体及同行对TTF到巴黎发展这一举动，更多的是打着巨大的问号，不知道这个来自中国的品牌到底想要做些什么。

为了打消房东的顾虑，吴峰华说：TTF是一个以做翡翠、和田玉为主的高级珠宝品牌，目前旺多姆广场并没有这样的品牌，如果旺多姆广场不接纳，TTF肯定要在其他地方发展，也许到伦敦邦德大街、也许到纽约的第五大道、也许到东京的银座……这也意味着客户王全被带到其他地区。为核实TTF的情况，房东拜访了中国驻法大使，大使回应称："TTF这个品牌我们知道，他是习主席访法随团到法国签约的，吴先生我们也很熟，他是认真做事的人，你们可以到中国考察他。"有了大使的推荐，TTF终于在旺多姆广场租下了办公室，成功将品牌总部落户巴黎。

2014年3月26日 摄于巴黎

2014年，吴峰华（二排左一）作为随团访法企业家与国家主席习近平等合影

在国际舞台拼出更好未来

2014年2月的"TTF2014巴黎马年生肖珠宝设计发布暨展览"创造了一场史无前例的中法文化交流盛宴。展览活动以珠宝为载体，融合中国传统生肖文化与当代创意设计，向全球各地推广中国生肖文化，让民族文化闪耀于世界舞台。其中，时尚集团前总裁苏

芒女士设计的《树与马》作品，作为国礼赠送时任法国总统的奥朗德，《费加罗报》评论："这些作品展现出了卓越的艺术构思、精湛工艺和浓郁的异国情调，展览令人耳目一新。"

"TTF2014巴黎马年生肖珠宝设计展"深圳巡展开幕式剪彩

大批参观者在"TTF2014巴黎马年生肖珠宝设计发布暨展览"现场流连忘返

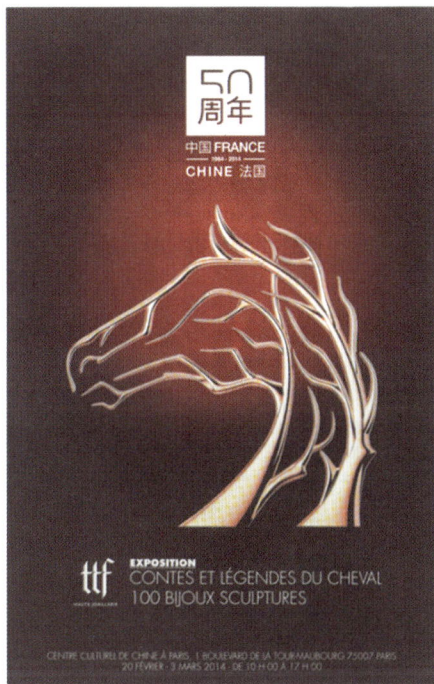

《费加罗报》封面刊登苏芒女士设计、TTFHauteJoaillerie 出品的《树与马》

2017 年 2 月 8 日，TTF 举办"欢乐春节·中国风格——TTF2017 巴黎中国生肖珠宝设计发布暨展览"，展览以中国生肖为主题，以珠宝为载体，精选展出辰龙、巳蛇、午马、未羊、申猴、酉鸡六大生肖的优秀珠宝设计作品，成为中国传统生肖文化传播的新契机。戴高乐基金会主席 MonsieurJacquesGODFRAIN 雅克·高德弗兰称"生肖大展是中法高水平人文交流"，法国第一大报《费加罗报》称"TTF 历史性地改变了亚洲珠宝品牌在欧洲市场的地缘格局"，《回声报》官方网站称"TTF 为新近崛起的中国珠宝行业巨头"。

2018 年 6 月 12 日，TTF 高级珠宝全球首家旗舰店在巴黎旺多姆广场盛大开业。开业以来，观者云集、群英荟萃，在中法文艺界、时尚圈、媒体界掀起了一股品评热潮，法兰西艺术院副主席、终身院士卡隆先生评价："TTF 的作品出类拔萃，带着中国文化的神圣

"欢乐春节·中国风格——TTF2017巴黎中国生肖珠宝设计发布暨展览"开幕式剪彩仪式（左起分别为吴峰华、TTF品牌挚友——法国著名电影演员苏菲·玛索女士、中国驻法大使翟隽、戴高乐基金会主席雅克·高德弗兰、巴黎中国文化中心主任严振全）

光环，向法国与欧洲观众呈现了中国当代文化艺术创新突破的最新成就！"不仅法国文艺界人士对TTF巴黎店给予了极高的评价，连向来挑剔的法国媒体也对TTF巴黎店赞不绝口，一致认为TTF的店面和高级珠宝作品都有着浓郁东方风格和至高品质，精致迷人。法国第一大报《费加罗报》评论：TTF以宋代美学立意的崇高美学境界和难以逾越的艺术成就为世界奢侈品珠宝业带来全新的挑战。

TTF作为中国第一个当代高级珠宝品牌，通过旗舰店入驻旺多姆广场一举，融中国传统文化，以现代形式走向国际。

不忘初心，方得始终

2008年，吴峰华发起并承办的中国首个国际珠宝设计大赛"2008CHINA国际珠宝设计大赛"，吸引了超过16个国家和地区的

620余名珠宝设计师参赛；2009年9月，他在中国香港珠宝展上举办的"亚洲珠宝设计邀请展"，吸引了包括韩国国宝级艺术大师安尚秀、日本顶尖级设计大师山中一宏等诸多艺术界领袖参加；2011年，他在瑞士巴塞尔成功举办"TTF中国之夜"，并与中国当代艺术大师徐冰、建筑大师张永和、雕塑大师展望联合举办汉字艺术作品展，引起了海内外同行的轰动。他旗下设计师设计的高级珠宝作品《玉兰花开》、TheLady连续两年荣登法国权威珠宝杂志 *DREAMS* 封

TTF高级珠宝作品——《玉兰花开》

面；2013年，他接受巴黎市政府邀约，在巴黎最奢华的旺多姆广场开设TTF巴黎国际总部；2014年2月，"TTF2014巴黎马年生肖

TTF巴黎旗舰店开幕活动剪彩（法兰西艺术院副主席和终身院士皮埃尔·卡隆（左二）、吴峰华（左三）、TTF品牌挚友法国著名电影演员苏菲·玛索（右三）、巴黎亚洲艺术博物馆馆长EricLefebvre易凯（右二）

珠宝设计发布暨展览"让民族文化闪耀于世界舞台；2017年，"欢乐春节·中国风格——TTF2017巴黎中国生肖珠宝设计发布暨展览"成为中国传统生肖文化传播的新契机；2018年，TTF高级珠宝世家全球首家旗舰店落户巴黎……

吴峰华在实现梦想的过程中，在那些由数字、人名和闪耀的成绩组成的众生相里看到了疯狂，也亲历了奇迹。而未来，他的梦想似乎更加强大——以珠宝艺术拓宽生活视野，让越来越多的人感受到中国美学文化珠宝的魅力。

TTF世代传承高级珠宝世家旗舰店

TTF曾请星云大师写一幅书法，大师问写什么，吴峰华说只写"初心"两个字就好，因为这代表了TTF品牌的本真和吴峰华本人对品牌始终不移的追求。从成立至今，TTF走过了一条坚持"初心"原创之路，这条路充斥着无数的挫折和荆棘，但也有国内外舞台上的惊艳四射和名誉成就。相较之前，现在的吴峰华从容而坚定，他说，创业是一件极具风险和困难的事情，对创业者的意志和毅力是极大的挑战，一旦想好了、准备好了，就要下定决心去做。

吴峰华一直坚信，一个人一辈子能把一件事做好就足够伟大，他的目标是将TTF打造成为全球顶级珠宝品牌。创业的过程是艰辛的，TTF得以不断生存发展，靠的是创新，今后依然会坚持这条路。多年来，TTF一直在不断提升工艺和设计水准，并坚持把每一件作品都做到最好、推向极致，这是TTF和吴峰华不变的追求，而一件又一件惊世之作的推出，也正是对他力求完美的最好印证和回馈。

吴峰华和他一手创立的TTF高级珠宝品牌，一直行进在挑战和创新的道路上，不忘初心、方得始终，就是吴峰华分享给所有创业者的最好感悟。

（素材搜集：张旭华　内容修订：吴峰华　文字整理：张旭华）

20 | 让非洲百姓享受数字电视的美好

——庞新星

校友简介

庞新星，1958年出生于河北省唐县，1982年毕业于秦皇岛冶金地质职工大学（现东北大学秦皇岛分校）电子专业，1982—1984年曾先后任职于冶金地质会战指挥部五队及华北有色地质四队教育科和宣传部，1985—1988年任北京声像公司秦皇岛分公司经理，1988年自主创业创建四达电子公司并任董事长兼总经理，现任四达时代集团董事长、东北大学秦皇岛分校北京校友会名誉会长。

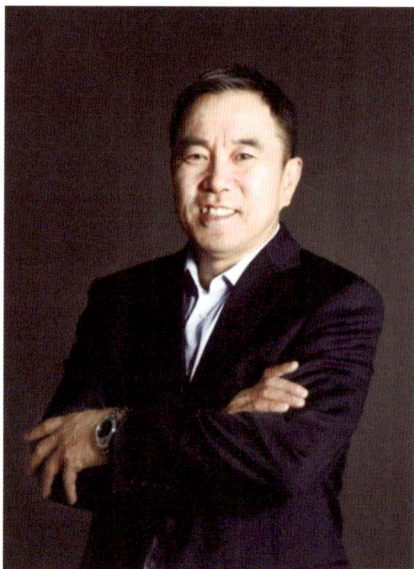

庞新星拥有诸多荣誉，包括"改革开放三十年全国优秀企业家""2013中国文化产业年度人物"、2014年度"海英人才"、"2013—2015年度北京市新闻出版广电行业领军人才""2016年首都市民学习之星""2017中国年度文化人物"、"第二届中关村文化创意产业十大新领军者"等；同时，于2013年入选海淀园管委会企业家咨询委员会专家、2014年入选全国"四个一批"人才推荐

人选，2016年10月被聘请为中国与葡语国家企业家联合会中国委员会副主席。

作为我国早期投身广播电视领域的民营企业家，庞新星带领四达时代集团一直走在数字电视行业的最前端，是中国广播电视行业最具实力与规模的数字电视整体解决方案提供商、基础网络投资运营商、增值业务合作运营商，也是中国广电行业唯一获得国家对外承包工程经营资质的民营企业。四达时代集团，被中国企业商会评为"2008年中国科技创新型企业100强"，并连续两年跻身"福布斯中国潜力企业排行榜"前20名。四达时代集团参与、见证了中国广电的巨大变革，创造多项业界第一：承建全国第一个光纤综合宽带交互网络工程、全国第一个传输距离超过100千米的1550光纤传输系统，自主研发广电运营核心软件——BOSS系统——在国内已支持50多个广电运营商运营（包括7个省级网络公司），是国内广电市场占有率最多的厂家之一，管理用户数近4000万户。引领企业跻身国际市场，本着"让每一个非洲家庭都能买得起、看得起、看得好数字电视，共享数字电视的美好"的愿景，在非洲地区近30个国家注册成立公司，近20个国家开展数字电视运营，发展用户超过1800万户，已成为我国广电行业海外覆盖国家最广、用户增长最快、内容传输最多的企业，以及在海外有较强实力与影响力的系统集成商、技术提供商、网络运营商、内容提供商，并正朝着"成为全球有影响力的传媒集团"的目标迈进。

发愤图强

1975年，庞新星任职于冶金地质会战指挥部五队，其间主要工作在位于山西的五〇五钻探机组。钻探工在当时的年代是万能工种，工作中需要操控各种类型的机器设备，要求操作者对设备的使用、原理甚至维修都了如指掌。庞新星在实际工作中积累了机械电子方面的基础知识，对钻探到地下几百米深取出的岩芯，他也保持着浓厚的兴趣，在送至地质部门检验前，都会和同事们研究探讨。同时，由于工作需要倒班，长期的辛苦锻炼也磨炼了他顽强的意志。

1978年12月，秦皇岛冶金地质职工大学（现东北大学秦皇岛分校）面向冶金系统单位招收大学生，在严格的考试中，庞新星从5000余名职工中脱颖而出，和其他30名同学一起再次走进教室。在那个对知识如饥似渴的年代，在经历了实践检验急需理论支撑的时刻，庞新星格外珍视学习的机会，表现出异于常人的努力。就读的电子技术专业是学校新开设专业，师资不足、图书资料短缺是面临的突出问题，庞新星组织学习讨论小组，遇到问题和老师、同学们互相探讨，在交流沟通中共同成长。毕业设计时，在燕郊工作的刘老师成为他的毕业设计导师，他们一起研究原理、购买零件，最终成功组装电视机，有趣的是这件毕业设计作品还被庞新星作为礼物送给了自己女朋友的家人。"仰天大笑出门去，我辈岂是蓬蒿人"，在庞新星的心中，艰难困苦不过是成功道路上的一道道成长经历，唯有脚踏实地地一步步走下去，前方将是一片坦途，身后必然会繁花似锦。

白手起家

毕业后，按照当时的政策，庞新星需要回到原来的工作单位，可是考虑到和爱人天各一方，两地生活会给家庭带来诸多不便，他表现出男子汉的担当，毅然放弃之前的事业，调到华北有色地质四队。初来的他面临着工作的重新选择和适应，熟知的专业技术和现工作不对口，工作一段时间后恰逢单位提出搞多种经营的想法，思维活跃的他立即多方走动，实地考察探索，最终与北京一家公司联合成立北京声像公司，并出任秦皇岛分公司经理一职，期间主要为单位宿舍提供电视公用天线服务。1988年，他开始自主创业创建了四达电子公司并任董事长兼总经理。自公司成立以来，庞新星始终重视技术创新，他们研发的300M传输系统保持着国内领先水平，同时注重与海外积极沟通，在1990年唐山吕家坨煤矿职工宿舍的项目中，一举成功，获得了市场的一致好评。良好的开端是成功的一半，有了前期的项目示范效应，公司的技术和产品成功推广，先后在沈阳电力局、云南昆明五钠厂、兰州钢厂等多地落地，为当地的职工带来了新鲜的资讯和丰富的文化生活。

最初租赁的生产办公场地已经不能满足生产需求，1993年，公司在秦皇岛经济技术开发区珠江道建成了集生产、办公于一体的办公楼。而事情并不总是一帆风顺，20世纪90年代初，全国各地纷纷成立有线电视台，各个省台、市台林立而出，加之当时对民营企业的一些限制，年轻的四达电子公司突然遇到了瓶颈。多重压力下，庞新星带领大家另辟蹊径，着手兴建铁矿。而对于一个全新的领域，一切从头开始是何等的艰难，最终铁矿项目让公司负债累累。更为雪上加霜的是在公司内部体制改革期间，当年一同创业的3个合伙人选择放弃，庞新星怀揣对有线电视行业的情怀和对公司员工的责任，选择了坚守，带领大家继续披荆斩棘。有的项目即使没有合作成功，他仍然不死心，继续找对方负责人，去了解合作失败的原因，问题到底出在什么地方？就是凭着这种锲而不舍的精神，庞新星带领公司再一次取得重大技术突破，1000M光缆的技术领跑全国，一个个合作项目接踵而至。1999年，由于事业的发展需要，四达电子公司总部搬到北京，从此开始了新的国际化征程。

扬帆起航

2002年，庞新星第一次踏上非洲的土地，"走过很多地方，在一些国家，有些家庭没有电视，有些是几个家庭共用一台电视，即使有电视，也只能看到两三个频道的电视节目，数字电视对这片土地上的人们来说更是天方夜谭。"最让庞新星震惊的是，在那片并不富裕的土地，每个国家一般只有一家实力较强的公司经营数字电视业务，用户一个月得花费50～100美元才能看上电视。庞新星说："这就是市场，在中国，网络、电视发展得很快，我们可以把先进的技术应用到非洲。同时中国是一个文化大国，应该把我们的文化产品传到非洲。"

四达时代集团进入非洲之前，非洲数字电视市场被高度垄断，初装费200多美元，收视费50~100美元/月，看电视只是少数有钱人的特权。四达时代集团提出"让每一个非洲家庭都能买得起、看得起、看得好数字电视，共享数字电视的美好"的项目宗旨，每月收取3~5美元就可收看30多套节目的营销策略，打破了垄断、颠覆了传统，得到非洲各国政府和民众的高度认可和欢迎。

当梦想和市场有了契合点，四达时代集团很快踏上了走进非洲的漫漫征程。然而，欣赏者和开路者体会到的注定是不同的风景。为了这个梦想，庞新星和他的团队走遍了非洲几十个国家，在考察过程中充分了解当地国情，夜以继日地反复研究论证，拿出一份份务实、专业和高技术含量的合作方案……经过五年的辛劳和付出，2007年，四达时代集团终于在卢旺达拿下第一个数字电视牌照。

拿下牌照并不是胜利，只是"万里长征第一步"。为了实现让每一个非洲家庭都用上价格低廉、覆盖面广、信号质量稳定清晰的数字电视的梦想，庞新星和他的团队还要解决一系列技术和市场问题，比如发射塔按什么标准建，怎么建？如何实现网络覆盖？技术人员如何保障？……说到这儿，庞新星一脸认真，一字一句地说："我们做的不是'一锤子买卖'，而是要'结婚过日子'。不能随便对付，必须踏踏实实地一点点解决问题。"

2008年8月，卢旺达数字电视平台建成并举行开业典礼。从此，每个卢旺达家庭每月只需付费3~5美元就能收看到30多个频道的电视节目，这其中不仅有非洲本地频道，还包括中央电视台的四个频道和凤凰卫视等国际知名频道，更有四达时代集团自办的7个频道。

卢旺达总统卡扎梅与庞新星一同出席四达时代集团卢旺达项目剪彩仪式

经过多年的坚持和努力，四达时代集团的非洲战线逐渐拉长，市场覆盖面也逐步扩大。截至2018年6月，四达时代集团先后在非洲26个国家获得数字电视运营牌照，在20个国家开展数字电视运营，用户超过1800万户，基本形成了星地结合的网络覆盖体系和有中国文化特色的内容平台。

然而，四达的发展也并非一帆风顺。作为一家并不起眼的民营企业，四达起初并没有引起国外竞争企业的注意，而市场一旦打开，竞争对手群起而攻之时，再向前便举步维艰。非洲经济虽然落后，但觊觎其市场的国际厂商并不少，在四达时代集团进入非洲市场之前，来自南非的某家公司一直是市场的主要参与者，他们有很强的竞争优势，垄断了很多优秀节目。庞新星说："四达希望做到让非洲每一个家庭都能买得起、看得上、看得好数字电视。"唯一能够突破的策略就是低价。"很多竞争对手意识到四达在进入非洲市场，开始对我们进行打压，他们曾在短短的3个月里降价5次，我们卖32美元，他们就卖31美元，这就是残酷的竞争。"直到2008年，国际金融危机爆发，国外一些竞争对手没有那么多资金投入，而四达时代集团则是拼了全部身家。谈起这孤注一掷的投资，庞新星没有丝毫犹豫，"我们能感受到非洲居民的需求，国内也有那么好的文化产品，借助数字电视传播我们的文化梦，这个契合点不会错。"

愿望或许美好，但往往会承受各种阻力，而且在不同国家遭遇的难题不尽相同。随着四达时代集团在非洲市场的发展，竞争在所难免。谈到那些行业里的先行者，如法国的威望迪、南非的纳斯贝，庞新星借用了习近平主席关于中美关系的论述——"太平洋足够大，足以容下中美两国"，他说，"其实，非洲市场很大，完全容得下几家运营商来共同发展。"

基业长青

庞新星将技术创新视作集团基业长青的重要支柱，十分重视企业自主创新能力的培养，制定了符合公司和行业特色的企业技术创新战略。在他的带领下，四达时代集团搭建了以研究院为研发体系中心，大视频事业部、终端事业部、技术中心、媒体数字化事业部等部门进行产业化开发及落地的技术体系，不断加强公司技术研发的软硬件环境建设，完善公司管理和激励制度体系，引进和培养人才。同时与清华大学、中国传媒大学等知名高校开展长期产学研合作。集团已建成北京市企业技术中心、北京市互动电视运营和服务工程技术研究中心、北京市工程实验室和北京市设计创新中心，并分别通过北京市经信委、北京市科委、北京市发改委认定。

强大而先进的技术开发能力，为四达和非洲事业提供了快速发展的驱动力与安全保障。技术起家、技术强司，技术始终是四达的核心竞争力，四达网络平台已经成为非洲本地媒体的基础网络传输平台和我国主流媒体的落地平台。其中节目中继平台由在全球的5个播控中心、14座地球上行站及2个C波段通讯卫星上的转发器和国际光缆互联而成，承载480套电视节目，卫星信号可以覆盖整个非洲、欧洲和亚洲的一部分；直播卫星平台，信号覆盖撒哈拉以南的45个非洲国家、约9.7亿人口；地面数字电视平台，接收来自节目中继平台的信号，复用本地电视台的视频信号，通过建设在本地的大功率数字电视发射台发射信号，供周围用户以无线方式接收，目前已建成数字电视发射台324座，覆盖城市人口超过4亿；在线OTT视频平台，基于公有云和适应异构网络（卫星网、互联网、电信网）无缝连接的内容分发平台CDN系统，实现与撒哈拉以南23家电信运营商业务对接、支付对接和CDN节点部署；此外，支付系统平台与近200家第三方支付商和银行实现对接，成为非洲最大的统一支付平台，为后续多业务的开展打下坚实的基础。

为了普及数字电视技术，给非洲人民带来内容丰富、图像清晰、价格低廉、使用方便的数字电视节目，四达时代发挥自己在资金、技术和人才方面的优势，不断提升技术水平，加快推进从模拟向数字转换的进程，通过技术的改造和提升真正惠及非洲人民。以四达的DTT星地结合技术为例，用户通过这项技术可以使用原来的接收天线，接上机顶盒即可收看数字电视，省去了以前用户需要安装卫星天线的环节和费用。而且这项技术简单易操作，用户可以自我完成，节省了请专业工程师上门服务的费用。

经过多年持续的研发投入，四达时代集团目前可提供从前端、网络到终端的数字电视整体解决方案，尤其在面向三网融合的多业务运营支撑系统整体解决方案中（包括多业务融合视频服务平台、STARiBOSS、交互电视综合业务平台、数字机顶盒等方面）的技术研发取得了一系列的创新成果。公司整体技术达到国际先进水平，目前已申请发明专利90项，获得授权的发明专利有15项（其中国内发明专利12项、国外发明专利3项）；另外获得授权的软件著作权有68项，国内外观专利22项，国内外注册商标135项，累计申请300项知识产权。

文化使者

四达时代集团从2002年开始拓展非洲市场，2007年开始对非投资，自开启非洲业务以来，四达时代集团一直以传播中国优秀文化为己任。为了讲好中国故事、传播好中国声音、塑造好中国形象，四达时代集团将中国的主流媒体频道，如CCTV-NEWS、CCTV-4、CCTV-9、CNC、CCTV-6、凤凰卫视等分别引入四达时代集团的地面无线数字电视平台和卫星数字电视平台，利用其数字电视的技术优势，以较低的价格向非洲民众提供多达70套的中国节目。四达时代集团通过电视这一大众文化娱乐形式，使更多的非洲人民看到中国节目、了解中国文化、感受中国人民的日常生活和感情世界，进而搭建起中非文化交流的桥梁。

渠道决定传播力，内容决定影响力。作为一个传媒集团，四达时代集团从走进非洲第一天即着手自己的节目平台建设。目前已拥有480个频道，包括非洲本地最具人气频道、中国主流媒体频道、世界知名频道和四达自办频道；涵盖新闻、资讯、影视、体育、音乐、时尚、儿童等几乎所有节目类型；用英、法、葡和非洲本地斯瓦西里语、豪萨语等11种语言播出，年节目更新量超过3万小时。对内形成了节目集成、译配、制作、发行于一体的全产业链；对外形成了多视角、本地化、中国风的鲜明特征，成为非洲不可或缺的重量级节目提供商。

作为一家中国公司，四达始终把传播好中国声音作为自己义不容辞的职责，并把中国影视剧作为重要的抓手，提出了"实现年译制产能达到1万小时，打造世界上最好的多语种中国影视剧频道"的愿景目标。电视是大众传媒，只有最大限度满足大众需求，才能实现收视效果的最大化。为了解决适销对路的问题，四达每年花重金采购国内热播、非洲喜欢的影视剧版权；为了解决听得懂的问题，四达成立了译制中心，实现了从汉语播出到英法葡字幕、英法葡配音，再到非洲本地语配音的三级跳；为了解决非洲本地语配音人才短缺的问题，在坦桑尼亚、尼日利亚、莫桑比克等多国举办配音大赛，前十名获胜者到北京总部从事译制配音工作。在不停步对

庞新星在南非用户家中展示新上线的OTT产品

接市场需求、不间断提高本地化程度的过程中，影视剧正在成为非洲人民了解中国的重要窗口，成为夯实民意、通达民心的纽带桥梁，成为培养亲华、友华的非洲媒体人的平台。

四达拥有42个自办频道，包括了体育、影视、综艺等多个类型。《斯语送我去中国》《尼日利亚人在中国》等反映非洲人工作生活的节目，深受当地用户欢迎；一批名不见经传的本地主持人、配音演员成为家喻户晓的明星；德甲、意甲、法甲、中超、世界杯赛事的播出，使四达门庭若市、收视率飙升；斯瓦西里语、豪萨语中国影视剧频道更是很多非洲用户不可或缺的家庭盛宴。通过四达平台播出的《媳妇的美好时代》《我的青春谁做主》《西游记》《青年医生》《咱们结婚吧》《甄嬛传》等中国影视剧一经播出立即引起了巨大轰动，产生了强烈共鸣：普通中国人的衣、食、住、行等人文习俗，让他们觉得新鲜、亲切；剧中展现的情感事业、夫妻关系、婆媳之道等生活琐事，让他们津津乐道、百看不厌；国家繁荣昌盛、城市干净漂亮、人民安居乐业，改变了他们对中国的陈旧印象；热爱家庭、尊老爱幼、忠实朋友等价值观，让他们看到了中非共通的文化理念。2016年，四达引进中超联赛，实现了中超历史上首次在非洲大规模落地，让非洲民众感受到欧美足球之外的另一种魅力。如今，四达数字化平台已成为非洲百姓了解中国的重要窗口，成为"讲好中国故事，传好中国声音，弘好中国文化"的良好载体。

2016年9月，"2016北京影视剧非洲展播季"启动仪式在尼日利亚首都阿布贾隆重举行，该活动由北京市新闻出版广电局主办、四达时代集团承办，至今已连续举办三届。北京市新闻出版广电局选取一系列反映中国百姓当代生活、弘扬中国传统文化等优秀的影视剧，由四达时代译制配音成非洲当地语言并播出。使用非洲语言讲述中国故事，直接拉近了中非人民的距离，在非洲一次又一次掀起中国影视剧的收视热潮，使得北京影视剧展播季成为中非文化交流颇具影响力的靓丽"名片"，助力中非文化交流的持续升温。

《光明日报》的记者说庞新星是非洲大陆上的一颗"新星"，他谦虚地笑了："我的名字叫'新星'，但我可不是什么星星。我就是想让每一个非洲家庭都能看上数字电视，看到我们的文化产品。"他推荐大家抽空去非洲走走看看，"在那儿除了能看到国内的节目，还能看到春晚呢！"一直谦虚稳重的庞新星饱含着对四达的信心，更有着对中国文化的骄傲！

高瞻远瞩

2018年6月28日，由四达时代集团主办的第八届非洲数字电视发展论坛在北京怀柔雁栖湖畔日出东方凯宾斯基酒店隆重举行。国务院新闻办公室副主任郭卫民，全国人大社会建设委员会副主任委员、中国网络社会组织联合会会长任贤良，北京市委常委、宣传部部长杜飞进，以及来自非洲和亚洲48个国家的广播电视部门领导和中国政界、企业界、媒体界、金融界共400多名代表齐聚一堂，共同探讨非洲广电数字化发展大计，畅想中非媒体合作的美好未来。

本届论坛依旧以"普及数字电视，畅享智慧生活"为主题，与会嘉宾围绕"数字化网络环境下的媒体发展""下一代多业务支撑平台"及广播电视领域的"金融与融资"三大话题进行深入探讨，为非洲实现广播电视数字化、社会信息化，帮助非洲逐渐向现代化、智慧化社会转型过渡群策群力，提供方案。此次论坛吸引了来自尼日利亚、坦桑尼亚、几内亚、肯尼亚、莫桑比克、科特迪瓦等43个非洲国家，阿富汗、孟加拉、缅甸等5个亚洲国家的广播电视行政管理部门官员参加。国务院新闻办公室、国家互联网信息办公室、国家发展和改革委员会、外交部、商务部、国家广播电视总局、国家国际发展合作署，北京市委、市政府等有关部门和机构，中国进出口银行、中国工商银行、北京银行、中非发展基金等金融机构，中央广播电视总台、新华社等主流媒体及中国有线电视行业的代表也都应邀出席。

2011年，四达创办非洲数字电视发展论坛，每年举办一次，论坛以强大阵容、鲜明主题、前瞻眼光、合作共赢的模式，引起非洲各国政府和广电行业的高度关注与广泛参与，引领并推动非洲数字电视的发展和进步。特别是2018年举办的此次论坛，是中非合作论坛北京峰会前的重要预热，受到了中国政府的高度重视和主流媒体的特别关注，有特别的政治意义。

庞新星先生借鉴中国广播电视数字化经验，结合多年来在非洲开展数字电视运营的模式，创新性提出采用PPP模式帮助非洲各国实现数字化，以投资带动工程承包，通过建营一体化方式解决困扰传统援外项目的问题。该模式下，非洲政府向我国政府申请"两优"贷款并委托四达实施数字化整转；整转完成后，交给由四达与项目国政府指定公司成立的合资公司运营；合资公司通过运营所得收入偿还贷款。PPP模式可实现各利益相关方的共赢，为广大非洲国家政府认可和采纳。

通联世界

2015年底，中非合作论坛约翰内斯堡峰会成功举办，习近平主席出席峰会并宣布中非"十大合作计划"，开启了中非合作共赢、共同发展的新时代。习近平主席提出"为非洲一万个村落实施收看卫星电视项目"，即"万村通"项目。该项目将为25个非洲国家共计10112个村落安装接通卫星电视信号，为每个村落免费配备

2套太阳能投影电视系统、1套数字电视机系统，并为20户家庭免费安装数字电视机顶盒。四达时代集团负责协办峰会期间举办的中非媒体领袖峰会和中非关系圆桌会议。峰会结束后，四达贯彻峰会精神，继续积极践行国家对非合作战略，抓住非洲广播电视数字化这一千载难逢的发展机遇，以全球化视野、坚实步伐和优质服务，朝着市值规模百亿美元量级、用户规模千万量级、具有全球影响力的传媒集团目标努力奋进。针对"万村通"项目，庞新星带领四达积极响应国家号召，2016年初向外交部、商务部和国家新闻出版广电总局提交初步项目总体方案，拟充分利用集团现有网络设施、节目内容、牌照资质及运维体系，服务于国家对非战略大局，并进一步拓展非洲市场。同时，四达于2016年分别在莫桑比克Inhaca岛举行"InhacaNoge村卫星电视试点项目启动仪式暨EscolaPrimaria Completa学校捐赠仪式"，在肯尼亚卡加多郡塞纳村举行数字电视"万村通"工程启动仪式。

当地时间2018年5月13日上午，中国政府援非"万村通"卫星数字电视项目启动仪式在莫桑比克马普托马拉夸内村隆重举行，全国人大常委会委员长栗战书出席启动仪式。莫桑比克"万村通"项目涉及500个村落，计划在2018年8月底前安装完毕。当地时间2018年6月12日，全国政协主席汪洋在对刚果（布）进行正式友好访问期间，参观了"万村通"项目金德烈新村示范点。刚果（布）作为该项目受援国之一，有100个村落被选为援助对象。"万村通"项目金德烈新村示范点位于刚果（布）首都布拉柴维尔近郊，目前该村住户已安装20套数字电视系统，在学校等公共区域安装2套太阳能投影系统和1套数字电视系统，主要播放非洲当地的电视频道和中国的节目。

"万村通"项目旨在帮助非洲广大农村打开了解世界的窗口，推动非洲广播电视数字化发展进程，繁荣经济、促进就业、落实联合国2030年可持续发展目标。同时，"万村通"项目对进一步深化中非战略合作伙伴关系、促进中非人文交流、增进中非人民之间"民心相通"具有极其重要的意义。作为中国政府委托的"万村通"项目实施方，四达时代集团已在30个非洲国家注册公司，发展用户超过1600万，成为非洲发展最快、影响最大的数字电视运营商，入选了"2017年非洲最受欢迎的品牌百强榜"。四达有信心、有能力将这一非洲惠民工程真正办成精品工程，更好地造福非洲民众。四达愿秉承"一带一路"倡议的精神内涵，不断增进中非之间在广播电视领域的互联互通，进一步推动非洲数字电视产业的发展。

责任担当

在国内，庞新星带领的四达时代集团荣获国家高新技术企业、国家文化出口重点企业、国家文化产业示范基地、国家重点新产品、首都文化企业三十强、"十百千工程"企业、纳税信用A级企业等多项荣誉和资质，并连续五年跻身"福布斯中国潜力企业排行榜"等。

在海外，四达时代集团在广电领域的对外投资不仅实现了中国资本、技术、产品的"走出去"，而且通过深入民众的中非文化交流打破了西方对非洲的舆论控制，在中非之间打开了信息、文化、价值观的交流窗口，在受到我国各级政府和领导人的高度重视和亲切关怀的同时，四达已成为非洲广电行业家喻户晓的品牌：2013年，四达被评为坦桑尼亚"十大最具影响力品牌"之一。2015年，坦桑尼亚政府向四达颁发"数字电视贡献奖"；乌干达贸工部评选四达乌干达公司为"乌干达最佳数字和付费电视公司"，并由总统亲自颁奖；四达几内亚公司荣获"2015年几内亚最受欢迎的数字电视运营商"荣誉称号；四达尼日利亚公司连续四年获得尼日利亚广播商协会颁发的"最佳技术创新付费卫星/数字电视运营商奖"；世界质量管理委员会授予四达"世界质量管理金奖"。2016年，欧洲质量研究会授予四达"最佳商业实践奖"；中非高等通讯委员会向四达中非公司颁发"突出贡献奖"。

庞新星在卢旺达首都基加利举行的青年连接非洲峰会期间接受了新华社记者的采访，他说："一家企业如果真正想在非洲落地生根，应该为推动非洲社会进步、提高非洲国民素质、为当地创造就业岗位作出努力，这本身也是企业应尽的社会责任和义务。"四达于2002年开始拓展非洲市场，目前已在30多个非洲国家注册成立公司，在非洲运营国建立营业厅200余个、渠道商近7000家，建立了以下一代多业务运营支撑系统为技术支持的运营体系和以呼叫中心为核心的售后服务体系。据庞新星介绍，四达在非洲的投资为当地直接创造4000多个就业岗位，其中本地员工约占96%，遍布市场、技术、服务等各个部门，管理层也不乏他们的身影。同时，四达在非洲约有6000多家代理商，通过代理商还间接创造约5万个就业岗位。庞新星认为只要有能力，就可以成为分公司的一把手。因此，对于那些受过良好教育的非洲员工，他没有任何偏见，也不会在他们升迁过程中设置"看不见的天花板"。在北京的总部，有两名副总裁是非洲人，他们分别负责内容和品牌建设。庞新星对以他们两人为代表的非洲员工评价很高："他们表现出来的专业性和职业性方面往往比我们中国的同事要好、要更胜一筹。当然他们的待遇也很好。"庞新星还说："四达正在由网络运营商向传媒集团转变，将加强节目集成、节目译制及节目制作和创作。中国有大量优秀影视剧和影视节目，非洲也有优秀影视作品，互译需求庞大。四达希望利用互联网技术，在这一方面为非洲青年人提供网上就业的机会。"

作为一家国际化集团，四达一直把履行社会责任作为自身义不容辞的义务，在关注城市广播电视数字化的同时，还在边远地区部署网络，让更多的人共享数字电视的美好。四达在非洲持续不断地为一些学校、福利院赠送机顶盒和电视机等物品并提供免费服务。2014年埃博拉病毒肆虐非洲期间，四达在西非国家发起了抗击埃博拉的运动，自发制作了预防和控制埃博拉病毒的相关节目内容，并通过播放公益视频、社交媒体互动和在营业厅免费发放卫生用品等方式向公众传播抗击埃博拉的相关信息。用户只要启动机顶盒就能学习到预防埃博拉病毒的小知识，宣传片几乎家喻户晓，在宣传如何防范埃博拉疫情的同时，消除社会恐惧心理，帮助人们树立战胜疫情的信心。

2016年9月，"99公益日"捐赠活动期间，四达携手中非民间商会、腾讯公益平台共同发起"携手中非爱加艾减"捐助活动，通过腾讯公益平台捐出对非洲艾滋病患者的一份爱心。这一活动受到四达员工及家属亲朋的大力支持与广泛参与，9月7—9日，四达发起的爱心募捐累计筹集善款35848.22元，参与近200人次。另外还有很多四达员工以个人名义在微信朋友圈中发起了爱心募捐，吸引了亲朋好友的积极参与，朋友圈一时间被"携手中非爱加艾减"捐助活动刷屏，大家纷纷留言写下自己的祝福。

2016年12月1日，是第29个世界艾滋病日期间，四达时代集团与联合国艾滋病规划署双方进行了初步合作，四达通过自己在泛非地区的数字电视网络平台，向近1000万非洲家庭免费播出了两条联合国艾滋病规划署制作的艾滋病防治宣传公益广告。

2017年5月12日，四达时代集团和联合国艾滋病规划署在北京签署合作谅解备忘录，双方正式建立战略合作伙伴关系。四达和联合国艾滋病规划署将一起努力，通过四达在非洲的数字电视广播网络，共同提高艾滋病相关信息在非洲的知晓度，并帮助消除人们对艾滋病感染人群的歧视和污名化，以实现2030年终结艾滋病流行的全球共同目标。

每次见到庞新星，总是感觉他略显疲惫，但又每每饱含深情，身为一家国际化公司的总裁，他每天的工作时间是24小时，在他的带领下，四达时代集团让千万非洲百姓享受数字电视的美好，让全球文化通过小小的荧屏沟通交流。庞新星，用自己的坚韧拼搏，带给非洲百姓岁月静好。

（素材搜集：四达时代集团　内容修订：庞新星　文字整理：杨琳娟）

21 | 三代东大情，一生报国志

——王魁汉

校友简介

王魁汉，1938年4月出生，辽宁新民人，1963年毕业于东北工学院冶金物理化学专业。曾任东北工学院科研处副处长，冶金物化教研室主任、教授。现任沈阳东大传感技术有限公司董事长。

专著有《温度测量实用技术》《温度测量技术》《热工测试技术》《工业过程检测技术》；参加编著的有《冶金物理化学研究方法》等；译著有《钢铁冶金》《冶金物理化学》《开拓未来的新材料》等。

"自强不息，知行合一"之一：三代东大人与时代紧密相连的家国情怀

忠厚传家远，三代东大缘。王魁汉一家三代人，在20世纪的

30年代、60年代和80年代，分别就读于东北大学，与东大血脉相连，也与国家的命运休戚与共。

宁恩承带给父亲"生""存"恩

王魁汉父辈读书的时候，中华民族正处于"最危险的时刻"。在那个年代，生活本身就是同贫困与战乱随行，人们为生计奔波。食不果腹的普罗大众，读书是想都不敢想的。当时，王魁汉的祖辈也处于那样的社会环境中。

祖父是文盲，祖母略识几个字，这在当年已属不易。但是这个家族却注定被知识改变命运。有文化的舅姥爷看到了这个家庭里几个孩子的幼敏好学，力劝生活不易的王家人送孩子去读书。读书？几个孩子一起读书？这如何生活？但朴实的祖父母没有选择生活在愚昧中，他们节衣缩食，向邻里乡亲东挪西凑，甚至用借来的高利贷，硬是供出了几位高材生，后来，他们成长为祖国的栋梁。

王玉伦，王魁汉的父亲，1930年毕业于东北大学教育学院研修班。毕业的那年，他到营口老边找到了第一份工作——教书。可是这份工作工资很低，在家里排行老大的王玉伦无法用工资养活一家老小，更无法还清因为念书欠下的债务。时任东北大学秘书长、代校长的宁恩承先生知道了情况后，开了一张私人便条，推荐王玉伦到哈尔滨一中教书。在那里，王玉伦通过教书挣的钱，慢慢还清了家里的高利贷，养活着枝枝脉脉的王家人。王玉伦特别嘱咐后代，要记住宁恩承先生——这位时任东北大学的代校长，要记住东北大学的恩情。

二叔王肃的"爱国""救国"义

王肃，原名王玉纯。1934年，他考入了东北大学法学院边政系俄文组。通过参加一二·九运动、"一二·一六运动"逐渐地走入了爱国青年的行列。他常常站在演讲台上，向民众宣传抗日主张，表现了一个爱国青年的高风亮节。

1937年初，南京国民政府教育部决定将东北大学改为"国立"，要求东北大学的学生去开封国立东大报到，企图遏制东北大学学生的抗日热情，王肃等进步同学识破了国民党政府的阴谋。王肃在学生大会上说："北平东大是沈阳东大在九一八后，通过敌人封锁线在北平自己组织起来的，在这危难的时刻，为什么不叫'国立'，反而在西安事变后改'国立'，还南迁开封？大家应该想一想。我到东大学习是为收复家乡失地，绝不是为贪图'国立'大学的证书和学位，我坚决服从学生大会反对南京教育部将东北大学改为'国立'和南迁的决定。"王肃的一席发言，代表了广大进步青年的心愿，赢得了热烈的掌声。

读书期间的王肃，被同学称为"圣人"。在此之后，他毅然决然、以身报国、投笔从戎，投入轰轰烈烈的爱国运动中。从河北到晋察冀军分区任二团的团政委，在抗战中，他信念坚定、作风扎实、又朝气蓬勃，表现出灵活的战斗力和影响力，王肃到哪儿就在哪儿获得认可和好评。

1945年8月，日本投降后，在中共中央抢占东北的政策中，王肃被第一批派到东北，几经辗转扎根到了黑龙江的黑河地区——这片他深深眷恋的黑土地上、松花江畔。

"王肃，我的叔叔，他很不容易。"王魁汉说。"不容易在于什么呢？当时他先到黑龙江当时的省委，他也可以留在省委，当省工委委员，但是他没有，还是坚持到最艰苦的地方去。他当时去开辟根据地的时候，不是带着大队伍过去的，是只有5~9个人的先头部队，由'星星之火'逐渐发展起来。当时那个地方就是土匪武装，叔叔在黑河工作期间，绝对算是出生入死的。"

1946年5月，王肃去黑龙江省委开会返回途中遭土匪埋伏，壮烈牺牲。"他虽然只工作了200多个日日夜夜，但是却为黑河的建党、建政、建军奠定了不可动摇的基础。"讲到此，王魁汉这位已耄耋之年的长者也难免动容。

黑河人民没有忘记王肃。在那里有以王肃命名的电影院、公园，人们还为王肃烈士树立了一尊雕像，把他永远定格在32岁的青春中、定格在黑河人民的心中。直到今天，黑河人民对于王肃的纪念活动仍然每年都在继续——在王肃的诞辰、牺牲的日子。王魁汉和东北大学的领导，都曾经到黑河参加王肃烈士的纪念仪式，在那里接受着灵魂的净化、启迪与升华。

王魁汉也通过捐资助学的方式继续着叔叔未完成的事业，包括2007年为黑河的王肃小学、2010年为王魁汉家乡的兴隆堡学校、2015年为其父亲王玉伦在肇州的学校捐款，帮助学校建设，关注教育"百年大计"，延续着恩义之情，传承着校训家风。2016年，王魁汉捐资在东北大学设立"王肃教育基金"，奖励东北大学的优秀学生。

王魁汉捐资树立王肃烈士塑像

父女两代致力于国家的繁荣富强

每个时代都有每个时代的任务。王魁汉进入东北工学院读书的20世纪60年代，开始了百废待兴的社会主义建设高潮。王魁汉子女读书的20世纪80年代，恰逢如火如荼的改革开放历史机遇。祖辈与国家之间"精忠报国"的历史使命发生了时代性的转变。而这两代人把个人命运与国家命运再次紧密相连，致力于国家的繁荣富强。

王魁汉教授读书的年代，是中国大力发展工业的年代。历经了战争的创伤与社会主义建设初期，摸索的中国百废待兴。建立一个强大富足的国家，是那个年代的呼声，也是每个有志青年的历史选择。王魁汉于此时，毅然融入了工业救国的伟大事业中，他结合自身优势、选择了"知识报国"。王魁汉认为，东北大学是一个爱国主义精神最浓厚的学校，这所学校有他的祖辈的精神，有张学良对教育的重视与倾力投入，有作为"新中国长子"的辽宁在新中国成立之初的历史性贡献。到东北大学读书，成为他必然也是毫不犹豫的选择。当时的东北大学还叫"东北工学院"，冶金、采矿、自控、机械等专业在国内数一数二。

毕业之后，王魁汉选择留校任教，几十年如一日，专注于温度测量研究，把科学技术转化为生产力。在科研经费有限、科学技术

成果转化支持力度受限的年代，他心无旁骛、务实谦虚、砥砺前行，不抱怨、不放弃，自食其力，实现了八九十年代知识分子的生活富足。

"七八十年代，那个时候教授待遇很低，大家牢骚很多，我那时候就说，别发牢骚，自己救自己！我很早就搞科研项目，1983年在机械部评奖中还得了二等奖。那个时候做出产品就实现生活的富足了。"说到此，王魁汉声音儒雅，却也能感觉到满满的信念与力量。

到了改革开放的20世纪80年代，世界信息时代方兴未艾，中国也出现了第一批自己研发的高新技术。此时东北工学院成立了计算机系，是东北工学院的骄傲。一批批佼佼者以优异的成绩考入计算机专业，他们中的许多人成为了当下中国信息技术行业的领军人物。王魁汉的女儿王彤以高分被保送计算机系，实践着"科技强国"的个人理想，本科毕业以后，王彤以专业第一名的成绩被保送为李华天教授的硕士研究生。李华天教授有一名非常知名的高徒，即后来创办东软集团的董事长刘积仁。

从"精忠报国"到"知识报国"，王魁汉一家三代人延续着一种家国情怀，即有国才有家、国富则民安。从投笔从戎到科技强国，王魁汉家中几代人一直有一种贵族才有的精英追求。什么是精英？是当国家和民族处于危难之时，挺身而出；是当国家和民族处于建设的探索中，充满信心、携手同行；是当国家和民族繁荣强盛时，专注于本职，力所能及贡献出自身力量。

"自强不息，知行合一"之二：退而不休二次创业，专注笃行上不封顶

1998年，王魁汉教授退休了。大多数人都在退休之后开始了

主动或被动的颐养天年：游山玩水或是安享天伦，也有少数人不安现状却因行动无力，流于抱怨。这些人之常情在王魁汉看来可以理解，可是他的人生不止于此，他还有超越于普通退休人员的更高追求——退而不休，走上创业之路。

20世纪末的创业，其条件与当今的创业环境不能同日而语，王魁汉回忆起来也是充满了艰辛与困难。"我60岁退休，退而不休，开始创业。创业是很困难的。那时候就3个人，亲自用自行车、三轮车给厂家送货，顶风冒雨、严寒酷暑，很不容易的。"王魁汉说。

高瞻远瞩、砥砺前行的创业实践

王魁汉工作期间长期致力于高温超导体、复合材料、测温材料及温度检测技术等的研究，于多个国家仪表、计量、测温等行业理事会担任理事、委员，期间曾在日本山里公司当过技术顾问。退休后有的企业诚挚聘请王教授提供技术支持。但他都婉言谢绝了，因为他还有一个愿望——自主创业。

起步初期挺简单，"两三个人、七八条枪"。请来一位省劳模、王焕春高级工程师合作；几万元起家；向学生借款，这样公司得以注册验资，东大传感技术有限公司（下称东大传感）成立了。其困难也可想而知。一开始公司的规模用王魁汉自己的话就是个"小作坊"，在之后才逐渐转化为小规模生产。不过此后的短短九年时间，东大传感的产值就从十几万元增长到千万元，实现了百倍级的增长。从技术上，作为传感器开发的重要成果，已被收录在中国科学技术协会主编的《2008—2009仪表科学与技术学科发展报告》中。

当顾问很省心，当老板却样样操心。

企业的日常运营生产，王教授率先垂范，亲自披挂上阵处处留下扎实的足迹。创业初期没有汽车，就用自行车、手推车送货、发货；企业没有定制的包装，就利用学校废弃的纸盒，包装物虽然不够好，但可保证产品质量是最好的。"做好细节，打造放心的热电偶"是东大传感坚守的宗旨。用每一位员工的诚信赢得的是用户的信任。东大传感的客户以每年10%~20%的速度递增，目前国内客户600多家，世界五大洲皆有东大传感的产品。

深悟管理之道，实现从谋士到将帅的转化

教授面对的是书本与学生，而管理者面对的则是产品与客户。开始创业时仅3人，有活一起干，谈不上管理水平。但当企业增至20多人时，原本忙碌的企业却无法完成生产任务，"三个和尚"没了水喝，常常不能按期交货，场面一度十分被动。

王魁汉深入探究企业发展的原因，发现这是管理出现了问题。原本大家都只做自己的事，规模小时尚可自给自足，可是到大企业发展就得按照商品标准、客户标准完成生产，从甲方的教授思维、供应思维到乙方适应市场的思路，公司上下的思路需要适当调整与转变。

针对此种情况，王魁汉开始实行奖励机制、刺激机制等多项管理方法，重新理顺管理中的各种关系。按件计费，为一线工人生产计件，超额有奖。自从实施基本工资加绩效奖后，生产任务完成得很好。过去是老板苦恼完不成工期，实行绩效奖后，工人反而找老板要活。此事之后，王魁汉深刻总结：当老板必须要完成从学者向管理者的转化，在工作中不断学习、完善自己、提高管理水平。

科学技术是生产力，但必须紧密联系实际

历经20年创业艰辛，王魁汉深深体会到，作为教授、学者，取得一项成果并不难，难的是实现价值转化。王魁汉在中学时曾咬

破中指写下"说到做到，绝不放空炮"的血书，立志要做一个报效国家的有志青年。"要用自主品牌替代进口，为民族国家创造效益"，这是他坚持的追求。

"有知识，不一定有技术；有技术，不一定有产品；有产品，不一定占领市场；占领市场，不一定取得效益。要想同时取得'知识—技术—产品—市场—效益'，实属不易。"这是王魁汉多年的创业体会。

几十年来，王魁汉一直坚持从生产实践出发，开拓创新；并在获得专利的同时，努力使之转化成产品。1981年"金属陶瓷热电偶保护管"项目，经原机械部组织鉴定为"国内首创，其性能指标在国际上居领先地位"；经美国热处理厂使用证明：用于高温盐浴炉连续测温较美国446耐热钢寿命长3~5倍。

为使专利尽快转化为生产力，王魁汉不仅积极推广应用，还及时解决偶丝寿命短等阻碍推广的各种问题，使成果进一步巩固提高；同时多次参加国内外学术会议与展览会，让广泛深入人心。目前，除西藏外，该产品在全国各个省市、自治区均有用户。

实践应用表明：该成果历经40年的考验，经久不衰，至今仍在继续使用。有人粗略估计：该成果已先后为国家节铂上千公斤，节汇逾亿元，具有显著的经济与社会效益。

科研—生产、青春—耄耋，上不封顶的终生追求

坚守一个科研方向难，坚持一辈子更难；创业难，守业更难。王魁汉从青春时光开始，确定了自己专注的科研方向，也就确定了一生的科研维度，这个科研维度又成为了今后的创业维度，几个维度立体交叉，现在温度测量已经深深融入了王魁汉的血脉与精神内核，不可避免地成为了他的毕生追求。

读书期间的王魁汉教授是品学兼优的学生，深受老师的喜爱，

热爱运动、热爱生活，长跑、篮球，爱好广泛，德智体美全面发展。留校任教时，他是优秀班主任，20世纪七八十年代他带的一个班30多人中，毕业时就有11人获得博士学位，后来都成长为科技领域精英。后来，他历任东北工学院冶金物化教研室主任、东北工学院科研处处长，不仅胜任，且受到领导重视、得到同事好评，大家一直认为王魁汉教授是一位务实又谦虚的好友。

在坚持自己专业的道路上，王魁汉教授不是没有经受考验，可是他都从容度过、坚守住了"初心"。王教授是如何坚持下来的？

首先，兴趣就是"初心"。40多年来，王教授已对实用课题产生浓厚的兴趣，做自己愿意的事是最幸福的，因此经得起各种诱惑。在40多年的从业生涯中，由于温度传感器搞得出色，曾有人多次建议他兼搞其他课题。例如1987年，高温超导时代，在老师的多次邀请下参加几年工作，颇得先生赏识，但王教授最后还是谢绝了。近几年的研究成果，在"热处理多用炉用热电偶"的开发成绩突出，不仅能替代进口热电偶，而且用廉金属替代贵金属铂铑热电偶，为Ipsen工业炉降低成本几百万元，是该公司最成功的国产化项目。为此，该公司又多次邀请王教授为其开发成分传感器——氧探头。王教授尽管在理论上有所研究，又有诸多优势，但最终仍然谢绝了。

其次，安守本分、急流勇退才得以坚守本心。"高官不如高薪，高薪不如高兴"。王教授曾是东北工学院的科研处长，在中层干部的职务中，这是一个令人羡慕的岗位，但他却急流勇退。当时的总支书记非常吃惊，十分不解。可王魁汉教授偏偏却想回系当教授、退休后当专家，继续坚持科研方向。与攀钢的合作项目"VN生产新工艺"获冶金科技奖特等奖、国家技术发明二等奖。在国际上率先采用化学法防氧化技术，并独创在WRe温度传感器的保护管内添加功能材料，产品成功应用于氧化及不含氢的还原性气氛，成果具有国际领先水平。

退休20年，在二次创业的过程中，王魁汉教授始终认为自己是真正感悟到了其中的意义，并找到了其中的乐趣，持之以恒。如果不能感悟老有所为的意义，单凭一时热情，一定做不长；如果不能分享老有所为的乐趣，也不能持久。他深深地体会到老有所为必须真诚、执着，才能笑对生活、笑对工作、笑对人生，持之以恒，坚守一辈子。

现在的王魁汉教授仍然在思考，他考虑企业的兼并重组、考虑企业如何发展资本，他说他会好好保持身体状态，一直做下去，上不封顶。

"自强不息，知行合一"之三：尽善尽美，做"大国工匠"

"大国工匠"，是一种精神追求。这种精神由来已久、古已有之，是中华民族的技艺追求。在陶瓷、制丝等中华民族为之骄傲的传统工业中，"精益求精"使中华传统手工艺举世瞩目；在当下时代中，工匠精神又是成就现代中国"精细化""内涵化"发展的契合点，他再一次神采奕奕，焕发出勃勃生命力。在当今时代，"大国工匠"常用来描述一种让人敬仰的专注精神，"半丝半缕，恒念物力维艰"地投入"小而精"的生产实践的高超的技术水准。追求"大国工匠"意味着致力于细节、不断超越、尽善尽美。

追求完美，追求极致

在多年的测温实际工作中，王魁汉教授深入观察、不断总结，他细致归纳出了一整套测温仪表的优势与不足。接触式温度测量仪表，它的特点是测温元件直接与被测对象接触，两者之间进行充分的热交换，最后达到热平衡。这种测温方法优点是直观、可靠、准确，缺点是测量时间较长，经一定响应时间才能达到平衡。另外，温度高和强腐蚀都会对感温元件的性能和寿命产生不利影响。因此，有许多场合难以连续测温，只好改用间歇测量的方法对被测介质进行监控。目前用于高温、超高温及强腐蚀介质传感器的开发。而当前的热点与焦点课题是非接触测温法，该方法的特点是感温元件不与被测对象接触，通过辐射进行热交换，这类仪表经常用于移动或旋转物体表面的温度测量。此外，非接触测温法热惯性小，响应速度非常快，便于测量运动物体和快速变化的温度。但是由于受物体的发射率、被测对象到仪表之间的距离，以及烟尘、水汽等其他介质的影响，致使其测温误差较大。这些产品经验的总结，正是我们今天反复倡导的问题意识，是王魁汉教授反复思索钻研的思想结晶。

科研上追求不断超越的同时，王教授在行业实践中坚定执着，多年来一直与行业最领先的技术、组织保持密切联系。他是中国仪器仪表行业的引领者，参与国家仪器仪表行业多项标准的审定、起草。至今，他每年还保持着参加国际一流展会和学术研讨会的工作状态，参与法国、德国仪器仪表行业展会，与用户保持直接的对话，为东大传感生产的产品持续注入市场需求的生命力；学术交流会议上，他发表技术讲话、创新创业感悟讲话，与青年、与最新技术始终保持着紧密的连接。

他坚持以最优质的产品走向市场，认为"工匠精神就是做好细节！"

做好细节，每一个环节都不能差。不论是东大传感有限公司，还是王教授自己做事情，他都坚持不能有任何的失误。从原材料开始，不仅不做假，有的时候为了满足工期，做到坚守诚信，甚至用更好的材料代替普通的材料，远远超出客户的质量需要。

80岁的王魁汉在生产现场观察热电偶工作状况

一丝不苟地完成每一件事情。从考察供应商，到生产过程的每一个环节，绝对没有半点含糊。要求严格的产品用户考察团——美国铝业公司——对东大传感进行考察的时候，他们由衷地说："想不到一个普通的工业品已做成了精品！"

以质取胜，不向价格低头

工匠精神，似乎有点"酒香不怕巷子深"般坚守的气派。在精益求精中，不为外界所动、不为浮躁牵连，有一种"我自闲庭信步"的淡然与从容。王魁汉从容不迫的谦谦君子之风，恰恰契合了大国工匠的品格。

生产商品，难免遇到买卖双方的价格博弈，占领市场与精耕细作是一对孪生的矛盾体。王魁汉在自己的创业之路上，瞄准高端技术这一目标，解决了企业发展中常常困惑的方向问题，不屈服于价格，做最好的产品。

东大传感，在行业内是排头兵，坚持踏踏实实做事。有些厂家慕名而来，找到东大传感，可常常提出问题：为什么东大传感的产品比其他家的产品要贵？王魁汉对此很自信，回答"质量就是最好的证明。"别人家的产品 100 元，用一个月就需要更换，东大传感的产品 1000 元，可以用一年。一年下来，开始相对高的价格，却为企业生产省下了大量的成本。把消耗品的使用寿命大幅度延长，解决的是企业生产中的重大问题，不仅节约了费用，更间接地大幅度减少停工、开工消耗的时间，性价比较高。

王教授的东大传感还有一个独特之处——没有外销人员。讲诚信、靠口碑，技术水准的高端、不断运用复合材料，新技术持续领先、制作过程的精细、真材实料的运用、行业内的互相推荐、展会上王魁汉亲力亲为且自信的产品介绍，再加上专利的支持等，一项项"实打实"的"笨"方法，使得王魁汉和他的东大传感在行业中牢牢地占据着领先的地位。市场竞争越激烈，王魁汉带领的东大传感所代表着的、踏踏实实认真做事的企业和人就越得到行业内的广泛认可，可谓实至名归。

不固步自封，以创新带动持续发展动力

理论创新。作为大学教授创办的温度传感器制造企业，理论水平高、产品定位高，严格以热力学、传热学及物理化学原理为指导，结合多年积累的丰富实践经验，发挥出理论水平高、技术水平高、技术密集程度高的"三高"优势。

道路创新。企业虽小却敢于定位高端产品，沿着"小而精""精而专""专而强"的方向发展技术与产品专一，克服同质化弊

端，独占细分市场，服务面向世界。很快开发出结构新颖、技术先进又符合国情的可用于更新换代的民族精品，在国内率先生产符合美国航空航天及军工标准（AMS2750E）的高端温度传感器。东大传感也就自然成为国内知名的特种温度传感器专业生产厂。曾两次获国家科技部科技型中小企业创新基金的无偿资助，2013年又列入国家火炬计划示范项目。

产品创新。1988年钨铼热电偶实现统一分度后，全国有近百家企业卷入防氧化钨铼热电偶的开发研究，其中绝大部分是仿照国外物理法抽空防氧化技术。其原理是物理法，但设备投资大，王魁汉作为材料学教授，反其道而行之，采用化学法不抽空而填充。用脱氧密封的化学法，同样取得了良好的防氧化效果。20年来，通过不断改进、提高，公司又开发出特种WRe温度传感器。该产品不仅可以用于真空环境，还能用于氧化性气氛。

2008年，由辽宁省科技厅组织院士召开的专家鉴定会，对其给予极高评价："特种WRe温度传感器的设计理念具有原创性，产品居国际领先水平。"该项成果获2011年沈阳市科技成果一等奖、国家仪表学会二等奖、辽宁省科技进步三等奖。该产品应用领域越来越广，现有用户近500家，每年销售近万支，国内市场占有率达60%以上，并将朋美国NamacConax公司的进口钨铼热电偶国产化，深受长株潭一带粉末冶金行业的欢迎。

关注工业智能化。随着测量范围、测量介质的变化，仪表也有很多种类，温度仪表应该根据工艺的要求来选择。在选用前要深入了解工艺过程，如被测对象的温度变化范围、变化快慢；被测对象的物理和化学性质；安装地点和环境如何；温度参数是现场显示还是需要远传等。随着冶金行业用传感器智能化，对热电偶而言，即要解决其寿命预报及测温系统在线校准的问题。目前，东大传感已开发出带校准孔热电偶及便携式在线校准仪。避免了不得不将热电偶从设备上拆下来、送计量室校准的弊端。但王魁汉仍然有新目标，他认为，目前的技术尚未解决热电偶智能化寿命预报及自动化在线校准，智能化还是任重而道远。

多年来王魁汉坚持自主创新，坚持不懈、开拓进取，现已拥有专利26项，其中发明专利7项。王魁汉坚持认为创新是可持续发展的永恒动力，必须依靠自有技术创建民族品牌，为我国测温材料与技术的发展作出力所能及的贡献。

现在的沈阳东大传感技术有限公司也已成长为专业从事温度传感器的设计、生产与技术服务的高新技术企业。国内知名的特种温度传感器专业厂。依据自有技术，创建民族品牌；专利产品属国内首创，具有国际先进水平。东大传感拥有易普森、丰东股份、沈阳黎明、攀钢等600多家客户，已成为世界500强Alcoa公司的合法供应商，并即将展开与中国航空工业的深度合作。

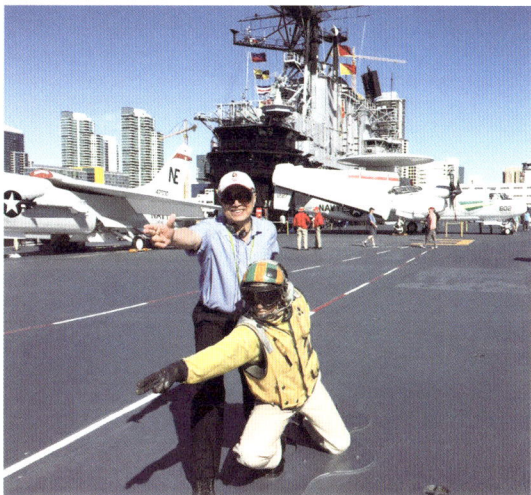

不断努力、说到做到、绝不拖延；有原则、有坚持、有担当，有始有终、有张有弛、有礼有节，这些都是对"大国工匠"精神的概括，让人们对"大国工匠"充满了敬意。而在每一位大国工匠身上，我们的确感受到了他们勇于追求卓越、创造完美的坚定信念，还感受得到他们清醒冷静、安分守己的务实品格。王魁汉教授已步入耄耋之年，面对自己的成就和公司的成绩，他仍然清醒地承认，虽然大部分的温度传感器都可以用民族品牌替代，但仍有一些特殊的高端的领域无法企及，还需要为中国基础工业和高新技术产业的不断发展持续贡献。

"白山兮高高，黑水兮滔滔，有此山川之伟大，故生民质朴而雄豪。""沐春风时雨之德化，仰光天化日之昭昭，惟知行合一方为贵，惟自强不息方登高。"王魁汉深深地把东北大学的精神融入血脉，展示出每一个东大人都带有的"自强不息，知行合一"的魂。

（素材搜集：刘笑谊　内容修订：王魁汉　文字整理：李鹤）

后　记

2018 年是东北大学建校 95 周年，学校决定出版校庆系列丛书。在校领导的大力支持下，在东北大学校友总会和张学良教育基金会的精心策划下，以及校友本人、校友企业的共同努力下，以反映东北大学优秀校友企业家创新创业事迹为主题的《东大校友创业之路》一书终于和大家见面了。

东北大学历经 95 载风雨历程，如今已经桃李满天下。本书中记录的 21 位校友仅仅是千千万万奋战在各行各业的东大人的缩影，他们分享着自己逆境成长的经历、跨越挫折的行动、不懈奋进的精神和回报社会的善举，展现了东大人顽强拼搏、勇于创新、实干兴邦的家国情怀和精神风貌，这份珍贵的经历也必将激励和教育一批又一批在校大学生和广大校友在新时代中国特色社会主义建设的伟大征程中奋发有为、实干报国。

本书中每一篇文章均是东北大学优秀校友创业历程的真实写照，每一篇文章都是一个感人肺腑的成长故事和经验分享，衷心希望每一名读者都能以这些成功创业的校友为榜样，不忘初心、砥砺奋进，在时代进程中照亮人生理想、创造人生价值。

本书在出版过程中，得到了浙江达峰科技有限公司等校友企业、东北大学出版社及社会各界的大力支持，在此一并表示感谢。同时要感谢这 21 位创业校友给予的支持与配合，积极分享他们精彩的人生经历。

在《东大校友创业之路》一书编印过程中，我们还将陆续推出由杭州悦雷文化策划有限公司、沈阳谊羊顿挫文化传媒有限公司拍摄制作的《东北大学校友创业之路》系列专题片，并通过东北大学校友总会微信平台、东北大学校友之家微信平台向全球校友全面展示校友企业家的创业故事和奋斗精神。

由于编者水平有限，书中难免存在不尽完善之处，恳请专家、读者批评指正。

本书编委会

2018 年 7 月 31 日